新视域下综合素质教育

（第二版）

吴海东　主编

复旦大学出版社

前言

在一个竞争的社会中，国家与国家之间的竞争，拼的是综合国力；企业与企业之间的竞争，拼的是企业实力；人与人之间的竞争，拼的就是综合素质。人的综合素质，是指一个人的知识水平、道德修养以及各种能力等方面的综合条件，也可以视为人的核心竞争力。就像剑术的高低决定着侠客的境界一样，一个人综合素质的高低决定其与他人之间人生质地的差异。综合素质的全面提高是社会发展的一般要求和趋势，因此，必须把持续提高自己的综合素质作为一门终生必修课。

随着社会经济和科学技术的迅猛发展、各行各业竞争力的逐渐增强，综合能力是判断一个人德才兼备的方式、突出一个人卓尔不群的途径，已成为人才遴选的第一标准。从古至今，人们津津乐道的一些知识已无法满足和适应飞速发展的社会需求以面对未来的压力，每个人不仅需要知道先辈所积累的经验，也需要掌握为了适应社会发展而必须具备的社会发展协调的综合能力。当然，这些能力不可能从天而降，只能从学习和生活中获得。

美国阿波罗登月计划总指挥韦伯曾经说过："阿波罗登月计划中没有一项新发明的技术，都是现成的技术，关键在于综合。"日本学者更是明确提出"综合就是创造"这样的命题。在现实生活中，每个人都要有许多创新性的知识和相关能力，实际上是不现实的。真正实在的要求是：善于综合、归纳别人的经验和知识，从而产生新的理论和认识，使自己在知识量、信息量快速增长的同时，认识世界的能力和社会实践的能力也得到相应提高。善于总结和综合别人的经验和认识就是一种综合素质。

因此，若想在工作上取得最大的绩效并充分发挥自己的潜能，就需要学习如何拓展自己的思路与视野，全面提升综合能力，想方设法让自己的工作更具创新性并富有成效。基于此，本书从全新的视域角度讲述了综合素质的基本内容和提升方法：从如何认识世界入手,到健全我们的人格、确立正确的人生观,再到如何竞争合作把握全局、如何创业,环环相扣,前后衔接;在意识、制度、人格、健康、幸福、学习、竞合、管理与创业九个方面,探讨了如何培养和提升综合素质的思路与方法。本书不仅介绍了个人在社会生活中应必备的知识与素养,提供了一些实用的策略技能,有助于读者更有效地面对生活与工作、机会与挑战。本书中更有一些生动有力的提示,可以帮助读者处理实际工作中发生的情况,并抓住每一次机会;教读者培养信心和动力,助力其成为杰出且成功的人。

本书共9章,由吴海东负责大纲设计并主持撰写。南旭光撰写第2、5、6、7章,吴南中撰写第1、3、4章,刘魏撰写第8章,杨波撰写第9章。各章均由吴海东修改、审订并最后定稿。

本版在保留第一版框架的基础上,根据近年来素质教育的新要求和新特点,充实和补充了部分内容,调整了部分案例,每章针对性地新增了"复习思考题"模块,使本书的知识性、实用性、趣味性特点更为突出,通俗易懂,便于使用,为读者面对竞争激烈、错综复杂的环境时,就如何有效地增强自身的综合素质与能力等问题,提供有益的建议和帮助。

本书也将作者在研究、实践中的一些认识、思考、体会整理出来,以期对今后的综合素质教育工作有所参考、借鉴。本书适合作为高等学校通识课程及素质拓展课程的教材,也可以作为各企事业单位用于素质教育培训的教材,还可以作为广大学习者的自学用书。

在本书的编写与修订过程中,编写团队参阅了大量近年来出版的有关论述,吸收了国内外有关专家的研究成果,在此谨向提供了有益观点和理论的学者表示感谢!

吴海东

2015年5月于重庆

目 录
Contents

第1章 意识：我们怎么影响世界？ …………………………………………… *1*

第一节 意识 ……………………………………………………………………… 3
　一、意识释义 …………………………………………………………………… 3
　二、意识的本质 ………………………………………………………………… 4
　三、意识的层面 ………………………………………………………………… 5
　四、意识的功能 ………………………………………………………………… 7
　五、意识、素质与能力 ………………………………………………………… 9
第二节 社会意识 ………………………………………………………………… 12
　一、公民意识 …………………………………………………………………… 12
　二、公民意识教育的困境及其原因 …………………………………………… 14
　三、社会意识 …………………………………………………………………… 15
　四、社会意识的培养 …………………………………………………………… 17
总结性述评 ………………………………………………………………………… 19
复习思考题 ………………………………………………………………………… 20

第2章 制度：束缚还是屏障？ ………………………………………………… *21*

第一节 社会制度：我们的游戏规则 …………………………………………… 23
　一、制度解释 …………………………………………………………………… 23
　二、制度结构 …………………………………………………………………… 24
　三、制度的本质 ………………………………………………………………… 25
第二节 法制：抑制过度贪婪的工具 …………………………………………… 27
　一、法制和法治 ………………………………………………………………… 27
　二、自由之辨 …………………………………………………………………… 28

三、自由与法制 …………………………………… 29
　　四、贪腐与法制 …………………………………… 31
第三节　社会伦理：我们恪守的准则 ……………………… 32
　　一、道德 …………………………………………… 34
　　二、伦理 …………………………………………… 36
　　三、自律 …………………………………………… 37
　　四、正义 …………………………………………… 39
总结性述评 …………………………………………………… 40
复习思考题 …………………………………………………… 41

第3章　人格：社会生活的起步　　42

第一节　健全的人格：人的发展与社会和谐 ……………… 44
　　一、健全人格的意义 ……………………………… 44
　　二、对健全人格的理论探索 ……………………… 46
　　三、健全人格形成的影响因素 …………………… 48
　　四、文化熏染与人格塑造 ………………………… 48
第二节　丰富的人文素养：做一个心灵充实的人 ………… 50
　　一、何谓人文？ …………………………………… 51
　　二、知识与素养 …………………………………… 52
　　三、人文素养的内涵 ……………………………… 53
　　四、人文素养的意义 ……………………………… 53
第三节　健全人格和人文素养提升之策略 ………………… 56
　　一、专家如是说 …………………………………… 56
　　二、学校教育与自我学习：人文素养的修炼 …… 58
　　三、他山之石 ……………………………………… 60
总结性述评 …………………………………………………… 61
复习思考题 …………………………………………………… 62

第4章　健康：我们须直面的问题　　63

第一节　生理健康 …………………………………………… 65
　　一、生理健康不止关乎个人 ……………………… 65
　　二、生理健康：标准是什么 ……………………… 66
　　三、需要警惕的生活方式病 ……………………… 69
　　四、健康促进方式 ………………………………… 73

第二节　心理健康 ··· 75
　　一、心理健康：标准是什么 ·· 75
　　二、不容忽视的"心灵杀手" ······································ 78
　　三、健康心理：来自自我和外在的双重调适 ···················· 82
总结性述评 ··· 86
复习思考题 ··· 87

第5章　幸福：它离我们有多远？　　　　　　　　　　　88

第一节　幸福：追求的人生目标 ······································ 90
　　一、幸福阐释 ·· 90
　　二、幸福的主观性 ··· 92
　　三、幸福的维度 ··· 93
第二节　创造幸福：我们要生活得更好 ····························· 95
　　一、幸福要素 ·· 95
　　二、幸福指数 ·· 97
　　三、创造幸福 ·· 99
第三节　收获幸福：抓住现在的快乐 ······························· 101
　　一、快乐学习：在学习中获取幸福 ······························ 101
　　二、开心工作：在工作中找寻幸福 ······························ 102
　　三、美满婚姻：在家庭中经营幸福 ······························ 104
　　四、服务社会：在奉献中享受幸福 ······························ 106
总结性述评 ·· 107
复习思考题 ·· 108

第6章　学习：我们如何认知世界？　　　　　　　　　　109

第一节　学习能力：知识经济的呼唤 ······························· 111
　　一、知识 ··· 111
　　二、学习 ··· 112
　　三、学习能力 ·· 113
第二节　信息素养：新时代的强力装备 ···························· 115
　　一、信息及信息化 ··· 115
　　二、信息素养 ··· 117
　　三、信息源及信息媒体 ·· 119
　　四、信息检索 ··· 120

第三节　创新能力：插上起飞的翅膀 ·· 125
　　一、创新 ··· 125
　　二、知识创新 ··· 125
　　三、创新思维 ··· 126
　　四、创新能力 ··· 127
总结性述评 ··· 128
复习思考题 ··· 129

第7章　竞合：我们如何适应社会？ 130

第一节　竞争：不能回避的生存模式 ·· 131
　　一、竞争阐释 ··· 131
　　二、竞争的特征 ··· 133
　　三、合作竞争 ··· 134
　　四、职场竞争 ··· 135
第二节　合作：获取共赢的基本能力 ·· 137
　　一、合作 ··· 137
　　二、共赢 ··· 139
　　三、社会惰化 ··· 140
第三节　团队精神：塑造高效的组织 ·· 142
　　一、组织 ··· 142
　　二、团队 ··· 143
　　三、高效的团队 ··· 144
　　四、团队精神 ··· 145
　　五、打造高效团队 ··· 146
总结性述评 ··· 148
复习思考题 ··· 149

第8章　管理：我们如何把握全局 150

第一节　管理：一门你可以学会的艺术 ·· 152
　　一、管理与管理者 ··· 152
　　二、如何成为一名优秀的管理者 ··· 153
　　三、管理是一门艺术 ··· 157
第二节　领导力：将每一个人的潜能发挥到极致 ························ 158
　　一、领导的艺术——识人 ··· 159

二、领导的艺术——用人 ·· 161
第三节 效率：柔性与刚性之争 ·· 164
一、刚性管理：没有规矩不成方圆 ·· 164
二、柔性管理：以柔克刚 ·· 165
三、刚柔之争 ·· 165
第四节 生活中的管理学 ·· 167
一、木桶理论 ·· 167
二、酒与污水理论 ·· 167
三、帕金森定律 ·· 167
四、彼得原理 ·· 168
五、墨菲法则 ·· 169
六、马太效应 ·· 170
七、鲶鱼效应 ·· 171
八、皮格马利翁效应 ·· 171
总结性述评 ·· 173
复习思考题 ·· 173

第9章　创业：打造自己的未来　　174

第一节 把握人生，选择创业 ·· 176
一、打工，创业，还是继续读书？ ·· 176
二、创业的类型 ·· 179
三、大学生创业受哪些因素影响？ ·· 183
第二节 创业需要具备的素质及各方面的准备 ·································· 185
一、创业需要具备的素质 ·· 185
二、创业前的准备 ·· 187
三、把握创业机会 ·· 188
第三节 个人创业 or 合伙创业 ·· 190
一、案例集锦与导师点评 ·· 190
二、合伙创业的注意事项 ·· 192
总结性述评 ·· 193
复习思考题 ·· 194

参考文献　　195

第1章
意识：我们怎么影响世界？

> 一个国家的前途，不取决于其国库之殷实，不取决于其城堡之坚固，也不取决于其公共设施之华丽，而在于其公民的文明素养，即在于人们所受的教育、人们的远见卓识和品格。
>
> ——马丁·路德·金（Martin Luther King）

章节引语

2015年4月13日上午8:50，车祸瞬间奋力一推，舍己救同学的浙江富阳男孩何俊斌在天津西青医院神经外科抢救无效，永远地离开了。

4月3日晚8时50分左右，天津农学院大一学生何俊斌和同学小肖走在斑马线上，一辆大型长途客车为赶超边上的小面包车，瞬间向何俊斌和小肖冲来。不容细想，何俊斌一把推开了身边的同学，自己却被撞飞，在被送往医院后，何俊斌被诊断出颅脑出血骨折、肋骨骨折穿伤肺部，生命垂危。13日早上开始，何俊斌的情况开始持续恶化，多器官衰竭，血压一度降至30毫米汞柱，虽全力抢救，但这一次没有成功……

12日下午5点，共青团浙江省委员会官方微博发表微博说："何俊斌，这个平凡的富阳学子，在客车驶来的瞬间推开了身边的同学，自己却被撞成了重伤。今天（4月13日）早晨8:50，他带着所有人的爱与敬佩走了。让我们一起为俊斌默哀，但愿天堂没有车来车往！"来自兰州的微博网友说："清晨，让我们一起为好人祈福，车祸瞬间他推开同学，自己却命悬一线，危重程度无以形容……愿天佑善良！愿生命坚强！"

> 19岁的生命走到了尽头,但何俊斌舍己救人的行为,却真正的诠释了生命的价值。生死一刻,同样是生命,同样有亲人,何俊斌用一次生命的陨落,挽回另一个同学的新生。我们不去问值得或不值得,我们只知道,何俊斌是最善良的当代大学生!
>
> ——资料整理自马雅兰:《舍己救人何俊斌:最善良的当代大学生》,2015年4月14日,中华何氏网,http://www.10000xing.cn/x021/2015/0415203414.html,最后浏览日期:2015年6月3日,引用时有删改。

何俊斌的故事让我们再一次为大学生群体点赞。还记得2014年黄河浪尖上的青春绝唱,90后大学生魏玉川舍身救人英勇牺牲。在水流湍急的黄河岸边,为救一名13岁的陌生少女,魏玉川纵身一跃,如同何俊斌一样没有半点犹豫。这瞬间的动作,源于他们内心的品质,他们用自己的英勇壮举践行了社会主义核心价值观,让我们看到了身边熠熠生辉的生命正能量。正是他们这些朴素的道德意识和责任意识,让周围这个群体变得心灵相通、情同手足,也因此被社会公众记在心间,成为我们这个社会的楷模,受到公众的敬仰,这样高尚的个人意识带来了一种荣誉,一种无疑是最高尚、最值得尊敬的荣誉。他们用年轻的生命弘扬了社会道德与良知,让我们看到了良性社会意识的崛起。

诚然,改革开放以来,随着商品经济的发展,社会意识也在发生深刻变化,时至今日,我们的社会还经常出现各种各样的冷漠的场景,曾经触发了国人道德深处的痛感,也展现了个人意识形态的阴暗面。但是,这些并没有遮蔽了我们的双眼,真诚、善良等良性的意识形态才永远是社会中的主流意识形态。因为,这些年来,我们全国人民所共同努力打造的社会主义核心价值体系必然作为中华民族奋发向上的精神力量与团结和睦的精神纽带,是我国社会主义制度的内在精神和生命之魂,是社会主义意识形态的本质体现。

我们每一个个体的人,在拥有了一定的社会经历和社会地位后,就会在自身头脑中反映出各自的个体意识。而作为社会生活精神层面的社会意识,则是社会存在的反映。正如马克思所言,"意识一开始就是社会的产物,而且只要人们还存在着,它就仍然是这种产物。"可我们个人与个人之间意识的差别也是确定的,那么我们如何将个人意识与社会意识相统一? 如何树立正确的公民意识? 如何建构起良性的社会意识? 这正是我们在本章需要了解的。

本章将在解析意识及其有关概念的基础上,向大家展示意识形态和价值观、个人意识和社会意识等内容,以便大家能够在此后的学习和生活中更加有效地强化国家与民族意识、法治意识、权利与责任意识、公德意识等方面的良性社会意识。

第一节 意　　识

一、意识释义

那个清晰地看到了眼前的电脑,并且能够指挥肌肉牵动手指敲击键盘会思考的我,究竟是躲藏在什么地方呢?这是每一个喜欢思考的人必然会在某个时候对自己提出这样的问题。遗憾的是,在回答意识是什么的问题上,还是显得力不从心。意识是什么呢?我们先从一个小故事谈起,在陈仲舜老师的《督导案例》中有这样一个故事:有一位英俊的研究生提出了一个问题,就是他特别害怕切黄瓜,无论是在学校的公寓里,还是在女朋友的家里,只要看见有人在做菜,清洗黄瓜,然后再把黄瓜一片片地切开,就会情不自禁地紧张、害怕,能躲开就躲开,否则就会哆嗦起来。陈老师对该男生进行了深入的心理咨询,找到了病因:"好像是奶奶过生日,家里人特别多,妈妈和阿姨们都在厨房忙着做饭菜。我围着妈妈转,伸手向妈妈要黄瓜吃。妈妈不理我,我就哭。站在妈妈身边的阿姨很厉害地说,别闹,如果再闹就把你的'小鸡鸡'割下来。她一边说这话时,一边不停地切着黄瓜(妈妈似乎在切香肠)。在说割'鸡鸡'时,那刀有意地高抬重落,正好把一段黄瓜震落在地上。她一手拿着刀,躬身去拾地上的黄瓜,那刀恰好对着我的'小鸡鸡',我吓得哇的一声哭出来,捂着'小鸡鸡'边跑边喊:'我不要黄瓜了,不要黄瓜了……'"听到这个故事的时候很多人都会笑出声来,并且似乎都能说出小时候切黄瓜给那位英俊的研究生那种紧张是由于从小种下的"意识"在作怪:凡是切黄瓜,都让他觉得自己的"小鸡鸡"并不安全。

但是,我们必须承认意识这个词是很模糊的,在生活中我们会无意识地用到好多个"意识",但对意识究竟是什么,很多人会感到困惑。其实不止是生活里,在意识研究的相关领域,意识的概念都是费解的。单纯从词义上理解"意识"并不难:意,即是自我的意思;识,就是认识;意识,就是对自我的认识。意识最初的含义也就是思考并觉知我们自己的存在。

对意识的研究出现在人文类科学的多个领域,但很难找出一个让所有人都信服的观点。心理学家认为意识是指自觉的心理活动,即人对客观现实的自觉的反应;唯心主义哲学家把意识当成了物质世界的起源;唯物主义哲学家强调从物质对意识的角度对意识进行了认识,也就是我们常说的意识:高度发展的特殊物质——人脑的机能和属性。

要理解意识,我们还是要从马克思主义哲学中寻找答案。马克思主义哲学认为,意识不仅是人脑的机能,是客观存在的反映,而且强调人的意识一开始就是社会性的,意识不仅反映客观世界,并且创造客观世界,具有能动性。这就为我们理解意识创造了一个基础,意识的理解无非是从以下几个角度来考虑。首先,意识是思维主体对信息进行处理后的产物,没有思维主体及其活动,就不可能产生意识。比如你可以让机器做很多很多事情,让电脑处理很多工作,但你不可能让机器和电脑产生意识。其次,意识的产生是需要能量的,意识的存在和传播需要介质,这从意识所依附物质的本质可以得到充分的理解,但意识的存在不会占住空间。最后,意识反映的内容不一定就是客观事物,可能会有所超出,这是因为思维主体在获取及处理信息时,信息可能发生种种变异。正如你翻开这本书,本书正是对物质世界的反映,但你阅读它后会形成你自己的理解,并有所启迪,进而在此基础上并设法去改变什么,形成了自己的认知,这就是意识。

二、意识的本质

人类对意识的本质的认识,经历了一个复杂的发展过程。在人类早期,人们曾把意识看作是一种独特的、寓于人的肉体之中并可以脱离肉体而存在的灵魂的活动。古代的唯心主义哲学家从各自的哲学视角论证发展了这种观念。如古希腊哲学家柏拉图认为,灵魂在进入肉体之前,曾居于理念世界,具有理念的知识。这种观点到了中世纪仍然得到认可,并在此基础上有所发展。中世纪经院哲学认为,灵魂是一种单纯的精神实体,灵魂是不死的,可以脱离肉体而存在。古代的唯物主义者强调意识对物质的依赖,往往把意识或者灵魂说成是某种物质,如古希腊的德谟克利特认为灵魂是由精细的原子构成的,中国的荀子提出"形具而神生",范缜主张"形质神用"。在近代,众多的哲学家从物质与意识的关系的角度,对意识作出定义,并探究意识的来源和属性,得出了不同结论,如笛卡儿提出意识与物质相互独立的二元论;巴克莱主张"存在就是被感知",把意识作为世界的本原;霍布斯洛克等则认为意识是物质的产物;狄德罗、拉美特里等则明确指出意识是人脑的机能和属性;德国古典唯心主义哲学家提出并以思辨的形式阐发了意识的能动性问题;费尔巴哈则不仅提出人脑是意识的生理基础,而且还初步涉及意识的社会根源问题。意识的本质是什么呢?

1. 意识产生的生理学基础

生理学研究表明,意识产生的核心器官是丘脑,丘脑中有一种先天遗传的特殊结构,称之为丘觉,丘觉是本身蕴含意思并能发送意思,当丘觉发送意思的时候就产生了意识。而样本是事物在脑中的符号,是在后天学习过程中形成的,广泛地分布在大脑、下丘脑、纹状体、小脑及其他神经结构中。丘觉能够发送的意思较为广泛,样本的数量也非常庞大,它的样本和丘觉通过学习建立起意义上的连接,样本经由联结纤维点亮丘觉产生意识。所以说,丘觉、样本和联结是产生意识必备的三个条件。

用生理学来阐述意识总令人费解,我们举个例子来加强理解。如果把丘觉比作一个花园的土壤的话,那么你就是这个花园的园丁,你常常自觉或者不自觉地在意识种下种子,这些种子就是我们所说的样本。比如我们看过恐怖片之后,就会留下这样的种子,在以后的电视电影中,突然惊现某主人公惊诧的脸庞的时候,我们就能意识到可能会有不可思议的事情发生。这个主人公惊诧的脸庞就是我们的样本,它储存在我们的大脑里。由于这个花园非常大,你的种子就会特别多,而这样的"种子"来源于你的学习或者生活经验,当遇到恰当的条件,你所存储的种子就会生根发芽。就如意识,如果遇到特定的样本点亮后,丘觉就会发送意思,产生意识。

2. 意识的社会根源

意识是物质世界发展到一定阶段的产物,经历了一个无比漫长的过程,其中有三个决定性的环节。第一个环节,由一切物质所具有的反应特性到低等生物的刺激感应性,也就是说生命产生的最初阶段。按照达尔文的进化理论,一切有生命的物质都是由非生命物质进化而来。由非生命物质向生命物质的进化,是一段非常漫长的过程。第二个环节,由刺激感应的反映形式到高级动物的感觉和心理。第三个环节,即是由一般动物的感觉和心理到人的意识。这也意识产生最关键的环节,纯粹的动物心理不会自发地产生意识,意识是同人类社会一起产生的。正如马克思所言:"意识是社会性的劳动、语言和人脑的必然产物。"那么意识的本质就是社会的产物,也就是社会生产劳动的产物。劳动使产生意识成为一种必要,使猿脑变成了人脑,为意识的产生奠定了生理基础,劳动产生了语言,劳动和语言一起推动人类意识的产生。

三、意识的层面

由于对不同时间和空间注意程度的不同,意识具有以下不同的层面。

1. 焦点意识

焦点意识是指个体全神贯注于某刺激时所得到的明确的意识经验。如领导要宣布下岗名单了,而你不知道你是否在其中;篮球赛只剩下最后1秒了,球到了那个叫科比·布莱恩特的人的手里,而此时你所关注的是他会不会投篮。总之,处于焦点意识状态的时候,会非常将注意力集中到一件事情上,往往忘记了其他事情的存在。

2. 边缘意识

边缘意识是指对注意范围边缘刺激所获得的模糊不清的意识经验。也就是当人的听觉注意集中于某一事物时,意识将一些无关声音刺激排除在外,而无意识却监察外界的刺激,一旦一些特殊的刺激与己有关,就能立即引起注意的现象。如在各种声音嘈杂的鸡尾酒会上,有音乐声、谈话声、脚步声、酒杯餐具的碰撞声等,当某人的注意集中于欣赏音乐或别人的谈话,对周围的嘈杂声音充耳不闻时,若在另一处有人提到他的名字,他会立即有所反应——或者朝说话人望去,或者注意说话人下面说的话等。该效应实际上是听觉系统的一种适应能力,对熟悉事物的迅速再认,被称为鸡尾酒会现象。就好比我们站在一个挤满了人的屋子里,周围可能有十个、二十个人在说话,可我们却能挑选出我们想听的对话。换句话说,我们的大脑对其他对话都进行了某种程度的判断,然后决定将其屏蔽不听。

3. 下意识

下意识是指在不注意或只稍微注意的情况下所得到的意识。虽然是不注意或者稍微注意的情况下得到的意识，但是能量极大。用温伯格勒教授的话来描述，"下意识在我们深睡的时候负责消化、成长……它将意识直到事情结束了都还没有意识到的一些东西揭示给我们看。无需感官的帮助，它也能和其他思想交流。它能捕捉到一般的视力无法看到的东西。它会对即将到来的危险做出预警。它会对行动或是对话表示赞成或不赞成。所有交给它的事情，它都会做到最好，这是意识无法阻挡的，而且会改变它的表现形式。一旦它得到鼓励，它就会治疗身体的痛楚，并保持身体健康"（转引自大卫·布什：《实践心理学与性生活》）。下意识也在很多专著中被称为主观思想，既不作出决策，又不支配和命令。它的本性就是去做交代它做的事情，或者你内心深处最想做的事。

4. 潜意识

潜意识是指隐藏在意识层面之下的感情、欲望、恐惧等复杂经验，因受意识的控制和压抑，导致个体不自觉知的意识。潜意识是精神分析理论中的一个重要概念。潜意识一般是被认为原本具备却忘却了使用的能力，也就是存在未被开发和利用的能力。精神分析学派认为，潜意识聚集了人类数百万年来的遗传基因层次的信息，它囊括了人类生存最重要的本能与自主神经系统的功能和宇宙法则，即人类过去所得到的所有最好的生存情报，都在潜意识里。

5. 非意识

非意识是指个体对内在或外在环境中的一切变化无所知、无所感的状态。如心跳脉搏不能使人产生觉知。非意识以极不明显的方式保存在人的心理活动中，只有当人面临的情境需要引起人的关注时，人才能间接地体验到。其活动分三类：（1）某些身体过程和自动行为，如人在活动中的身体姿态、表情动作、自动活动等；（2）内在体验，包括人在行为中感受到的情感、心境、态度、欲望和需要等；（3）早期意识的后效，当有机体受到同样刺激情境的再次刺激时，这种后效会加强人的某些行为。

6. 前意识

关于前意识的解释有两种：第一种来自弗洛伊德的精神分析理论，指位于意识与潜意识之间的意识层面。处于潜意识下的一些被压抑的欲望或冲动，在到达意识之前，要先经过前意识；另外一种解释来自认知心理学，指以前储存在长期记忆中的信息。人们不使用这种信息的时候，并不会意识到这种意识的存在，只有在需要对这些信息进行检索时，才会对它们产生觉知。由于这种意识在性质上属于记忆，因而也称为前意识记忆。

四、意识的功能

卡尔是加拿大的一个年轻人,由于交通事故致使头部受伤。根据心理学家图尔文的描述,这次受伤使他丧失了许多体验的能力,也就是我们所说的意识:"……卡尔在理解时间概念上没有困难。……他具有关于时间的抽象知识,但对主观时间的意识却严重受损。如果问他昨天干什么了,他会说他不知道。如果问他离开'这里'将要做什么,或者'明天'他将要做什么,他也说他不知道……在不同的场合,请他描述在他试图考虑'明天'时出现的心理状态的'空白'时,他会说这'就像睡着了'或'大片的空白'。……当要求他将这种状态与他在考虑昨天做了什么时的心理状态做个比较时,他说是'同样的空白'。"卡尔平静而沉着地做了所有这些观察报告,没有表现出任何情绪。只有在他被问到对于上述情形中所出现的"空白状态"是否感到奇怪时,他确实表现出片刻轻微的不安,并发出一声温和的感叹:"哦!"

当我们提到意识功能的问题时,就是在试图理解为什么我们需要意识——它能为我们的生活带来什么影响。卡尔的案例为回答这一问题提供了一个很好的线索:如果没有任何感觉,无法充分地利用意识,生活或许就如我们提到的卡尔一样,只是一个空白。我们可以借以得到结论:意识对人类生成和社会功能的作用具有重要意义。通过前面对意识的本质分析我们可以知道,人类意识是在与其衍化环境中敌对的力量——自然和劳动对象中锻造的。人类意识的产生最初或许只是一种对抗捕猎者的防御措施和一种更有效开发资源的手段,最终演化为我们祖先的社交倾向。然而,紧密联系的群体生活又会生产出新的话题,就是对人类个体合作和竞争能力提出了更高的要求。意识得到演化,在个人和文化的构建中起到更为重要的作用,其中最为突出的是帮助生存和对现实的个人和文化构建。

1. 帮助生存

用生物学的观点来看,因为意识帮助个体明了环境信息并在计划最适宜和有效的行动中使用那些信息,所以它才可能演化。但是,在现代生活中,你会面临感觉信息负荷过大的情况,大量的各种信息从各个方面困扰着你。而意识则可以通过三个方面来给你澄清这种极大的混乱,来帮你适应环境。

首先,意识对你所觉察的和你所注意的范围进行限制从而减少刺激输入的流量。就如我们打开新浪网或者其他门户网站的时候,进入我们视野的信息会非常多,有体育、财经、娱乐、汽车、数码等,而我们的意识会帮助我们减少信息量,只关注我们感兴趣或者有帮助的相关信息。假设你是个球迷,你就会对体育板块出现的热点表现出兴趣,其他新闻对你的刺激程度相对较低;恰巧你在装修房子,或者装修这方面的内容会引起你的注意。意识的这种限制功能过滤了多数与你即刻目标或者长期目标无关的信息。当你将意识集中在"相关"输入——即你希望加工和反应的信号的时候,所有被评价为"无关"的就成为背景噪声。意识的这种作用在我们日常生活中表现出越来越多的应用,特别是在这个信息泛滥的时代,能极大地分解我们的信息焦虑,使我们所承受的信息压力处于一个可以接受的水平。

其次,意识完成了一种选择存储功能。在所有刺激输入流被知觉加工为小量可识别的模式和范畴时,意识允许你选择性地存储你想要分析、解释并对将来起作用的刺激。意识通过选择一些,忽视另外一些,你可以在此基础上将事件和经验按照个人需要分成相关的和无关的。就如你平时积累材料,网络是一个浩瀚的资源库,当你在这个资源库遨游的时候,就会遇到很多很好的资源,而你不可能对所有的资源进行下载收藏,意识就帮你进行选择,将对你有帮助的或者对以后用得着的资源进行存储。

最后,意识让你基于过去的知识和对不同后果的想象来终止、思维和考虑不同的方案。这种计划或执行急控制的功能使你能够压抑那些与道德、伦理和实践要求冲突的强烈愿望。没有这种意识,或许你在饿的时候,只要看到食物,就想把它偷来。由于意识给你宽泛的时间和计划可能的行动,因此你可以唤起过去和将来的表征来影响你当前的决策。如当年的革命人士想象着自己的孩子沐浴在共产主义的阳光之下的时候,就会下定决心,不怕牺牲地为中国的解放事业而战斗。由于这些原因,意识可能会给你赋予极大的能力,对你生活中的各种需求给出灵活适当的反应。这也是意识之所以被认为与素质和能力息息相关的缘故,同时也是意识之所以出现在本书首章的主要原因,在下文中我们会对意识和个人素质与能力的关系进行进一步的剖析。

2. 对现实的个人和文化建构

不会有两个人以绝对相同的方式解释一种情景。电影《我知女人心》中孙子刚(刘德华饰)通过某种特殊能力一次次知道李仪龙(巩俐饰)的创意时,李仪龙那种愤怒正诠释了这一论断。因为她知道,不会有完全相同的创意,只是过多的这种情景相同的场面被李仪龙当成了一种默契。那是电影所构建的场面,在现实生活中,你对现实的个人建构是你基于你的一般知识、过去经验的记忆、当前的需要、价值、信念和将来目标,对当前情境的独特解释。每个人对现实的个人建构已经从独特输入的选择中形成,所以他或者她会更注意刺激环境中的某些特征,当你对现实的个人建构保持持续稳定的时候,你的自我感就具有连续性。这就是我们所说的自我意识。自我意识在个体的发展中有着十分重要的作用,我们在本章后面一部分将进行更为深入的阐述。

当人们在不同的文化中成长,或者在同一文化内生活在不同的环境下,或面临不同的生存任务的时候,对现实的个人建构的个体差异会更大。曾有科学家对一对因为各种原因被分开的双胞胎的行为进行研究后发现,他们之间的行为和对事物的看法迥然不同。这就是说即便是相同的基因类型,受到环境因素不同而受到极大的影响。现代科学认为,遗传素质代表了人的发展潜力,而并不代表一个人的发展前景,并且相反的表述也是正确的。生活在同一文化环境的个体分享同一的经验,他们通常具有相似的问题建构,网络上我们习惯将人分为70后、80后、90后等各个年代的"后"。事实上,这样的划分有一定的道理,由于他们生活在相同的年代,受同样的文化氛围所熏陶,往往具备一定的群体特征。现实的文化建构就是这样由特定一组人群的多数成员所分享的思考世界的方式。当社会中的一个成员发展了一种与文化构建相适应的现实的个人构建时,它会被文化所肯定,同时也肯定文化构建。这种对现实的意识构建的相互肯定称之为共识效度。

五、意识、素质与能力

前文论述意识的功能时,提到了意识对素质和能力的作用,也明白了意识是一种高级的生命现象,是人的生理机能和属性,是专属于人类的。同样,人类的能力和素质,也是有可以具体到某一指标的因子构成的,可以具体为某些行为,而我们通过最基本的感觉和感受也能理解,意识是可以作用于行为的。那么一个人的行为是怎样产生的?又是怎样才会终止?为什么人会去学习、会去创新、会去发展?通过怎么样的价值意识对人的行为产生作用,从而提升自己的素质和能力?

1. 意识与学习

首先是意识对学习的导向作用。我们知道,意识是人脑对客观存在的反映。正确的意识能很好地引导人们进行学习。人类区别于动物的认知功能在于人类的学习是有明确的目的、以概念为基础的认知能力上。这种内在的意识对学习的导向作用的研究,兴起于行为主义开始退出统治地位的20世纪60年代,并在20世纪80年代成为研究的热点。研究发现,来源于自我或者他人,以及上文所述的共识效度能很好地对自己的学习形成导向作用。著名的美籍物理学家钱致榕教授曾谈到,他幼年读书时,学校曾在300个学生中抽出60人组成"荣誉班",钱教授当时就是这个班的成员,"荣誉班"的学生被告知他们很有发展前途。因此,"荣誉班"的学生个个充满信心,严于律己,勤奋学习,后来这个班的绝大多数学生都成了有成就的人。这种因为外界对自己的认可而作用于自己的意识,使自己取得更大的成就的效应得到了教育界和心理学界的认可,这种效应由最早发现的心理学家皮格马利翁而著名,称之为皮格马利翁效应。

意识对学习的导向作用不仅仅是从外部因素得以改变,有的人奋发学习,挑灯夜战,甚至"闻鸡起舞",以超乎寻常的毅力和始终处于亢奋的精神状态全身心投入学习,这些人的学习目的有的不一定是实现考取名牌大学的梦想,也不是为了博得哪种职业资格证书,而是自己意识到这种生活很享受,能为自己带来满足感和幸福感,这种意识也是通过导向作用引导一个人持续勤奋学习的原因。

学习者的意识比照机制对学习也具有重要的影响。很多人的意识,是通过周围环境的影响,在与周围的人比照而获得的。古代孟子的母亲就认识到了周围环境对一个人意识形态影响的巨大作用,而不顾一切,三次搬家,为孟子的成长寻找一个良好的环境。马克思也曾经指出:"人像镜子那样,是从别人那里发现了自己。"这种从自身与他人比照中获得学习的积极意识也是受到了教育者的重视,各种竞争型课堂理论就是为此而生的。这种课堂认为,竞争使学生的注意力指向他们自己能够完成学习的能力,而不是指向"怎样"完成目前的学习。所获得的成绩本身并无意义,只有同别人进行相互比较后才变得可以解释,从而鉴别出自己能力的高低。这就是学习者的比照意识起作用的结果。当然,这种意识也会产生消极的一面,如竞争激发了学生用社会标准进行比较,而社会标准充分地提供了关于一个人的能力信息。在这种情况下,唯独最有能力、最自信的学生动机得到了激发,而能力较低的学生有较为明显的意识,认为自己将会在竞争中失败,他们通常回避这种情境。一般来说,他们所采取的回避竞争和社会比较的方式是,选择几位简单或极为困难的学习任务,而回避中等难度的学习任务。然后,在实际教学情境中,中等难度的学习(即具有挑战性的学习)是最恰当的学习任务。意识对学习的影响,还会在本书的第 6 章有所体现。

2. 意识与创新

创新是一个民族进步的灵魂,是国家兴旺发达的不竭动力。海尔总裁张瑞敏曾对海尔的发展做了一个演讲,在演讲的开端提出了三个问题:海尔是什么?海尔为什么?海尔做什么?海尔作为中国最具有创新能力的家电企业,将这三个问题的指向都瞄准了创新。在海尔是什么的问题上,张瑞敏指出,海尔是一个创新型的企业;在回答海尔为什么要抓住时代机遇、不断创新时,张瑞敏一遍一遍地提到企业时代环境的变化,企业不创新无法求得生存;在回答海尔做什么的时候,张瑞敏还是将矛头瞄准了创新,只有创新,做出最适合用户需求的产品和服务。

企业在谈创新,各种科技进步更是创新的主要谈论对象,无论是"两弹一星"、杂交水稻、人工合成胰岛素等中国智慧还是苹果手机、微软操作系统等外国符号,没有创新就没有科技的辉煌成就,也就没有今天的物质繁荣。然而,创新只是结果,而意识才是创新的开端,简而言之,没有意识就不会有创新。意识对创新的作用具体体现在以下几个方面。

首先,意识是决定能否创新的决定性因素。在今天,创新能力实际上就是国家、民族发展能力的代名词,是一个国家和民族解决自身生存、发展问题能力的最客观和最重要的标志。美国之所以能够较长时间地树立于民族之林的顶端,离不开美国科技创造能力,离不开美国教育模式对创新意识培养的重视。没有创新的意识,就不会产生创新的成果。就如砸在牛顿脑袋上的苹果砸在我们的脑袋上,万有引力就不会面世;没有对产品创新的孜孜以求,苹果手机就不会受到这么多人的追捧,苹果神话就失去可以诞生的资本。

其次,意识是促成创新因子整合,推动社会制度完善,从而推动社会全面进步的缘起。创新根源于社会生产方式,它的形成和发展必然进一步推动生产方式的进步,从而带动经济的飞速发展,促进上层建筑的进步。

最后,创新意识本身就是一种创新,它是创新能力的重要成分,对促成人才素质结构的变化,提升人的本质力量起到重要的推动作用。创新实质上确定了一种新的人才标准,它代表着人才素质变化的性质和方向,它输出这一种重要的信息:社会需要充满生机和活力,具备创新意识的人。它客观上引导人们朝向这个目标提高自己的素质,使人的本质力量在更高的层级上得以确证;激发人的主体性、能动性、创造性的进一步发挥,从而使人自身的内涵获得极大的丰富和扩展。

3. 意识与个人发展

如果让我们来描述我国近30年来的变化的话,很多人会谈到社会主义市场经济体制的建立和发展,那是当代中国社会环境最大、最深刻的变化。由计划经济到市场经济的转变,最大的改变就是劳动者由被动地适应"大计划"的利益相关者推向基本利益主体,成为自己命运的主人。社会主义市场经济强调等价交换、公平竞争;强调个人自由、人人平等;强调各尽其力,各显其能;它更尊重人的自主性、能动性和创造性。因此能更大限度地解放生产力,是更为先进的经济体制。与此同时,个体的意识是与个人取得的成就会息息相关。不同的意识占主导地位时,个体会有截然不同的发展道路。

物质的自我占优势。这种意识的表现就是,个体主要是追求其外表、物质欲望的满足,获得家庭成员的关心和爱护等为主要目标。不知从何时起,"高尚生活"在很多年轻人心中等同了一种看得见的物质生活。物质的意识占优势的人群在社会上受到追捧,在国内一个著名的电视节目《非诚勿扰》中有一个叫马诺的女嘉宾,在电视节目的录制现场公开地说自己"宁愿坐在宝马车里哭,也不愿意坐在自行车上笑"。如果说那位女嘉宾只是一个个例的话,在一个讨论那位嘉宾的贴吧里,在反对声中仍存在很多马诺的支持者,有的甚至嘲笑那些为简单爱情而努力的人。物质的意识占优势的人群,在名利的追求上会比别人来得更为激烈一些。更容易在追求物质生活的过程中迷失自我,沉醉于追逐物质生活的过程,有的人为了物质的追求,放弃自己的尊严,有的甚至不惜走向违法犯罪的道路来谋求金钱。

社会的自我占优势。这种意识的表现是,个体主要追求他人的注意和重视。在生活中我们经常会遇到这样的人:去买衣服的时候,一遍一遍地追问着旁人"怎么样,好不好看?"如果你说好看,就会将这件衣服作为选择对象,但是如果他们穿起衣服的时候,一旦引起了部分朋友不好的评价甚至是没有引起其他人的注意,这件衣服或许就会被主人束之高阁。对社会的自我占优势的群体特征,社会比较理论提出了一些对我们有帮助的看法:个体发现自己的评价和类似自己条件的他人对自己的评价、或者是地位高于自己的人对自己的评价一致时,就会大大加强自己的信心,提高安全感。相反,当别人的评价和自己的看法不一致的时候,就会对自己的看法产生怀疑。这种意识占优势的群体很容易被宣传和广告所影响,在社会行为上,比较容易从众。

心理的自我占优势。这种意识占优势的群体中,在其自我评价的基础上,个体主要追求自己在政治、宗教、道德、知识上的进步。这种人一般对生命感到满意、能有效地发挥潜能,具备一定的创造力,并且不容易受到焦虑和恐惧的影响,因为他们对自己和他人能抱着喜欢及接纳的态度。他们不是没有缺点,但因为他们能够接受自己的缺点,所以他们较前面两种人群来说,显得更加真诚、更不防卫,也对自己更满意。人本主义者认为,每个人都能有这种潜力,但是得建立在较低层次的需求活动满足之后。心理的自我占优势的群体更多地考虑的是自己的发展问题,对金钱和物质的追求是次要的目标,这种人更容易积极思考工作中的难题,在生活上也显得更加从容。中国的儒家先哲们谓之于"心中乐地",主张在现世人生中实现最高理想,不需要彼岸的永恒和幸福,这也是心理占优势意识人群的特征。

当然,不是每一个人每一个年龄段都能合适地贴上哪个标签,只是有所偏重,而一般人在逐步成长中,由物质的自我,转变为社会的自我,最后成就为心理的自我。社会心理学认为,物质的自我占优势时,自我更多地体现自己最原始的形态,它的中心是个体的躯体(自己身体、外貌、体能的意识),一般在8个月到3岁之间完成;社会的自我占优势时,对自己被他人和群体所关注的认识(角色、地位、权利、人际等社会属性的意识),是个体的中心部分,一般形成于3到14岁;心理的自我占优势时,个体对自己的人格特征、心理状况、心理过程、行为表现的意识有长足的发展,形成于青春期后到成年。

第二节 社 会 意 识

一、公民意识

解思忠在《中国国民素质危机》一书中,对中国的公民意识现状做了评述。他认为:新中国成立后,人民当家做了主人,对各级政权实行监督,涌现出一大批焦裕禄、孔繁森式的好干部。然而,那种缺乏独立人格和主人意识的"怕公仆"现象,依然在一些国民身上不同程度地存在着,尤其是在占全国人口3/4的广大农村地区。

无独有偶,曾经在一个博客上看到这样一个话题——"中国现代化能不能如期实现",作者的观点是"不能"。对此,他分析了很多的原因,此文中大部分观点都有一定的道理,其中一点让我记忆深刻,就是说中国国民缺少公民意识。在我们的社会生活中,很多普通老百姓见到官老爷们,常常会语无伦次、矜持嗫嚅,事后却不屑一顾地愤愤然;工人见了厂长经理手无着处,眼露惊恐,背后鄙夷;普通干部见了司处局以上的顶头上司面露媚色,点头哈腰,心里盘算着日后的升迁,等等。这种现象的产生,无疑是千年封建奴化教育的影响,国人并没有从人格缺失中觉醒,公民意识遥不可及,尤其是国之强盛所需要的公民意识远远不够。

那么什么是公民意识呢?公民意识是指公民对自己在政治生活中地位和作用的认识;是公民以宪法和法律规定的基本权利和义务为依据,以自身作为国家政治生活、文化生活和社会生活等活动主体的一种心理感受和理性认知;是对相应的责、权、利的认知和价值取向。具体而言,公民意识包括权利与责任意识、国家与民族意识、平等与公正意识、自由与法制意识、道德与文明意识。

1. 权利与责任意识

国家主人意识是公民意识的核心内容,它包括权利意识和责任意识。从权利意识方面来讲,其核心是一切权力的来源是人民,是人民当家做主。据此,可以分解为权利主体意识与当家做主意识两方面内涵。一切权力属于人民,要求公民树立权利主体意识,即主人地位意识;人民当家做主,要求公民树立权利行使及主体作为意识。村民直选领导机构的农村基层民主模式在中国已经践行 20 余年,实际效果令人喜忧参半。在一些地方尤其是发达省份的农村地区,村民确实通过选举实现了优质民主,选出让自己满意的人带领大家致富,通过民主协商的方式共同处理村务和分配集体资源。然而也有一些农村地区,贿选以及通过暴力、恐吓等方式非法操控选举的情形非常普遍。不夸张地说,一袋大米或者一个拳头就能换来一张选票。有学者在对外出打工者的问卷调查中问及"您出来后,有没有参加过家乡最近一次村委会选举",回答"没有"的占 50%之多;问及"您经常参加村务决策吗",回答"从来不"的占 59%之多,他们中的大部分人放弃了自己的权利[①]。人民当家做主,要求公民树立权利行使和主体作为意识。从责任意识方面讲,又可分为主动责任意识和被动责任意识。主动责任意识是主人地位与责任意识相统一的结果,而被动责任意识则是主人地位与责任意识相分离的结果。公民既有权利也有责任,权利与责任是统一的。责任意识是衡量一个公民国家主人意识强弱的重要尺度。

2. 国家与民族意识

公民是在特定的国家和民族中生存的人,国家与民族意识是萌发和养成公民意识的基础,两者之间应该是统一的。公民的民族意识应推动国家意识深化,促进各民族间的团结和祖国的统一;公民的爱国情感又应促使民族意识升华,有力维护国内各民族互相尊重、和睦相处。那种狭隘的、失去爱国主义精神养护的民族意识,有可能导致完整统一国家的分裂,导致国内各民族间的纷争。因此,在公民意识教育中,必须把国家意识教育与民族意识教育统一起来。

3. 平等与公正意识

平等与公正意识是制度文明视角上的公民意识。平等是公正首要的、基本的含义,而公正则是实现平等的制度和环境保障。平等强调全体公民在法律上、人格上都是平等的。而要解决平等问题,又必须强化社会公正。没有公正的制度和环境作为保障,平等很难实现;没有平等作为价值导向,公正又会迷失方向。

4. 自由与法治意识

孟德斯鸠曾经很有意思地为自由下了一个定义:"自由就是做法律所许可的一切事情的权力。"基本上接近了我们所说的自由的真实含义:自由是公民在法律规定的范

---

① 陈磊:《农村"贿选"为何屡禁不绝》,《大众日报》,2014 年 8 月 27 日,第 10 版。

围内进行政治、经济、文化等活动的权利,自由意识是公民对法律赋予自己的各种权利的认识和理解。自由意识作为公民素质的一种反映,体现着公民对法律规定权利的自觉,体现着追求自由与高度自律的理性境界,体现着对社会的责任和对他人自由权利的尊重等。法治意识是公民依法管理国家经济社会事务的思想观念。通过加强法治意识教育,使公民形成法律至高无上的思想观念,可以提高公民依法行使权利和有序参与政治的能力,使公民在实践中感悟法治对公民自由权利充分实现的顶级重要性。自由意识与法治意识相辅相成,只有法治的保护,才有自由的可能;也只有自由的实现,才有真正的法治。

5. 道德与文明意识

"道德的力量是无穷的",这是儿时从老师和家长的教导中经常能听到的话,现在还是能在各种书籍中找到这类意味深长的话。公民意识教育是实现"个体公民"向"社会公民"转化的教育,应包含公民个体道德意识教育与社会整体文明意识教育。

二、公民意识教育的困境及其原因

世界各国民主发展的历史表明,民主化并不是一个自发的过程,它必须被有意识地复制:一代人教给下一代人民主得以传承的知识和技能,以及使下一代人健康成长的公民品格和责任。对中国而言,公民意识教育其本身就是一个舶来品,公民意识教育是冲破几千年专制统治,使中国由传统社会向现代社会转型的一个意识觉醒教育。社会主义民主的本质是人民当家做主,我国宪法明确规定"一切权力属于人民",人民是国家的主人,这就要求人民有自觉的政治参与意识和与此相适应的民主能力。社会主义市场经济发展到现代,渴求建立公平与效率、竞争与合作、自由与平等的经济伦理关系,它需要培养能进行自我管理、履行经济义务、为经济发展提供公平竞争的市场环境,这都需要公民教育的大力介入。

由于历史原因,中国的公民意识教育出现了一些困境,引起了教育界的普遍关注。大学生是未来社会主义现代化建设的中坚力量,高校"两课"(马克思主义理论课与思想品德课)则是对他们进行思想政治教育的主渠道和主阵地。然而,记者近日在某市部分高校采访时却发现,对于"两课"教育,学生上课精力不集中、开小差、厌学、逃课,考前仅靠突击背书应付考试的现象较为严重。"专业课认真听,选修课随便听,'两课'不想听"这几乎成了大学校园里一个公开的秘密,这一困境主要缘于以下几方面原因。

第一,定位上思想政治教育不等于公民意识教育。长期以来,存在着一种错误的认识,即把思想品德与政治教育等同于公民意识教育。其实思想政治教育只是广义的公民意识教育的一部分,不是公民意识教育的唯一内容。目前我国的公民意识教育缺少独立设置的课程体系和科学的整体部门规划。2001年,我国对初、高中课程方案进行了改革,在初中的思想品德与高中政治课中增加了公民意识教育内容,但遵循的原则是把公民意识教育看作对已有思想政治教育的补充。长期以来高校的政治理论课一直承担着对大学生进行公民意识教育的任务。尽管2005年教育部对高校思想政治理论课进行整体改革,整合了原有各门思想政治理论课的内容,对公民意识教育起到了指导和推动作用,但由于课程侧重点的不同,也就难以使公民意识教育在高校有任何实质性的变化。公民意识教育知识仍是融入思想政治教育的内容当中,没有专门的体系和规划。

第二,内容上公民意识教育过于强调奉献。公民意识教育有明确的价值导向,即国家、社会、个体关系的定位。我国有几千年的集权专制历史,缺少民主的社会生活。只有臣民,没有公民;只有伦理说教,没有公民意识教育;只有国家,少有个人。历史和现实的种种原因使公民在接受学校、家庭和社会教育,或是在参与社会事务时,接触到得更多的是义务。作为公民,没有履行义务,可能会受到社会法律和制度的惩罚;但若没有行使权利,很多时候只是个人的事情,也就没有其他社会成员和组织来过问了。公民要主张自己的权利,首先需要了解自己的权利,然后需要具有行使权利的能力。这正是中国当下公民所欠缺的。

第三,形式上公民意识教育脱离实践。目前学校里的公民意识教育大多是一种知识教育,讲授一些公民的权利、义务、规范等,缺乏实际公民生活的体验和锻炼,致使学生在校内不能正常参与学校生活,在校外不能真正融入公民生活。如当前在有些高校,辅导员或班主任并未认识到学生自主参与学校生活的必要性和重要性,在很多情况下,团委、学生会的干部往往都是"钦定"的,这严重影响了学生参与公共事务的积极性。学生参与本地人大选举亦是如此,学校并未对选举的重要性和必要性以及相关事项和程序等跟学生解释清楚,而只是让学生简单"画圈"。这就使得学生认为选举就是走过场或作秀,进而缺乏参与选举的积极性甚至对这类活动产生逆反心理。

三、社会意识

有一部名为《九香》的影片,女主人公九香的丈夫意外去世,她一个人带着四男一女五个孩子,在缺衣少食的情况下,苦撑起一个家,自己是经常舔着孩子吃过的饭碗充饥。此时有一个男人爱上了她,不时给她带点食物,但是考虑到孩子幼小,女主人最终放弃了自己的这份感情,直到被生活折磨得失去了形状。

毫无疑问,作为当年献给世界妇女大会的影片,是来歌颂这种伟大的母爱的。但这部影片折射出来的很多问题,应该让我们深入的思考:撇开所有女权主义丰富而激烈的议题,从其中展现的社会环境来看,暴露了我们这个社会中一个巨大的盲区——缺乏社会意识。

九香完全是一个孤立的存在。除了要娶九香的那个男人,看不出这个九香和外界还有任何有意义的联系。她处于怎样的社会关系之中?她有着怎样的社会联系?她和当地政府、周围人们有着怎样的牵连?她就是再艰难、再悲惨,也总是在一定的社会背景中开展她的活动,在某种社会网络中谋取生活和生产资料。甚至她总有兄弟姐妹吧？死去的丈夫也有一些亲戚关系、社会关系吧？而影片中给我们展示的生活环境，近乎一种鲁滨孙式的存在，在一个原始荒芜的地方，一个女人和她的一群孩子沦为动物般的生存。

所谓"社会意识"，就是社会生活的精神方面，是社会存在的总体反映，它包括人们的政治、法律思想、哲学、艺术、宗教等意识形态、风俗习惯、社会心理等。简单地说就是和他人"共在"的意识，知道自己不是单独存在的，而是与其他社会成员处于一个共同体当中，处于某种社会纽带当中。称之为"纽带"意味着在这个联结和传送"纽带"之上任何人的存在都不是孤立的和隔绝的，每个人与其他社会成员都有着这样那样的关联。就如你隔壁住的另外的人家，或者你不认识他们，但你和他们同饮一条水管里的水，也用同一条电线送来的电。在你成为超凡脱世的神仙之前，你不得不和他们走同一条肮脏的道路，呼吸同样浑浊的空气，当然，有时候也顶着同一片蓝天。你不得不和一些人照面，尽管你心里不认同他们，看不起他们，但是这就是你的现实和命运。你和他们一起分享着这个世界，而不是别的什么人。

于是你们之间就有了一种互相依存、互相牵制的关系，有了许多直接利益和非直接利益的联结。你希望你周围环境中的一切平平静静，不要有什么麻烦。但这个最简单的要求，是在你众多邻居密切配合下才能够实现的。你每天出门把煤气关得紧紧的，检查再三，你希望你的邻居们都这样做，遵守同样的规则，否则危及他生命财产安全的，也危及你的财产生命安全。照这么看过去，你的邻居为保障你的平静生活也是作出巨大贡献的。楼道里来了小偷，这是你们同样不能忍受的，小偷贪得无厌，偷了张家的东西他还想偷李家的，于是你们齐心合力，一道把这个小偷扭送到派出所。在你们共同的生活中，有许多你们所遵循的游戏规则。这些规则构成了一个大网络，把你们联结在一起。而那些破坏规则的，被看作是针对你们每一个人而不是其中的部分人。

通常人们在谈到"社会"时，总是把它看作一个分析的对象，结果社会成了一种抽象和神秘的存在，所谓"不以人的主观意志为转移"。"社会"变成了我们的身外之物，或是我们被排除在社会循环之外。实际情况不是这样的，我们每一个人都在社会生活之中，是我们每个人，我们每天的日常生活与待人接物，构成了我们生活于其中的活生生的人与人关系。

社会意识作为社会生活的精神过程，是人们对社会存在的反映，它由一个复杂的、多层次的结构构成，这可从多角度加以揭示。

第一，从社会意识主体的角度，社会意识可以分为个人意识和群体意识。个人意识来源于社会中个体的人的实践，是个人独特的社会地位和社会经历的反映。群体意识是社会上一定的群体如阶级、政党、团体、民族等的共同意识，是一定群体实践的产物。群体意识不是个人意识的简单相加，它包含着个人意识所没有的特殊内容。在阶级社会中，阶级意识是群体意识的本质方面，统治阶级的意识在社会群体意识中占统治地位。个人意识和群体意识是对立统一的，它们相互依存、相互作用，并在一定条件下相互转化。

第二,从社会意识反映社会生活本质程度的角度,社会意识可分为社会心理和社会意识形式两个层次。社会心理是直接与日常生活相联系的一种自发的、不定型的意识,以感性的东西为主,如感情、风俗、习惯、成见等。社会意识形式则是对社会生活较自觉、较系统的反映,具有相对稳定的形式,如政治法律思想、道德、艺术、宗教、哲学、科学等。社会心理是社会意识形式的基础,社会意识形式则给社会心理以重大的影响。

第三,从社会意识和经济基础关系的角度,社会意识可分为属于上层建筑的社会意识形式(或称社会意识形态)和不属于上层建筑的社会意识形式。前者如政治法律思想、道德、艺术、宗教、哲学和大部分社会科学,它们是一定的社会经济基础和政治制度的反映,在阶级社会中,体现一定阶级的意志和利益,因而具有鲜明的阶级性。后者主要指自然科学,亦包括部分社会科学和思维科学如语言学、形式逻辑学等,它们同社会生产力有直接的联系,是对自然现象和某些不属于经济基础的社会现象的反映,因此没有阶级性,是全人类共有的精神财富。

无论是从哪个角度来分析社会意识,它都不应该是我们的身外之物。社会群体就是我们放大了的邻里关系。从你家隔壁开始,男人、女人、老人、小孩、穷人、富人……都是一种相互依存、休戚相关、唇齿相依的关系。河流污染了,能源耗尽了,所涉及的肯定不会只有部分人。同样,恶化的人文环境,肯定也会牵动你的身心——当小悦悦在冷漠的人群注视下离开我们的时候,我们也从背后冒出了一阵凄凉的寒意。

四、社会意识的培养

社会意识的层次所覆盖的内容非常广泛,而且不同地域的民族、国家在不同的历史阶段,社会意识的培养需要都会有区别。但是,作为人类的普遍意义上的社会意识的培养,以下几方面可供参考。

1. 生活技能

生活技能的培养包括生活自理能力、日常生活知识、生活适应技能等。在中国的很多家庭,个体缺乏必要的生存能力和生活自理能力,对其进行社会意识的培养,首先是要教会他们学会生存,掌握基本的生活常识和技能。如吃饭、穿衣、睡觉和能说一些基本的日常用语,以及饮食用餐的习惯、家庭生活的规矩、共管场合的守则、接人待物的理解、交通规则等。生活技能培养的缺乏在80后群体中初见端倪,到90后、00后已经泛滥。2010年9月的大学生新生开学,有记者看到7位亲人携十多箱行李护送一名新生入学,甚至连卫生纸和牛奶都带上。我们纷纷在感叹家长的过分溺爱的同时,肯定也可以想到很多学生生活技能的缺乏,是多么让家长担心。当然这样的担心多半是因为自己而起,但教育仍然得担负起责任。特别是当将升学当做学业唯一目的的年代,随着这批人的成长,问题逐渐浮出水面。大学新生开学季,家长的接待成了各高校头痛的问题,如果对送到学校还不能做过多感叹,那么很多陪读的家长就让我们觉得悲哀了,由于很多学生进校后生活自理能力极差,无法正常完成学业,家长不得不在学校附近租房陪读。生活技能的培养需要家长、学校、社会共同着力,从小时候、小事情开始,逐步培养学生的生活技能,通过生活技能的培养促进社会意识的达成。

2. 职业技能

传授生产技能和职业技能,为个体进入社会从事职业生涯打好基础。职业技能的培养对社会意识的提升有着直接的作用,从社会治理的过往经验来看,无业和失业人士会是社会动荡和不安定最重要的因素,在任何时代和任何国家,就业问题不能得到妥善解决,很容易引起社会意识的倒退;相反,如果职业技能的培养得到重视,失业比例很低,社会意识就会有所提升。美国近年出现的一些工人运动,与美国经济不景气、失业人群大幅增加有直接的联系。职业技能培育任务在传统的农业社会是通过家长和师傅的言传身教来实现的,而在科学技术日益发展的现代信息社会里,对职业技能的要求越来越高,正规的和非正规的职业技术教育和培训已日益普遍,人们只有通过学习和接受各种类型的教育和培训,掌握各种职业技能,才能适应现代社会和科学技术高度发展的社会生活。

3. 行为规范

行为规范是社会意识的核心,是个体适应社会生活和符合群体意识的关键,包括政治规范、法律规范、道德规范、角色规范、生活目标等。天地靠着规范才相合,日月靠着规范才能明,四季靠着规范才有秩序,星辰靠着规范才能运行,江河靠着规范才能流淌,万物靠着规范才能昌盛,喜好和厌恶靠着规范才能有节制,欢喜和愤怒靠着行为规范才能恰当。这句话道出了规范的重要性,在当今谓之信息时代,道德的约束在不断地被人们淡忘,人们甚至开始讨论有些传统美德是否过时的问题,我们更加期待制度、法律来维护我们的社会秩序。我们也坚信制度和法律能维持正义,但当有人故意毁坏公共场所的坐椅,打碎路灯时;当有人骗取他人财物,甚至偷窃时;当有人走路不靠右侧通行,随意破坏交通时;当有人破坏草坪、花卉,随意污染环境时;当有人私自拆毁他人信件,污蔑他人时;当有人携带易燃易爆品乘车船,哄卖假药,坑害他人时;等等,除了谴责那些人对行为规范的践踏时,是否反思我们对社会意识教育的忽视?行为规范的培育一方面需要家庭、社会和学校形成合力,同样也需要个人加强自我提升的意识,在日常生活的一言一行中得以规范。"罗马不是一日建成的",行为规范的培养也不是一两天的事情,需要通过长期的教化、耳濡目染以及各种实践才能学会、理解和内化为自己认同的行为准则。社会行为规范,尤其是社会交往能力在网络的急速发展中体现出的倒退,表现在现代年轻人在社会交往中礼貌谈吐和处事能力的欠缺。近年来,国家甚至开始提倡公民使用礼貌用语和合理处事,例如向别人问路要用"请问、请教"等字样,而不是"喂……"。这在一定程度上反映了现实生活中这些基本礼仪和行为规范的缺失。

4. 生活目标和价值观念

这就是引导个人树立正确的世界观、人生观和价值观。一个人所处的自然环境和社会环境，包括人的社会地位和物质生活条件，决定了一个人的生活目标和价值观念。所以，引导一个人形成伟大的目标，需要在整个社会氛围上下工夫，从社会整体来提升一个人的精神价值。重庆人唱红歌就体现了从整个社会氛围去塑造和谐社会。当然，生活目标可以通过学习或者其他途径来获取，并在人群中脱颖而出。罗杰·罗尔斯是美国纽约州历史上第一位黑人州长，他出生在纽约声名狼藉的大沙头贫民窟。那里环境肮脏，充满暴力，是偷渡者和流浪汉的聚集地。在这里出生的孩子，耳濡目染，他们从小就逃学、打架、偷窃甚至吸毒，而他，却有一个简单的信念——那就是成为一名州长，在这个信念的支撑下，最后他终于成了一名州长。

人们学习和掌握科学文化知识，是从不知到知、从不懂到懂的过程。在知识学习的过程中，只要人们能理解弄懂，就能接受，不存在感情上能否接受的问题。而社会意识的形成，虽然同样经历对自身地位，尤其是涉及自身利益的了解从无到有的过程，但其还需要一个情感接受的过程，同样需要一个在社会实践中能否践行的实证。小悦悦死后，有学生发起了"拒绝冷漠"的签名，短短1个多小时，就积累了1 000多个签名。但是，当学生提着东西故意摔倒在地上时，行人还是一如既往地冷静地走过。所以，不仅要注重教育对社会意识的培养，更要弘扬良好的社会风貌，形成积极的社会意识所生存的环境显得尤为重要。

总结性述评

古希腊有位学者毕达哥拉斯曾说过：每个人都是一个"小宇宙"，都有无穷的潜力。每个人都希望用自身的"小宇宙"来开启社会和科技迅猛发展的"金钥匙"、敲开幸福生活的大门。你是否在某个时候闪过一个念头，就是对自己的认识，关于意识、自我意识、公民意识和社会意识。认识自我，形成良好的自我意识，在遥远的古希腊被认为是人类智慧最高体现，并篆刻在戴尔菲城神庙上的箴言："认识你自己"，这让我们感觉到意义历久弥新。

而关于公民意识，对中国而言，公民意识教育其本身就是一个舶来品，公民意识教育是冲破几千年专制统治，使中国由传统社会向现代社会转型的一个意识觉醒教育。社会主义民主的本质是人民当家做主，我国宪法明确规定"一切权力属于人民"，人民是国家的主人，这就要求人民有自觉的政治参与意识和与此相适应的民主能力，社会主义市场经济发展到现代，渴求建立公平与效率、竞争与合作、自由与平等的经济伦理关系，它需要培养能进行自我管理、履行经济义务、为经济发展提供公平竞争的市场环境，这都需要公民教育的大力介入。

同样，社会意识和我们生活幸福息息相关，在目前，社会意识教育和道德文明教育还面临着一些问题,个体社会意识和社会行为有时显现了一些背反现象,甚至出现"群体道德缺失"。再回到《九香》的影片中,社会中就缺少一个为失去劳动力的家庭提供起码居住条件的机构;一个给这个极度贫困的家庭提供最低生活保障的机构;一个为这个家庭提供基本医疗保障的体系;一个能够为孩子们减免学费的机制。而九香的周围除了打她主意的男人,应该还有一些别的人:双方的亲戚、共同的朋友、相处得来和相处不来的邻居、乡友,他们与她大声谈话、白天争吵和夜晚一起点灯。社会的和谐在哪里?就在社会里的人具备生活技能和职业技能,他们用他们的生活技能和职业技能改善生存环境、符合一定的行为规范、对生活有着积极的追求目标,唯有这样的基础,我们才能谈制度、人格、幸福和发展。

复习思考题

1. 什么是公民意识?
2. 请结合实际谈谈我们为什么需要公民意识?
3. 我国的公民意识教育面临着怎样的困境?
4. 请结合实际谈谈个人意识与个人发展的关系?
5. 如何理解意识的本质?
6. 为什么我们说意识与个人素质和能力息息相关?

第 2 章
制度：束缚还是屏障？

> 人们自己创造自己的历史，但是他们并不是随心所欲地创造，并不是在他们自己选定的条件下创造，而是在直接碰到的、既定的、从过去承继下来的条件下创造。……人们每次创造都不是在关于人的理想所决定和所容许的范围之内，而是在现有的生产力所规定和所容许的范围之内取得的。

——卡尔·马克思(Karl Marx)

 章节引语

在英国，一桩前所未有的窃听丑闻已逐渐展开。这桩丑闻非同寻常，危及鲁珀特·默多克的媒体帝国，已让他痛失《世界新闻报》，迫使他放弃购买英国广播公司的商业对手天空广播公司控股权，致使他的公司市值1周之内缩水80多亿美元，而他在英国的总公司——国际新闻公司的总裁也因此被伦敦警方逮捕。

《世界新闻报》窃听丑闻事件的爆发还需追溯到9年前发生的英国女生米莉·道勒失踪案。2002年某日，13岁女孩米莉·道勒从位于伦敦以南泰晤士河畔沃尔顿的学校回家，途中失踪。6个月后，米莉的尸体在森林中被发现。警方最终证实，米莉遭一名夜总会门卫绑架杀害。

米莉失踪之后，她的家人和朋友曾给她发送多条手机语音信息，但后来他们惊讶地发现这些信息被人删除了。警方在将杀害米莉的凶手绳之以法之后，对米莉手机中语音邮件的神秘丢失展开了调查。调查结果令人震惊：原来受雇于《世界新闻报》的私家侦探格伦·穆尔凯尔利用非法手段侵入了米莉的手机语音收件箱，窃听米莉的私人语音邮件,为《世界新闻报》提供独家新闻话题。但在窃听过程中,格伦发现米莉的语音收件箱已满,无法接受新的邮件,因此便删除了一部分此前的语音邮件。这不仅使米莉的家人错误地以为米莉还活在人世,并且也为警方的调查制造了障碍。

此后,英国警方从格伦·穆尔凯尔家中发现了长达9 200页的英国公民个人信息资料,经仔细研究,警方发现,受到窃听的人数众多,涉及谋杀案受害者、恐怖袭击受害者、影视明星、体育名人、政客以及与皇室成员交往甚密的人士。总而言之,只要有新闻价值,任何人都逃不出《世界新闻报》的掌心。

2011年7月5日,英国《每日电讯报》披露,2005年7月7日伦敦地铁恐怖袭击案发生之后,穆尔凯尔曾应《世界新闻报》的要求对袭击事件受害者以及他们家属的电话进行窃听。随着警方对英国畅销小报《世界新闻报》窃听电话丑闻的深入调查,警方发现遭到窃听的人数越来越多。更有调查指出,个别警员非法将一些公民个人信息出售给《世界新闻报》,一些高级警官也卷入其中。由于政治反响巨大,英国首相卡梅伦已经下令彻查此事,而《世界新闻报》的东家英国国际新闻公司正处于四面楚歌的境地。

——资料整理自 George Mitrovich, *Media and Moral Value*, *The Huffington Post*, 21st July, 2011。

值得一提的是,国际新闻公司的总裁丽贝卡·布鲁克斯在辞职声明中提到"我们极其珍视新闻自由"。不知道该不该问,她加在"新闻自由"前面的"珍视"是什么意思呢?

回顾历史,早在1644年11月23日,英国著名的思想家约翰·弥尔顿(John Milton)便未经官方的许可出版了《论出版自由》,向传统的出版审查制度提出了挑战,为防止司法力量过早介入新闻传媒行业而有损新闻自由,英国提出了"自律换自由"的思想,并经过若干年的演化,建立了相应的新闻自律体制和机制。在西方,媒体被称为立法、司法、行政之外的"第四权力"。发端于西方的现代媒体模式也伴随着全球化在向世界传播。但是,随着《世界新闻报》窃听丑闻的层层披露,人们见到的是与西方媒体标榜的客观、公正、独立完全背道而驰的黑暗。

现在,在新闻报道商品化的时代里,一些媒体为了获得独家新闻而无所不用其极,用窃听来换取新闻,这无关新闻自由,而是触及了法律和道德的底线。面对着疯狂逐利中形成的无良媒体与有关监管方沆瀣一气的局面,面对着到处标榜着自由口号而触犯法律底线的无耻行为,我们把眼光放宽,以至周遭生活的方方面面,我们该如何思考自由与约束?该如何考量社会制度的存在?而有序的社会制度的存在到底是束缚我们的枷锁还是给予我们畅享自由的天空?其间又有哪些因素在影响着我们的行为呢?

第一节 社会制度：我们的游戏规则

一、制度解释

说起制度，听起来便给人一种很抽象的感觉，大家的理解也各不相同。我们先来看看一些著名社会学家和经济学家对制度的理解。托马斯·霍布斯（Thomas Hobbes）在其名著《利维坦》中，将制度看作约束个人的自利行为、防止社会落入自然状态的重要手段。马克斯·韦伯（Max Weber）指出既定的社会习俗、惯例和制度对于此后的制度演化方向具有决定意义，而且精神因素对于社会发展、制度演化并不是毫无作用的，相反，它可能是个先导作用，并可能是制度演化的重要动力。托斯丹·凡勃伦（Thorstein B. Veblen）在1899年将制度定义为："制度实质上就是个人或社会对有关某些关系或某些作用的一般思想习惯，而生活方式所由构成的是，在某一时期或社会发展的某一阶段通行的制度的综合，因此从心理学的方面来说，可以概括地把它说成是一种流行的精神态度或一种流行的生活理论。"卡尔·马克思则将社会制度视为特定统治阶级的政治工具。在马克思的制度理念中，制度既是特定时期生产关系的社会结构性框架，也是特定生产力水平下人们经济行为的基本规则，而推动制度演化的根本动力来自生产力的发展。制度经济学家道格拉斯·诺斯（Douglass C. North）认为"一种能有效约束人们反道德和机会主义行为的制度，则能对以上现象形成约束，从而使人们的行为面临更少的不确定性和风险，并使预期的稳定性和行为的可辨别性得到改善"。"制度是一系列被制定出来的规则、守法秩序和行为的道德伦理规范，它旨在约束追求主体福利或效用最大化利益的个人行为"。西奥多·舒尔茨（Theodore W. Schultz）在1968年也阐述了他对制度的理解，"我将一种制度定义为一种行为规则，这些规则涉及社会、政治及经济行为。"

何谓制度？综合来看，制度是一种规范个人行为的规则，无非是集体行动控制个人行动的一系列行为准则或规则。再通俗再简单一点讲，制度就是指社会中的"游戏规则"，它是被创造出来规范人们之间的交流的。制度通过给人们建立行为规范降低了人们交流中的不确定性。因为我们拥有制度，所以人们之间的日常交流形成了惯例。我们知道怎么在大街上和别人打招呼，在各种社交场合上该如何举止，在什么时候该吃什么饭，什么该做什么不该做，等等。从性质上看，制度可以分为经济的、政治的和社会的制度。

一种制度可以从两个方面考虑：首先是作为一种抽象目标，即由一个规范体系表示一种可能的行为形式；其次是这些规范指定的行动在某个时间和地点，在某些人的思想和行为中的实现。这样，在现实的制度或作为抽象目标的制度中，对何为正义或不正义的问题,还存在一种含糊性。看来最好是说,正义与否的问题只涉及现实的并且被公平有效地管理着的制度。至于作为一个抽象目标的制度的正义与否,则是指它的实现将是正义的或不正义的而言。

制度具有强制性的约束功能和导向性的激励功能。强制性是制度的首要特性,它起着规范、修正人们行为的作用。制度作为一种外在的具有公平正义与制度建设普遍强制力的社会规范和社会控制方式,它一方面规定人们在社会生活中的地位及相互关系;另一方面为人们的行为提供规矩和模式,规定人们该做什么和不该做什么。社会成员毫无例外地都必须遵守它的规定,包括制度的制定者也不例外。违反其规定者必定受到谴责或惩罚,遵守和维护其规定者则受到奖励,从而使被制度鼓励的行为能够大行其道,被制度反对的行为受到遏制。前面我们提到的《世界新闻报》窃听丑闻事件就是这种行为触犯了社会制度。

二、制度结构

一般而言,制度结构具有三个组成部分:正式制度、非正式制度和实施机制。

1. 正式制度

正式制度是指人们在非正式制度的基础上有意识地设计和供给的一系列规则,包括政治规则、经济规则和契约,以及由这一系列的规则构成的等级结构,从宪法到成文法,到具体的细则,最后到个别契约,正式制度具有强制力。各类合约中的条文、犯罪惩罚、政治体制、进出口关税或者贸易配额的征收和限定、税收征管、银行监管等,都是正式制度。典型地,宪法是一个国家最根本的正式法规,国家的所有法律都必须遵从宪法。正式法规可以通过国家,也可以通过组织得以建立。例如,你到某大学攻读学位,就必须遵从该大学的一整套正式法规。为了毕业,你必须满足一般和专业教育所要求的必须成功完成的最低学分。

2. 非正式制度

非正式制度是人们在长期交往中无意识形成的,由价值信念、伦理规范、道德观念、风俗习惯和意识形态等因素组成,而意识形态和习惯处于非正式制度的核心。非正式制度是社会中的非正式文本规则,每个国家的公民从小便开始学习这些非正式的准则和态度。非正式制度是正式制度的形成的基础和前提,它通过对正式制度的补充、拓展、修正、说明和支持,成为得到社会认可的行为规范和内心行为标准。毫无疑问,合适、有效的制度安排必定是正式制度和非正式制度的有机统一。经济学之父亚当·斯密(Adam Smith)在《道德情操论》中便直截了当地提出"市场也需要某种道德情感"。

3. 实施机制

制度结构中的第三个问题是实施机制。制度如果没有实施机制,通常是不可能会有效率的。例如,一个国家可以拥有反对垄断的法律制度,但是如果政府不去强制执行这些法律,那么这些法律对于商业行为而言便形同虚设。有些制度是自我实施的。比如,在没有交警的情况下,我国的驾车者还是要自觉地靠右行驶。再比如,在一些考试纪律严明的国家里,老师离开了教室,考生还是可以自觉地独立做题,不去作弊,因为他们从小就被言传身教的道德在起着作用。制度的实施机制是一国制度结构下不可或缺的部分,并且我们将看到,它或许是各国经济绩效差异的重要因素。

为了便于理解,我们举一个简单的例子。中国足球协会是一个组织,该组织建立了一整套的制度结构,而诸如重庆力帆、天津松江等这些组织将在这个制度结构下活动。足球具有许多正式制度:一场比赛分为上下两个半场,每个半场45分钟;每支球队允许11名队员进行比赛;执行罚球点球时,防守方守门员应站在球门间的球门线上;踢角球时,球必须放定在角球弧内;罚球点球时,除主罚队员与对方守门员外,其他队员均须在罚球区及罚球弧外的场内、罚球点的后面;每次只允许一人在技术区域内进行战术指挥,指挥结束后应立即退回替补席等。足球也具有不少非正式制度,比如技术区域内的教练员和其他人员必须对自己的行为负责等。最后,在每一场正式足球比赛中均有一名主裁判、两名边线裁判和一名第四官员组成的裁判组负责比赛的判罚,这就是足球制度的实施机制了。

三、制度的本质

我们已经习惯了将某项成文的规定或者约定的规矩称之为"游戏规则",这里有"明规则",也有"潜规则"。后者就是指看不见的、明文没有规定的、约定成俗的、但是却又是广泛认同、实际起作用的、人们必须"遵循"的一种规则。在这里,本书无意去分析潜规则的有关问题。我们只想解读制度的本质是什么。也就是说,我们为什么会遵从制度?我们又为什么会打破制度?

首先,制度是以执行力为保障的。"制度"之所以可以对个人行为起到约束的作用,是以有效的执行力为前提的,即有强制力保证其执行和实施,否则制度的约束力将无从实现,对人们的行为也将起不到任何的规范作用。只有通过执行的过程制度才成为现实的制度,就像是一把标尺,如果没有被用来画线、测量,它将无异于普通的木条或钢板,只能是可能性的标尺,而不是现实的标尺。制度是对人们的行为发生作用的、动态的,而且是操作灵活,时常变化的。为此,恰恰是执行力将规则条文由静态转变为动态,赋予了其能动性,使其在执行中得以实现其约束作用,证明了自己的规范、调节能力,从而得以被人们遵守,才真正成为了制度。

其次,制度是交易协调保障机制。从人类的发展历程来看,制度是一个随着集体、社会的产生而产生的概念。我们可以想象一下,在丹尼尔·笛福(Daniel Defoe)先生笔下的鲁宾逊在海岛上的生活中,他的一切行为都只受自己意愿的支配,不需要也没有执行力来保障任何约束和规范他行为的规则,也就是说制度完全没有存在的必要和意义。但是,鲁宾逊式的生产活动在现实中是不存在的。随着人类社会的进步,经济的发展,人们之间的交换和合作日益增多,人们之间的交易日益频繁。在复杂交易中各行为主体的意愿发生抵触的情况也时有发生,因而导致的利益冲突和摩擦致使交易无法顺利进行,这时就要求有一种协调机制来促进交易的实现。渐渐地便自然形成了制度。因此,制度实质上就是一种交易的协调保障机制。

第三,制度指导交易中主体间利益分配和交易费用分摊。从交易过程来看,人们彼此间若想要合作,首先就需要弄清楚他们各自都有什么资源,这是一种行为主体之间相互博弈或竞争的结果。而这个博弈结果需要以某种具有约束力的方式即契约或制度确定下来,以保障之后的交易能够按着前期博弈结果进行。所以,这个博弈过程或者制度协调交易进行的过程,实质上就是一个指导交易行为主体之间的成本分摊和利益分配的过程。一个长期的反复的利益主体博弈过程,在长期也就以制度的方式确立下来了。

说到这里,我们再回过头去看看《世界新闻报》窃听丑闻。我们应透过现象去看本质。因为任何一项行为是否规范,首先取决于其本身的游戏规则是否规范,游戏规则如果在制度设计、具体执行时有缺陷,必将导致游戏本身的不规范。

从前文所述的窃听丑闻中可见一斑,在英国媒体行业中,窃听是一种潜规则,有证据表明,许多其他小报也经常向私家侦探支付巨额金钱。据说,许多记者多年来一直采用非法手段获取信息,最后不仅都侥幸逃脱了惩罚,而且还因此获益,所以,更多记者也加入其中。值得我们深思的是,整个事件的诡异之处在于,这么一件明显的丑闻,为何能持续这么多年而未解决? 此前,越来越多的窃听事件被曝光,但因为窃听对象主要是演艺圈和政界名人,公众并未对此表示不满。直到当《卫报》揭露《世界新闻报》曾窃听被绑架并撕票儿童家人和其他平民的电话时,人们才站起来严厉谴责这个行为。换句话说,此次窃听丑闻之所以让公众愤怒,是因为《世界新闻报》将窃听手段用于驻阿富汗英军的烈属、谋杀案受害者家属以及英国王室成员,尤其是可能涉及女王。而且在这其间,公众对于窃听的抵制,远远强于媒体业内人士的认同,就在于这一行为触及了普通民众内心最为脆弱的那一根神经——原来不是和我们无关的。

在资本垄断与兼并的浪潮中,大众传媒被迅速裹挟进来。为追求商业利益最大化,媒体不惜采用窃听、贿赂等非法途径获取独家内幕消息,争取有利的政策支持。为获取媒体的舆论支持,政府相关职能部门对媒体的一些不当作为"无奈"地睁一只眼闭一只眼。窃听丑闻充分暴露了媒体与警察、政府高层之间千丝万缕的联系。过度的新闻自由,使西方民主体制在一定程度上陷入"媒体绑架民意、民意胁迫政客、政客勾结媒体"这个难以解脱的恶性循环。窃听丑闻并非媒体罔顾社会责任、滥用新闻自由的偶发事件,它折射出西方媒体发展及民主体制遭遇的制度困境。

也就是说随着市场经济的发展,伴随着物质利益的甚嚣尘上,商业利益或者经济利益逐渐走上了部分人或者部分群体追逐的赤裸裸的目标,正是如此,他们淡化了制度的约束,打破了游戏规则,从而冲出了作为我们行为屏障的制度框架,在追求自由的同时,忘记了自由存在的基础,也用自己的行为触动了大众的神经,扭曲了传统的价值观念,随之而来的就是触犯道德底线或者触犯法律,受到严厉的惩罚也就在所难免了。

第二节 法制:抑制过度贪婪的工具

一、法制和法治

说起法制,在我国可谓源远流长。我国古代就有"命有司,修法制"(《礼记·月令篇》),其中的"法制"就是指设范立制,使人们有所遵循的意思。《商君书·君臣》上写道:"民众而奸邪生,故立法制,为度量以禁之。"韩非也有"明法制,去私恩"的说法。在西方国家,法制又称为以法而治(rule by law),即法律是政府管理国家、管理社会的工具。

在现代意义上,法制是法律和制度的总称。统治阶级以法律化、制度化的方式管理国家事务,并且严格依法办事的原则,也是统治阶级按照自己的意志通过国家权力建立的用以维护本阶级专政的法律和制度。任何国家都有法,但不一定有法制。法制在不同国家其内容和形式不同。在我国现阶段,法制是一个多层次的概念,它不仅包括法律制度,而且包括法律实施和法律监督等一系列活动和过程,是立法、执法、守法、司法和法律监督等内容的有机统一。

"法治"一词也很早就出现在我国古代典籍中。《晏子春秋·谏上九》中有"昔者先君桓公之地狭于今,修法治,广政教,以霸诸侯。"《淮南子·氾论训》中有"知法治所由生,则应时而变;不知法治之源,虽循古终乱。"这里所提到的"法治"基本上是与当时儒家学派的"德治"相对的。中国自古就是一个重德治的国家,以德教化使百姓自古以来就安居乐业,在远古时期,在没有成文典法之前,就依靠德治的力量,维护社会的稳定和经济的发展。这里我们先不详细阐释"德治"的有关问题,在后面的内容中会有提及。

在西方,法治(rule of law),是指一个法律信念,在某一社会中,法律具有凌驾一切的地位。这个理念可以追溯到古希腊,当时的亚里士多德这样说:"法律应当统治。"所谓"凌驾一切",不单是指任何人都必须遵守、甚至是管治机构包括制定者和执行者本身亦须遵守法律,而且法律本身亦被赋予一个非常崇高的地位,不能被轻慢。政府(特别是行政机关)的行为必须是法律许可的,而这些法律本身是经过某一特定程序产生的。即,法律是社会最高的规则,没有任何人或机构可以凌驾法律。

所以,对于"法制"和"法治",我们也就可以有一个较为清晰的概念了。法制是指当权者按照法律治理国家,但这些法律不一定是由普通公民组成的立法部门制定的。法治下,行政部门的职责只是执行该等法律,并且受该等法律拘束。与法治相比,法制侧重在法律的使用上,是法律工具主义。但如果仅就法律的目的而言,法治的目的是为人们提供一个寻求公正的平台和框架,但法制的实质仍然不能摆脱政权凌驾于法律之上的信念。法治的实施必须建立在法制上,实行法治需要有完备的法律制度。

二、自由之辨

一棵刚栽下的小树,被束缚在木桩上,小树感到很不自在,气愤地指责木桩:"老东西,你为什么要剥夺我的自由?"木桩亲切地说:"小兄弟,你刚开始自立,弄不好会栽倒的,我是为了帮你扎稳根,增强抵御风暴的能力,扶持你茁壮成长,成为有用之材呀!"小树心里不服:"不用你扶持,我同样能茁壮成长,你就等着瞧吧!"于是,小树凭借风力故意找茬,天天和木桩磨来磨去。有一天,终于将绳索磨断了。它非常得意,整天随风东摇西摆地起舞,把根部的泥土晃松了。一天夜里,一阵疾风骤雨,它被连根拔起。肃然不动的木桩望着倒在地上的小树叹道:"你现在感到彻底自由了吧!"小树难过地说:"我现在需要约束,可惜已经迟了!"

以上这则寓言里的小树追求的是什么?自由!这是毫无疑问的。但是,他想要追求的自由追到了吗?没有!这也是显而易见的。因为在他开始追求自由之前,它只知道想摆脱木桩的束缚,却根本不知道它要的自由以后会遇到什么。所以,当它盲目的挣扎得到了"自由"之后,它旋即遭遇到了意想不到的灾难——被连根拔起而生命垂危。此时,它才知道,自己的自由就是在木桩的束缚下的自由,不是可以恣意而为的自由。

说起自由,在我国还有一个有趣的故事。隋文帝杨坚是个"妻管严",十分害怕他的皇后独孤伽罗。有一次,杨坚趁着独孤皇后生病的时候,悄悄和一位叫尉迟贞的美女发生了关系。独孤后得知隋文帝杨坚偷腥后,一气之下将尉迟贞杀了。杨坚知道此事之后,觉得自己作为皇帝连情人都保护不了,失去了自己做男人的尊严。于是一气之下甩袖子,不听大臣劝,出宫策马狂奔。大臣高颎追上并扣住杨坚的马辔,想劝他回去。杨坚发出哀叹说:"吾贵为天子,不得自由!"这就是我国典籍中关于"自由"一词的最早出处,也就是源自隋文帝的家庭暴力,说起来还有些意思。

匈牙利著名的爱国主义战士和诗人裴多菲·山陀尔(Petogfi Sandor)曾经有一首不朽的诗作《自由与爱情》,原文为"Life is dear, love is dearer. Both can be given up for freedom."在1929年由我国"文联五烈士"之一的著名诗人殷夫翻译过来,译文为:"生命诚可贵,爱情价更高。若为自由故,二者皆可抛。"当代著名翻译家、作家兴万生,曾翻译出版了《裴多菲抒情诗选》一书,他将这首小诗又作了如下的诠释:"自由与爱情!我都为之倾心。为了爱情,我宁愿牺牲生命,为了自由,我宁愿牺牲爱情。"

寓言归寓言,故事归故事,诗歌归诗歌,他们都对自由阐释了不同的理解和内涵,可是自由到底是什么呢？法国大革命纲领性文件《人权宣言》中，对自由的定义为"自由即有权做一切无害于他人的任何事情。"20 世纪下半叶，以赛亚·伯林（Isaiah Berlin）开始用"两种自由"的概念来划分自由："消极自由"和"积极自由"。他认为，积极自由是指人在"主动"意义上的自由，即作为主体的人做的决定和选择，均基于自身的主动意志而非任何外部力量。当一个人是自主的或自决的，他就处于"积极"自由的状态之中，这种自由是"去做……的自由"。而消极自由指的是在"被动"意义上的自由，即人在意志上不受他人的强制，在行为上不受他人的干涉，也就是"免于强制和干涉"的状态。

如今的世界——至少大部分的世界——人具有独立性和自由性，主要表现在：在政治上，人被赋予了普遍的自由公平合理的外观，摒弃了阶级出身、社会等级、文化程度和职业划分等政治差别而"在法律面前，人人平等"；经济上，自由竞争、等价交换原则，人们在生产、消费以及职业选择上拥有前所未有的自由；文化上，自由更是思想文化、科学、教育、艺术等领域的圭臬，多样性、多元化的文化并存和碰撞使得现代精神的丰富性臻至空前的水平。

自由是人类在获得基本生存保障的前提下，渴求实现人生价值，提高生活质量进而提高生命质量的行为取向和行为方式。由于存在自然条件和内在条件的局限性，这种取向有时是盲目的，甚至是非理性的。自由还是一个非常具有时限性和相对性的概念，因此，不同的群体、不同的个体对自由的看法是不同的。

我们可以认为，自由是一种免于恐惧、免于奴役、免于伤害和满足自身欲望、实现自我价值的一种舒适和谐的心理状态。理想的自由既有为所欲为的权力，又有不损害他人责任义务。换句话说，自由的背后是自律，除了自律外自由还要接受他律，他律就是外在的道德和法律规则的约束。

自由是一个充满诱惑又极具模糊的概念，对它的界定从来就是充斥着异见和斗争，并伴随时代的变换不断地产生着新的内涵、新的交锋。自由是一个包含多元价值复合体的思想。自由更是一种实践——一种贯穿于人类历史活动特别是政治法律制度及公共政策中的实践。自由具有极强的历史性和可操作性，并且以限制为基础，是一种全体社会成员都能享有的自由，也是一种从那些不伤害他人的活动中进行选择的自由。而且自由的实现程度决不能超出社会的经济结构以及由经济结构制约的社会的文化发展。就是说，自由离不开社会生产力的发展水平及与这种生产水平相适应的社会交往关系或制度安排，甚至那些所谓的"应该做的""必须做的"和"不应该做的""不能做的"应然标准同样也是取决于既定的社会经济结构及其政制与意识形态。

三、自由与法制

弗里德里希·沃特金斯（Frederich Watkins）有句名言，"法律之下的自由，是人类所应享受的环境。"言外之意，在政治社会里，最为实质性的规范的限制便是法律。自由若离开法律,就成为恣意、任性。法律的目的不是对自由的限制,恰恰是在积极的意义上使人们明确自己享有的权利和应尽的义务。法律不但赋予大多数人以自由的权利,而且还通过强制性的手段来制止对于自由的侵犯和践踏,保护个体权利。马克思也因此指出,法律不是压制自由的手段;相反,法律是肯定的、明确的、普遍的规范,在这些规范中自由的存在具有普遍的、理论的、不取决于个别人的任性的性质。即使在"自由个性"时代,自由也是有所限制的。自由始终是与相应的制度规范相容并存的。

我们把这种"相容并存"称为自由的法制依赖性,也就是自由的限制性。为什么叫自由的限制性呢?因为自由的本身一定要保存自己自由的本质,而它的本质中间不能与非自由的其他东西混杂,这叫做自由的限制性。比如,你每餐肆无忌惮的吃了一碗又一碗,越吃越多,结果呢?腰带一格一格的往外松,最后连裤带都不要了,难道这就自由了?腰带是肚子自由受限制的记号。你不要受这腰带的限制,结果就会变成大胖子,走路就不自由了,这叫做自由的不自由。你吃得太自由,走路就不自由,为了生活很自由,吃的就不要太自由。再比如,当火车在轨道上跑的时候,它可以尽量发挥它机器的功能,它可以自由自在的快奔或慢跑,但是它不能有越过轨道的自由,越过轨道的自由就是违背自由的自由、就是危害自由的自由、就是结束自由的自由,那不是自由,那是自杀,自杀的人都用了自由,因为没有人杀他,但当他杀完了自己以后,他的自由就跟他的自杀同归于尽了,因为他已经没有不自杀的自由了,这叫自由的限制性或者法制依赖性。

强调法制,并不表示要抑制自由,而是为了达到法制与自由的统一。人类社会活动特别是政治活动由于总是要涉及他人和群体的方方面面的利害关系,因此必然需要制定法律制度规范。而当我们制定法律制度或规则的时候,又不可忽视社会自由,不能以牺牲社会自由来获得所谓的和谐一致。亚当·弗格森(Adam Ferguson)在其《文明社会史论》写道:我们看到臣民死气沉沉就断定文明社会井然,这一思想往往是错误的,因为社会成员秩序井然在于他们各适其位、各尽其职。前者是由死气沉沉的部分构成的,后者是由生龙活虎的成员构成的。当我们只是在死气沉沉、安居乐业的人们中寻求井然的社会秩序时,我们忘了臣民们的本质,我们获得的秩序是奴隶的秩序,而不是自由的秩序。同时,不是所有的法律制度设计都合乎社会和人性发展的,也会有很多法律制度安排不但束缚了人的自由全面的发展,更抑制了那些能够促进社会活力和利益增长机制的生成。这肯定是我们需要去除的。

制度或者法制设计只有顺应和遵循生产力发展状况、发展规律及文化发展的状况和规律才能为自由提供更大的空间和生长机制,人为地超越生产力发展状况和不顾及历史文化传统的制度安排,不但不能促进生产力发展和社会文化的进步,反而成为生产力和人类进步发展的桎梏。有效的法制规范是内涵了自由和社会活力的一种约束,而受限于法制的自由仍旧是能动的,自由本身也包含有自主表达的意愿,指出法制本身的不足,从而不断修正趋于完善。所以,法制除了对自由实施必要且必需的限制外,也从自由中汲取了成长因子。法制因为内涵自由而不乏活力，自由由于遵循法制而充满生机。

四、贪腐与法制

前面我们说的比较抽象，我们来看一个很现实的社会问题——贪腐。我们谈起贪污腐败都会咬牙切齿，其实质也在于这种行为严重破坏了社会公义和伦理道德。贪污是腐败的核心，也是其主要表现形式。中国历史悠久，远在夏朝末年，贪贿风气已很严重。据《荀子·大略》记载，当时成汤求雨的祷词中，提问六件失政之事，三项便是贪贿问题。我国杰出的历史学家和社会活动家吴晗先生曾在他著名的《论贪污》一文中明白地指出"贪污这一现象，假如我们肯细心翻读过去每一朝代的历史，不禁令人很痛心地发现'无代无之'，竟是与史实同寿""一部二十四史，充满了贪污的故事"。我国著名历史学家翦伯赞在其《贪污列传序》中也提出，"自殷商以降，跟着私有制财产制度和阶级国家的成立，贪污遂成为统治阶级的职业"。

美国学者约翰逊（Johnson S.）等曾指出"规则型体制及其执行本身必须首先为其诚实和效率建立声誉。这需要花费很长的时间，即使有了声誉，也要有严格的监督……在许多国家，高层政府努力制定和执行可依赖的治理体制，而中层政府官员利用新获得的权力迅速中饱私囊，因此毁坏了高层政府的努力。在大多数转型国家都明显存在着这类问题。"

贪污腐败之所以发生，且不管如何众说纷纭，其实无非有三个层面的原因。其一是个体原因。某些组织的从业人员个体品质败坏对职务犯罪的产生具有决定性的影响，某些财务人员被物质金钱迷住了心窍，为贪图享乐，个人私欲恶性膨胀起来，贪婪地去追求个人需求，当自己的有限的合法收入满足不了日益膨胀的贪欲时，就会用非法手段侵占国家和集体的财产，形成犯罪心理。某些人员的法律知识匮乏，个人法制观念淡薄，责任感差，把手中的权力当作了捞取金钱的资本，异化为个人牟私的工具，最终必然走上犯罪道路。其二是从众心理。其他人的不廉洁必然会对下面工作人员产生心理反差，一旦失衡，便会出现你贪我也贪，不贪白不贪的心理；再则，领导如有腐败行为，一般都绕不过财务人员，会被会计、出纳人员所掌握。按会计法规定，财务人员对领导的不合理财务行为，有监督、向上级反映或拒绝办理的权利，但领导有权决定财务人员的升迁、收入。在一些企业，财务人员多为招聘人员，领导可以决定他们的去留。时间一长，财务人员要么成为领导的心腹"自己人"，要么被挤走。于是领导、会计、出纳人员互相隐瞒，互相利用，甚至互相勾结，合伙同谋作案。其三是法律制度漏洞。如果制度体系中缺乏严格的监督机制，尤其在某些方面尚处于无监督的状态，起不到早期预防的作用。在社会风气不正的情形下，一些知情人对职务犯罪也难以举报揭发，恐怕招致打击报复，致使一些财务犯罪分子有恃无恐，逍遥法外，进而发展成大案。

我们无意在此向大家介绍各种贪污腐败的现实案例,大家可以通过各类媒体或者搜索工具获得足够多的信息。我们主要是向大家阐释贪污和法制的有关问题,让我们从社会制度结构——包括正式制度、非正式制度和实施机制等方面——来思考个人或群体贪污行为的制度约束。

归根结底,贪腐行为是一个人的行为异化,因为它是一种在游戏规则之外的寻租行为。如果当事人用一种不被其他人所预期的方式违反游戏规则并能从中获取不合理收益的行为,那么腐败就产生了。换句话说,行为人突破了制度的约束,采取了不合理的手段,获取了不合法的收益,危害了社会的利益,造成了社会福利损失。

在本章引言中所述及的《世界新闻报》窃听丑闻中,就暴露出来个别警员非法将一些公民个人信息出售给《世界新闻报》,一些高级警官也卷入其中,这类型公职人员的腐败行为已经严重刺伤了英国民众的神经。也许英国太远,我们身边的贪腐案例比比皆是,我们该如何自醒呢?对于我们而言,作为社会中的人,我们要恪守职场规则,严遵职业操守,远离职务犯罪,不要触及法律制度高压线和社会伦理道德的底线。

第三节　社会伦理:我们恪守的准则

在开始探讨这个问题之前,我们先来回放几个真实的事件。

事件1

2008年,三鹿奶粉事件可谓震惊全球,这起中国奶制品污染事件,也是一起食品安全事件。事件起因是很多食用三鹿集团生产的奶粉的婴儿被发现患有肾结石,随后在其奶粉中被发现化工原料三聚氰胺。中国国家质检总局公布对国内的乳制品厂家生产的婴幼儿奶粉的三聚氰胺检验报告后,事件迅速恶化,包括伊利、蒙牛、光明、圣元及雅士利在内的多个厂家的奶粉都检出三聚氰胺。该事件亦重创中国制造商品信誉,多个国家禁止了中国乳制品进口。直到2011年中国中央电视台《每周质量报告》调查还发现,仍有七成中国民众不敢买国产奶粉。

事件2

2009年6月5日8时25分许,成都北三环附近一辆9路公交车发生燃烧,致28人遇难71人受伤。事故查明系故意纵火,疑犯死亡。经调查,6月5日7时40分左右,62岁的疑犯张云良携带装有汽油的塑料桶在9路公交车天回镇始发站上车。有乘客证实,当车辆由北朝南向城内方向行驶至三环路川陕立交桥处时,张云良在车内倾倒所带的汽油,并点燃引起车辆燃烧。警方调查发现,2009年,女儿因其又嫖又赌,减少了给他的生活费,张云良遂多次以自杀相威胁向家人要钱,并流露出悲观厌世的情绪。6月4日,与女儿通话中表示"明天我就没有了""跟别人死的方式不一样"等内容。其后就发生了这起人为的事故悲剧。

事件3

2010年3月23日早上7点20分,福建省南平市南平实验小学门口,和平常一样聚集了一群等待进入校门的学生,而令人难以预料的是,短短1分钟内,1名中年男子手持凶器一连伤害13名小学生,截至今晚10点,官方消息称,8个孩子不幸殒命,受伤5名小学生还在南平市立医院及南平市人民医院抢救。这些孩子中年龄最大的也不过13岁。据官方披露,犯罪嫌疑人郑民生43岁,曾任南平市某社区诊所医生,于2009年6月辞职。曾经治病救人的他,如今却让13名无辜的孩子或死或伤。最高人民法院经复核确认:被告人郑民生因恋爱多次受挫,图谋报复泄愤,恐对成年人行凶难以得逞,即萌发了杀害小学生之恶念。

事件4

2010年10月20日23时许,陕西音乐学院的学生药家鑫驾驶红色雪佛兰小轿车从西安长安送完女朋友返回西安,当行驶至西北大学长安校区外西北角学府大道时,撞上前方同向骑电动车的张妙,后药家鑫下车查看,发现张妙倒地呻吟,因看到张妙在记其车牌号,怕以后惹来麻烦,便产生杀人灭口之恶念,遂转身从车内取出一把尖刀,上前对倒地的被害人张妙连捅数刀,致张妙当场死亡。杀人后,被告人药家鑫驾车逃离现场,当车行至郭杜十字时再次将两情侣撞伤,逃逸时被附近群众抓获,后被公安机关释放。2010年10月23日,被告人药家鑫在其父母陪同下到公安机关投案。经法医鉴定:死者张妙系胸部锐器刺创致主动脉、上腔静脉破裂大出血而死亡。

事件5

2014年5月28日晚上9点多,山东省招远市一麦当劳餐厅里,两男四女围着一名倒在地上的女子,一名光头男子大骂倒地女子"恶魔""永世不得超生",用拖把猛击该女子,殴打过程约两分钟。有围观的群众想要上前制止,打人者放言"你们谁管谁死"。经审查,六名犯罪嫌疑人系邪教组织成员。为发展组织成员,向在事发餐厅就餐的吴女士索要电话号码,遭受害人(吴女士)拒绝后,将其残忍殴打致死。2015年2月2日,经最高人民法院核准,山东省烟台市中级人民法院依法对犯故意杀人罪、利用邪教组织破坏法律实施罪的罪犯张帆、张立冬执行死刑。

此类事件很多很多,多到我们都会感到窒息,或许也正因为如此,多得让我们会稍稍都有些麻木了。

在当前中国社会转型时期,既存的道德规范体系、既定的生活方式和既有的交往方式受到猛烈冲击,原有的道德规范及价值标准在面对新的生活场景时发生"失灵"现象。例如,社会主义和谐社会的民主、自由、平等、正义等体现时代精神的价值观念,更多的只是停留在意识形态的话语体系之中,并没有真正形成制度元素;再如,作为社会交往基本原则与伦理要求的观念如诚信等,还没有形成有效的制度导向和约束。失信者获利、守信者利益受损的现象还在一定程度上存在。

那究竟是什么让我们感到窒息呢?这些事件充分暴露了当事人触及了甚至是肆意践踏我们所应共同遵守的道德底线和社会伦理,也显然失去了社会正义。下面的内容可以告诉我们对此有关的理解。

一、道德

何谓道德?学术界众说纷纭,我国学者罗国杰的观点是,"道德就是人类社会生活中所特有的,由经济关系决定的,依靠人们的内心信念和特殊手段维系的,并以善恶进行评价的原则规范、心理意识和行为活动的总和。"其中不难看出道德具有三方面的内涵:"原则规范"即为德目;"心理意识"是道德品性的核心内容,属于德性;"行为活动"即指德行。可见,德目、德性、德行三者共同构成人类社会生活特有的道德。

德目,是指道德的条目,它是一定社会对道德文化发展过程中的道德经验的概括,也是社会根据自身发展的需要对个体道德所做的应然性规定。主要由道德原则、道德规范、道德范畴组成。德行,是指在一定道德意识支配下,由道德主体自由选择而付诸实践并且对他人或社会产生有利或者有害影响的言谈举止。德行是道德意识的外化表现形式。道德主体通过道德选择、道德外化实现自身道德意识对象化,继而通过道德评价不断完善自身、改造社会。德性,是指道德主体的人格境界,它是在道德实践的基础上获得道德认知,经由道德情感与意志作用,上升为道德理想与信念的过程中形成相对稳定的人格形态,而德性作为道德主体稳定的人格形态,有其自身的结构,即道德心理、道德信念和道德品质。德目、德行与德性共同构成了道德的三层含义,当然这三者并不是孤立地存在,而是密切联系的。德目是德行的导向,并在德行中得到发展;德行是德性的外化,并以德性为中枢指导;德性是德目的内化,并以德目为前提基础。

一般来说,道德是依靠羞耻感来维持的人们的自律性行为规则;在传统社会,宗法关系也是维持道德的基本力量。道德和法律在现代社会并没有严格的界限,一些现代国家通过法律把传统道德固定下来,借以更有效地约束人们的行为,例如新加坡的法律对随地吐痰、男子留长发给予惩罚,便是用法律约束替代了道德约束。但一般来说,一种行为如果可以用道德来制约,引入法律就没有必要,否则会增大社会秩序化的成本。道德的社会功能在于降低人际交往中的不确定性,节约社会交易成本。

道德发挥行为约束作用的重要条件是人们社会价值观的一致。价值观有差别,人们就不会有统一的羞耻心,统一的道德规则也就难以形成。例如,在一个社会共同体中,有的人认可家庭雇佣关系,而有的人不认可,不存在统一的羞耻心,那么相关道德的约束力也就难以有效发挥作用。一般来说,一个停滞的传统社会会有固定的价值观,因而有较统一的羞耻心,道德对人们的行为有较强的约束力。

道德对于一个传统社会能够较好地发挥稳定作用。传统社会道德自律压力很大;道德成为稳定社会的主要力量。这种社会对强制性的正式的行为规则没有需求强度,而且正式规则的供应成本较高,非正式的道德自律的实施成本较低,所以,道德是传统社会中最有效、最合理的行为规则。

在现代社会,道德所能发挥的稳定社会的作用受到很大限制。社会的不确定性程度越高,人们的道德自律性就越低,道德维护社会秩序的能力就越弱。但是,机会主义行为会加剧社会的不确定性,增大交易成本,人们在反复交易中为了降低交易成本必然要寻找新的交易规则,以填补道德自律失去后留下的行为约束机制的空缺。于是产生了对法律的需求。当然,我们并不否定道德约束在现代社会仍具有一定的稳定社会秩序的作用。在现代社会中,因职业、兴趣等结成的共同体还会存在,家庭还存在,社会生活的许多方面难以用法律来约束,或者说法律监督和实施的成本很高,这样便给道德调节留下了发挥作用的余地。

讲了道德,那我们该如何获得道德呢?抽象一点的话,我们如何得道呢?

中国自古就不乏这方面的解释,《说文》中说:"真,外得于人,内得于己也。"朱熹在《四书集注·学而篇》也曾解释:"德者,得也,行道而有得于心者也。"

知道,这是道德主体得道所要经历的最初阶段。处于这种境界的人对道德的理解与践行往往是限于观念层面,而他们所"知"的程度包括知其然而不知其所以然、知其然且知其所以然两个层次。由于人是社会中的人,所以,他们就必须接受社会经过长期博弈而得来的结果——道德规范,而这一接受的过程也就是"知",亦即他律的过程。处于该境界的人,他们大多始终是在被动、懵懂的状态中获得基本的道德知识,对其相应的德行知而不为或无意识而为,对其自身意义和社会意义缺乏基本的觉悟。正因为如此,他们对自身的德行、德性以及社会公德行为的判断与反思缺乏力度,而这无疑需要他律来促使其走向更高的道德境界,实现自身的完善。

行道,是在知的基础上行,是对知道境界的超越。行道境界是指道德主体在知的基础上获得一定的道德意识,并在此意识的支配下,自觉选择并发生有利于他人或社会的行为的境界。这便可分为三个不同的层次,即从道、守道、乐道。从道是指道德主体获得一定的道德意识,受于外界压力而不自愿地采取一定的有利于他人和社会的行为的境界。守道具体指道德主体在从道的基础上,认识到自身的道德责任,守护道德底线,实施道德行为,履行道德义务,体现出道德主体的自主性,但是,它将道德视为一种责任来践行,这有利于德行的实施,但可能会使主体缺乏热情。乐道是行道中的最高层次,道德主体充满热情与激情,自觉自愿地实施有利于他人或社会的道德行为,并从中获得幸福,同时也对周围的人产生行善的号召力和感染力。行道境界是他律性和自律性的综合体现,在从道和守道中他律性非常明显,而在乐道中自律性占据主导地位。最终在道德践行中达到了行为主体理智上的自我确认、情感上的自我满足、意志上的自我坚持和行为上的自我约束。

信道,是得道的最高境界,是指道德主体在深刻领会道德意义、充满道德觉悟的基础上,通过外化体现一定的善,从而达到一种"从心所欲不逾矩"的境界。"从心所欲不逾矩"中所指的"心"应为"良心",即听从良心的召唤,在良心的指引下行道。而良心是向善的,因此信道也就是信善,即对善的终极追求。善本身就是一种德性完善的境界,给人以价值生存的精神依托,满足人之为人的精神渴求;善也是德性存在的精神基础,支撑着整个道德大厦。信道境界是道德的自由境界,它既扬弃道德的外在的规定性,又扬弃了主体内在的主观性,实现了道德主体在生活实践基础上的他我和自我的统一。在此境界中,道德主体履行道德既不是被迫的,也不是实现他人利益的手段,而是彰显人之为人的自由的一种途径。

所以,得道的发生和发展一般要经历一个由知道到行道再到信道这样一个提升过程,而且往往是纵横交错、相互推进的,呈现为一个螺旋式上升过程。道德是人们长期反复博弈的结果,而人们博弈的终极目标却不是道德,也不是得道,而是幸福。道德是幸福的必要条件,幸福绽放在道德的星空下,离开道德也就无所谓幸福;得道是人们通向幸福的阶梯,步步高升的阶梯意味着得道的境界的提升,也意味着幸福之花开放得更加灿烂。

二、伦理

就学科语言而言,"伦理"与"道德"这一对概念,是对西方语言中的"the ethical"和"the moral"的翻译。因此,我们有必要先分析一下西方思想史上的这一对概念。"伦理"在古希腊文中为"Ethos"(习惯、习俗)。早在荷马史诗《伊利亚特》中,就已经出现了这个词,意思为人的住所或居留之处,用来指称人居住于其中的敞开的场所。后来意义扩大,表示风俗、习惯以及所形成的人的品格和气质。伦理是相关于品格和风俗习惯(也就是广义的一切规范、典章和制度)的。亚里士多德说:"把习惯(Ethos)一词的拼写方法略加改变,就成了'伦理'(Ethike)这个名称。"它的字面意思是与品格相关的,而它来自习惯和风俗,"品格的德性来自习惯"。

伦理,是一种实体性的特定的社会关系,它包括社会生活的全部过程,是一种包含着道德与法同时又高于道德与法的一类社会现象。伦理实质上是法与道德的统一。伦理关系则是人与人之间体现或合乎伦理规定的关系,而且是一种普遍的社会关系。伦理关系从其发生机制而言,是在人类的社会实践活动中,产生、发展于主体间的具有伦理意义的社会关系。实际上,人们的任何交往活动都是一种客观的活动,所谓客观性,就是指它是主体与主体之间的一种互动。而它的主观性,则是指任何交往都内蕴着体现人类的交往主体间的价值意蕴,即它的伦理意义。

社会伦理提供一个社会所认可的合理性价值体系,决定社会认可的行为方式及社会的运作模式,是社会文化的内在凝聚力,因而,社会伦理的转型往往与巨大社会变革(包括教育及道德教育变革)相伴;反之,新的政治经济制度确立后,往往都要重建社会伦理体系,以论证自身在道德上的合理性。与之相应,在社会发生变动后,教育及道德教育的理念、内容与方式也要通过自身的变革,适应新的社会,特别是新的社会伦理观念,以获得自身赖以存在的道德合理性。

因此,在一定的意义上,任何一种人类的交往关系都具有伦理的蕴涵,因而都又可称之为伦理关系。一定的伦理关系是一定的交往实践得以展开与顺利进行的基本前提,因此,伦理关系是人类的实践活动的一种定在,没有伦理关系,不可想象人类的实践活动还能得以展开。或者说,伦理关系没有处于一定历史性的合理正常状态,人类的交往实践就会受到影响或损害。正是因为伦理关系是人类交往实践的一个基本层面或基本要素,所以,从伦理关系的意义上看,它是人类社会的一种具有普遍性的社会关系,而从它作为任何实存性的社会关系的意义上看,它又只是这些社会关系(如政治关系、家庭关系等)的一个子结构。它在人类的交往活动中产生,同时,又作为交往实践的一个基本条件而在实践中发挥应有的功能。

前面说的道德规范以及其变更只是社会伦理转变的表现形式,社会道德主体的重新定位才是社会伦理转型的核心问题。社会道德主体是指对整体社会生活和个人生活的善恶进行判断,制定社会生活和个人生活的道德标准的权利主体。迄今为止,依据道德主体的不同,人类文明共经历了三种性质的社会伦理,第一种是神谕性的社会伦理,第二种是公意性(或者说是以公意的名义命名)的社会伦理,第三种是个体性的社会伦理;每次社会伦理转型,都伴随着道德教育伦理范式的变化。

社会伦理的底线不容逾越。其实,法制底线也好,伦理底线也罢,都是人类实现互助和互利这一基本愿望的必需。社会转型期往往也是道德阵痛期,个体自主意识固然得到凸显,但自律精神却相对薄弱。维护社会伦理道德,尊重人权和人性,是起码的社会良知。一些人在生活中受到了一些刺激,便放弃人之所以为人的基本道德律令,做出不堪的反社会行为,在犯下滔天罪行的同时,也铸成了个人的悲剧。

所以,在《世界新闻报》窃听丑闻中压倒默多克的并不是"窃听",而是窃听背后的人类共有的伦理底线,和这个社会守护这个底线的自觉——4 000多或名人或普通平民成受害者,这是难以容忍的恶行。新闻传媒也好,默多克也罢,栽就栽在令他大获成功的土壤中,他过度利用了这个让他获利的土壤,挑战社会伦理底线,最终被这片土壤抛弃。

三、自律

谈起自律,我们可以想到无人监考的考场,可以想到无人售票的公车,我们能想到的就是自我约束。对,没错! 其实,自律是指行为主体的自我约束、自我管理,是以事业心、使命感、社会责任感、人生理想和价值观作为基础的。除了前面谈到的大范畴意义上的制度以外，纪律和规则便是我们平时工作、学习和生活中不可缺少的，比如：买票要排队，走在马路上要遵守交通规则；甚至我们平时的一举一动都受到一定的要求和约束，否则任何事情都毫无秩序可言。很多事实都能说明自律这个道理。那么自律是让一大堆规章制度来层层地束缚我们自己吗？如果你比较清醒的话，自然知道答案是否定的。而是用自律的行动创造一种井然的秩序来为我们的学习、工作、生活争取更大的自由。

　　自律是最起码的道德准则。一个组织（一个企业或者一个其他机构）的成功，需要有严明的纪律，但更需要大家的自律。高度自律的员工是感觉不到组织纪律会对自己形成约束的，因为自律越多，他律就越少。这种自律保障下的自由感，会让员工觉得自己就是该组织的主人，并且觉得自己有一个自由的环境去实现自己的想法。在高度自律的组织中，每个人都会对自己的行为负责。而当员工试图逃避这种纪律的约束时，就会形成一种恶性循环，员工越逃避，组织就越会加强纪律的约束和惩罚，而这种加强会进一步打击员工的积极性。

　　自律还是一种能力和素质。我们先看这样一些例子：如果你养成了一个习惯，比如，早上准时6点起床、抑或每个下午都去跑步或体育锻炼，那么无论这个习惯是怎样的，这个人都会自动自发的去做，如果不去做，反而会觉得不自在。相信大家都会有这个体验，比如我们每天早上都习惯了刷牙洗脸，如果有一天早上你不刷牙了，那么你一天都觉得不对劲，好像少了什么东西似的。这叫什么？这叫自觉。也就是你自愿地做，自己认识到应该如此，心甘情愿地去做。可是问题在于，你最初是如何做到早上6点起床、每个下午都去跑步的呢？你挣扎过吗？你动摇过吗？那么你是怎么做到的呢？我想，答案大部分就在于，你咬咬牙坚持了几个礼拜，就慢慢地形成习惯了，也就是你的自觉行为了，那么这种坚持的意识就是你的自律行为。所以，自律其实是一种能力，这种能力让我们在不断自律之后，将自律转化为自觉，从而养成了习惯，这种习惯也就是以后你获得成功的有力武器。

　　在西方人眼里，上帝一般具有这样的属性：创造的、全知的、全能的、扩张的、延展的绝对自由的主体，所以，也有人用上帝指代"强有力者起誓约束自己"，也就是说，他虽然是强有力者，也要约束自己，而且约束自己居然成了他的主要的甚至最重要的属性，也就是说，要想获得无限的创造力和扩张的自由，却先要约束自己。我们不免可以这样推论：真正的自由来自约束。一个人要得到自由，必先对自己守信，这个信就是对自己的约束。所以，没有绝对的自由，只有绝对的信念。你有约束，你才知道自己的局限，你在反对他人时，你才可能发现自己也许存在被反对者同样的错误，才能避免对和谐破坏性极大的话语霸权。你的批评才会更正确和有说服力，也有了真正的宽容的根基：宽容不是一种施舍，而是需要，因为约束令你自知你是有限的，你也需要宽容。这样，自由就不是想干什么就干什么，而是责任和背负使命。我们恨恶每一个罪恶，但不恨罪人，因为我们也会犯错，我们是同一种人。这里爱就产生了。社会要和谐，需要爱。同情和怜悯有时只是残缺的，爱却植根于对自己和对自由认识的基本点，一个深知人性之有限的人，他给出的宽容和爱才是真实的。他的自由不会伤害到他人，我们全社会的任何人都不滥用自由，和不滥用权力是一样的，因为个人自由就是一种权力，无论你是否掌握真实的权力，你手中已经握有这种被称为"自由"的权力了。

四、正义

正义思想在东西方的社会中都源远流长，先哲们都试图说明何谓正义，以何种方式实现正义。但是由于"正义有着一张普洛透斯似的脸，变化无常"，人们的答案也不尽相同。在柏拉图那里，正义不仅是一个道德的原则，也是一个政治的原则和法律的原则，一个好（善）的城邦应当具有四种美德即智慧、勇敢、节制和正义，其中正义是最高的德性，高于其他三种美德。亚里士多德明确指出，政治制度的正义才是严格意义上的正义，政治制度的正义就在于做到"按比例的平等"，并使每个人享受自己的所有。提到社会正义问题，我们不由得想起马克思和马克思主义经济学。马克思是站在工人阶级——当时的一个弱势群体的立场上，来分析经济问题的，代表了社会的良知和正义。

一方面，公正的社会生活只能通过基本的制度安排才能实现。制度建设对于促进社会公正、正义之所以重要，主要是因为制度的影响十分深刻并自始至终。实现社会公平正义，实质的问题是建立一系列以社会公平正义为基本原则的社会制度。当然，保障社会公平正义的制度体系建设是一个历史进程，推进这一历史进程的是各个方面具体措施的制度安排相互协调，能够被有效实现，以及有关社会公平正义的理念和习惯的逐步建立。

另一方面，正义对社会的作用正如约翰·罗尔斯（John Rawls）所说，是社会制度的首要价值。对一个组织良好的社会来说，就是社会成员普遍地认可社会的正义原则，并且社会制度能普遍地公开地满足这些原则。这是一个组织良好的人类联合体的基本条件。正义在社会中的特定作用是分配特定的权利与义务，决定恰当的分配份额，因此社会的正义观必然影响到社会的效率、合作与稳定。亚里士多德曾说，每一种政体都体现不同的正义观念。如果一个社会中，人们对社会的正义观发生了根本分歧的话，社会就可能发生变革。没有正义的认同，就没有了社会的秩序和合作的基础，最终也必然制约效率的发挥。对社会而言，是动荡与冲突；对社会的组成单位而言，是内耗与矛盾。

作为人类的主体价值追求，正义内涵呈现出复杂性和多元性，不仅完全的、绝对的正义是不存在的，正义的实现途径也是多样的。任何一个社会都不可能达到人们普遍一致认同的完美，这与人们对正义的判断标准和人们对各种正义形式的要求是联系在一起的。然而，一个社会从其社会属性和现实发展要求看，它必须存在着一定的正义取向，同时这些正义取向中必须具备现代文明社会所应该具有的一些基本正义要求，否则整个社会将处于一种正义缺损状态。

与世界上其他民族一样,中华民族从未停止过对正义的追求。然而古代中国的正义观与现代正义理念有着很大的不同。改革开放之前在我国价值领域倡行的是一元化的价值观,即集体主义的价值观,这一价值观强调集体利益的至上性和人们(或社会)在价值理想追求目标上的最终统一性和价值普遍性。伴随市场经济体制改革下经济领域出现的利益分化现象,在思想文化领域也出现了由一元价值向多元价值的转变。集体主义的价值观不再作为唯一的价值观念被持有,价值及价值观念表现出了现实过程中的层次性、实践手段上多样性、特殊内容结构上的差异性和丰富性等多元性的特征。价值多元化对社会可能带来双重的影响:一方面,价值多元化能避免一元价值的垄断所致的文化停滞甚至社会停滞;另一方面,价值多元化也可能带来价值的冲突。

我国当前正处于转轨时期,传统的价值一元论受到严重冲击,价值多元化趋势不可逆转。甚至我们可以毫不掩饰地说,功利主义倾向在某种程度上已经成为当今中国社会的价值取向。当然,功利主义不是一个贬义词,在经济学中是一个中性词。任何社会都不能离开功利主义,它是社会发展的动力之一。中国是一个发展中的国家,长期的贫困落后使得人们对贫困产生了难以言状的恐惧,特别是在改革开放以后,当人们发现与西方巨大的物质差异之后,对财富的欲望达到了空前的程度。但是,这种功利取向应该存在一个限度,即必须有基本的道德和法律约束,超越限度的功利倾向将是霍布斯描述的"一切人反对一切人"的"自然状态"。

换句话说,正义社会不是与道德无涉的社会,正义的制度如果没有个人美德的支撑,将是一个僵硬的、没有人的社会;同时缺乏个人美德的正义制度是脆弱的、不可持续的。正义社会应该建立在德性普遍存在的基础之上。

总结性述评

我们所要构建的社会主义和谐社会,正是体现人自由的社会。和谐社会就是要使个人自由全面发展且充满创造力,就是能够使一切有利于社会进步的创造愿望得到尊重,创造活动得到支持,创造才能得到发挥,创造成果得到肯定。良好的社会体制必然给个人自由以充分合理的发展空间,而个人自由发展是社会总体发展的先决条件。在追求自由的同时,我们就在实现着社会公义,也在逐步建立起一个正义社会。

我们每个人在无害于他人的前提下,都应该被允许自由地发挥自己的个性和意愿,发展自己聪明才智,在互利中达到和谐。这就必然产生个人利益最大化与整体社会福利最大化的矛盾。制度是一种硬约束。它以形成文字的条款说明了社会运行秩序。制度一旦形成,在很长一段时间内不会更改,保证了社会行为的一致性。在社会行政事务上来说,制度和制度化的意义更为重要。社会伦理属于道德调整范畴,而每个人的道德标准是不一样的,比如有的人会认为以权谋私是违法行为,另一些人会觉得有权不用过期作废。所以,以自觉的伦理来要求每个人实现高道德素质是不现实的,是一种软约束。

社会伦理是社会建设中最根本的正义底线,制度安排从起点上决定了各个利益集团的生存与发展。社会伦理需要制度的维护和强化。制度安排的合理与否与社会伦理和谐存在非常强烈的正相关性。好的制度能促进社会和谐,改善人与人之间的关系,维护正义同时惩罚邪恶。反之,坏的制度会增加各个利益集团之间的摩擦,打破社会和谐甚至导致社会不稳定。

但是,我们应该认识到,中国正处在转轨发展时期,不仅制度建设需要完善,社会伦理多元嬗变,就连道德教育也一边处于现代化过程中,同时又努力逃离现代性伦理困境;在向着尊重个体伦理框架下学生作为道德主体前进,同时又希望能超越个体伦理在价值选择上过于自由化的不足。如何同时避免公意性伦理与个体性伦理的缺憾,是当前中国教育、道德教育面临的时代性难题。对于道德教育改革来说,关键问题是把握好道德主体的层次与分量,一方面,通过公意伦理保证人们幸福生活所需要的足够安全感;另一方面,也尊重个体作为道德主体地位,满足个体幸福生活所需要的足够的自由。

不管如何,哪怕从现在起也不迟,我们每一个人、我们的社会,都要认识到:重视人性伦理的道德价值,清肃现实之中的制度性不公,以法治约束权力不理性行为,才能最终形成多方合力,让社会处于一种平衡的理性状态,我们才能真正地畅享自由。

现在你肯定已经明白了:社会制度,不是强加给我们的束缚,而是我们赖以生存并享受自由的坚实屏障!

复习思考题

1. 你理解的制度是什么?制度有什么本质?
2. 我们需要自由,为什么还需要法制呢?
3. 请你结合实际谈一下依法治国的重要性。
4. 请你谈一下道德与伦理的区别。
5. 什么是自律?如何做一个自律的人?

第3章
人格：社会生活的起步

> 凡稍知廉耻的人不是有时会发现，他原来可以撒一次无伤大雅的谎，以便摆脱某种可厌之举。甚或为其可爱可敬的友人求得某种利益，可是他却仅仅因为害怕暗自鄙弃，而不曾撒谎吗？一个正直的人只要废弃职责，原可摆脱某种惨境，而其所以能够不辞辛苦地坚持下去，不是由于他自觉到这样方可以以身作则、维护人的尊严、加以尊崇，才可以内省不疚、不怕良心谴责吗？
>
> ——伊曼努尔·康德(Immanuel Kant)

 章节引语

　　2015年2月26日，河南省濮阳市清丰县一处人工湖发生溺亡事件。两名儿童在湖边玩耍落水，华北水利水电大学学生孟瑞鹏因跳湖施救溺亡。落水儿童的母亲卢某称，孩子并非孟瑞鹏所救。后落水儿童母亲承认，因害怕担责任，教小孩说了谎话。

　　迫于舆论压力和良心的拷问，虽然被救儿童家长最终承认教孩子说了谎，但"救人牺牲"变成"落水溺亡"，给死者亲人身心带来的创伤，在短时间里将难以抚平。

　　应该说，大学生因救人身亡，是见义勇为献身，当地政府将会启动奖善机制，对见义勇为者进行褒奖，对其家属进行物质和精神的双重抚慰，无需被救儿童及家长承担任何法律责任和经济补偿。因此，被救儿童及家长除了对救人者心怀感恩，对生命的逝去表示哀悼之外，不必背负过多的心理压力和精神负担。

> 然而,被救者不必为救人者身亡担责,并不代表被救者可以对救人者身亡的悲剧漠然。无论是从感恩的角度出发,还是从敬畏生命的层面考虑,被救者都应该对逝去的生命寄托谢意和哀思,以此慰藉死者家属悲伤的心灵。当被救者谎称救人者是"落水溺亡"时,不仅亵渎了舍己救人者,伤害了死者家属的感情,而且亵渎了见义勇为精神,将会严重挫伤人们舍己救人、见义勇为的积极性。
>
> ——资料整理自张西流:《谎言亵渎了舍己救人者》,《新消息报》,2015年3月3日,第4版。

同样是救人,本该得到被救者最大限度的感激,可被救者家长害怕担责,居然唆使被救儿童,谎称救人者是"不慎落水"。人性与道德的温度降至冰点,令人胆寒,然而社会中这样的人并不罕见,各种"碰瓷事件"利用和欺骗着人们的善良。这群人在自私狭隘的思维定向中迷失了是非曲直,迷失了公平正义。因为他们人格的畸形发展,形成了一种特有的、明显的、偏离所处的社会文化背景,及多数人认可的认知行为模式。这也促使他们在人格迷失的路上越走越远,道德滑坡越来越深。

人都在追求自身生命每一个细节的完善,而作为社会的一员,这种完善,却仅仅是未来生活的一个又一个起步,也许这就是人作为这个世间最独特也最引人关注存在的最大魅力所在。而在这份追求之中,人格的挺立与完善又是最为基础的一个标志。在很多人眼里,人格被赋予了极高的含义。人之为人,与有一个高尚的、健全的人格是息息相关的。一个人格健全的人,他会对世界抱开放的态度,会以积极的态度看待他人、自己和过去、现在以及未来,会以乐观的态度对待困难和挫折;而一个人格不健全者,则可能对世界充满仇恨、对生活感到抑郁与悲观、对他人冷漠与残忍。由此带来的对自身与社会的发展与意义也是不言而喻的,前者更可能成功,为国家和社会作出贡献;后者更难成功,甚至其言行会危害国家和社会。

据中国人口宣传教育中心于2011年3月份发布的青少年健康人格工程2010年调研报告显示,各年龄段青少年在人际交往方面均不同程度地存在问题。报告显示,75%的受访高中生觉得和父母的交流有问题或偶尔有问题,55.5%的高中生与父母以外的其他人交往时有问题。青少年人格发展缺失,已经是一种普遍现象。这使得我国青年人口在心理健康、行为养成、人格塑造等方面面临着巨大挑战。

作为新时代的学习者,我们不仅要得到各种知识,更要得到高尚坦荡的人格发展,成为一个大写的人、慷慨的人、能屈能伸的人、发展快乐的人、堂堂正正的人,并让自己成为社会和谐发展的推动力。正是基于这样的初衷,本章试图通过对一些问题的梳理,引导学习者获取健康的人格,树立积极平等的人性观,学会正确看待所生活的世界,并能够努力去追求并提升自身的人文素养,做一个心灵健康充实的人。

第一节 健全的人格：人的发展与社会和谐

人格的健全与否常常决定着一个人用什么样的人性观来对待所生活的世界，"世界并没有变，变的只是人心"，人们常常用这样的话来自嘲周围的人态度的改变。如果这种改变是善的，当然就好，世界会因此更美好，人们的生活也会更加幸福；倘若这种改变是恶的，那就糟糕了，轻则伤害他人，重则破坏国家社会安宁。和谐世界的到来，需要我们拥有健全的人格，需要我们用积极平等的人性观来看待我们所生存的社会。

一、健全人格的意义

1. 健全人格与身心健康

身心健康是一个人积极乐观看待这个世界的基本前提。一个疾病缠身或整天处于抑郁、紧张状态的人，很难要求他对这个世界充满感恩、与他人和谐共处。一些研究表明，一个人若长期处于焦虑、忧愁、着急、紧张、恐惧等负性情绪中不能自拔，就会导致冠心病、高血压、恶性肿瘤、胃溃疡、哮喘等身体疾病，而这些负性情绪主要由不健全的人格带来。

26岁的刘某是一个不一样的母亲，她在医院内手刃等待救治的3岁女儿后自杀未遂，在法庭上她当庭认罪，并称是为了爱才杀死女儿的！当法官厉声质问：想到惨死在你刀下的女儿，你的良心能安宁吗？刘某闻听，号啕痛哭。这起家庭悲剧令人欷歔不已。显然，人格缺陷决定了极端行为。

大家可能已经想到，刘某的性格导致了她的极端行为。比如她考虑问题自私、消极，面对幼女的意外伤害，刘某考虑更多的是自己的利害得失：我不能承担这个责任，我不能承受女儿的恨，我不能承受社会对女儿的歧视，我不能承受家人的责怪，这种焦虑、恐惧和绝望，远远超过了如何救治女儿、如何给女儿以信心担当起母亲的责任，于是她选择了儿童式的消除恐惧和危险的行为：消灭危险……杀死女儿，就宛如儿童做错了事害怕受批评而百般掩藏错误一样。同时，为了掩盖这种行为，为了求得外界的原谅，她选择了自杀，但未遂，她希望外界能原谅她。但是，生命是不容任何人侵犯的，因其杀害幼女的行为极其残忍，检察官建议法官从重判处。

像这种处理一切事情都以自我为中心，以自己的利害得失为出发点，与社会文明不符的适应不良心理模式，心理学上称之为自恋型人格缺陷，刘某本人也会因为这种社会适应不良的人格产生焦虑、恐惧、紧张、痛苦等生理、心理和行为上的不适。导致这种人格缺陷与遗传、家庭养育方式、社会应激事件和环境等有关，其中，父母的性格和家庭养育方式占有较大的比重。如父母的性格缺陷、婴儿期安全感没有得到满足、父母过于严厉或过于宠爱的养育方式①。

2. 健全人格与幸福婚姻

我国的离婚率呈不断攀升趋势,1979 年的离婚率仅为 3%,1999 年是 13%,现在已达到 20% 左右,有人估计,在未来的几年,我国离婚人数还将会以每年 200 万对的速度递增。一些婚姻分析师对高离婚率的原因进行探究时发现,人格的不健全是造成婚姻关系破裂的一个重要因素。这些不健全人格主要有以下几种:(1) 暴躁型,易怒冲动、情绪失控,甚至产生家庭暴力问题;(2) 任性型,爱使性子,以自我为中心,不顾他人感受;(3) 敏感多疑型,捕风捉影,哭闹不休,惹得家里鸡犬不宁;(4) 淡漠型,缺乏爱心和责任心,对家里人不闻不问。健全的人格是幸福婚姻的保障,但目前我国夫妻在选择伴侣时,绝大多数对对方的人格成熟度并没有予以重视,这也就为日后的婚姻关系埋下了不幸的种子。

最近一年多,刘家劲每次看到妻子在自家 18 楼的阳台上晾晒衣服时就有股想将她推下楼去的冲动,他为这个想法非常自责,理性驱使他选择了寻求婚姻分析师的帮助。

刘家劲跟许多男人一样,梦想着一个年轻漂亮的老婆,22 岁的吴丽正好符合了这个条件。最初的交往是愉快的,但刘先生很快发现,吴丽自恃脸蛋漂亮,任性刁蛮,并就此提出过分手。但是吴丽又哭又闹,纠缠不休,刘家劲只好同意继续交往。2 年后两人结婚,吴丽怀孕后,糟糕的脾气有变本加厉的趋势,对恋爱时刘家劲提出分手一事耿耿于怀,经常搬出来争吵,言语尖酸刻薄。还常常怀疑丈夫跟别的女人有染,见丈夫跟哪个女人多说两句话就大发雷霆,甚至动手打人。更可笑可悲的是,吴丽把"婚外情"的帽子硬扣到刘家劲头上,对他的责骂和管束也变得堂而皇之。吴丽甚至扬言"我大不了杀了你然后自杀"。刘家劲非常懊悔当初的选择,不止一次想到大家同归于尽以解脱痛苦②。

3. 健全人格与社会和谐

美国前总统罗斯福(Franklin Delano Roosvelt)曾经说过:"教育一个人的知性而不培养其德性,就是为社会增添了一份危险。"很多血淋淋的事例已经告诉我们,一个自私自利、以自我为中心、道德败坏的人,不仅常使自己陷入孤立、痛苦、空虚和失望之中,还会在群体人际关系中造成种种问题,给他人和社会带来诸多灾难性的后果。

世界正发生翻天覆地的变化——科学技术的应用大大提高了人们的物质生活水

---

① 余皓:《不想女儿活着受罪:母亲医院内杀害 3 岁残疾幼女》,《武汉晚报》,2010 年 8 月 25 日。
② 詹春云:《人格不健全可酿家庭血案 破坏婚姻五大心理问题揭密》,《环球时报·生命周刊》,2004 年 10 月 5 日。

平,交通和通信技术的革新加强了人们彼此之间的联系,医学和卫生领域的非凡成就让曾经肆虐的疾病得以消除或控制。与此同时,我们依然无法否认一些负面事实的存在:韩朝之间关系愈来愈僵了,恐怖分子对美直升机的袭击导致几十人死亡的惨剧又发生了,中东地区的民族和宗教冲突再次爆发了。和平和和谐的口号铮铮在耳,仇恨和流血却也仍在继续。而这一切问题的所在,归根结底是属于"人"的问题。正如秦爱福指出:"人类问题的中心在于人心,如果要从根本上改变这个世界,就必须从改变人的心灵入手。个人组成家庭,家庭组成社会,社会组成国家,国家组成了世界。因此,只有当人的心灵转向善良并充满关爱时,家庭才会和睦,社会才有安宁,世界和平才有可能实现。"

二、对健全人格的理论探索

对健全人格的诉求能在众多学者的研究成果中觅其踪迹,也许这些学者的本意不是对人格进行探索,但却依然成为对人格——这个关于人的最重要课题的独到解释之一,这也再次印证了人格的完善对整个人类生存的重要意义。

1. 弗洛伊德的精神动力学理论

维也纳医生弗洛伊德(Sigmund Freud)认为人格是由本我、自我、超我三个心理结构组成的一个动力系统。本我遵循快乐原则,由先天的生物本能和欲望组成,以追求非理性的、冲动性的和无意识的自我满足为目标进行活动,它试图消除饥饿、性、攻击和非理性冲突等原始驱力所产生的紧张。就像一个拥有无限权力的国王一样,它总是随心所欲、为所欲为地去要求它想得到的一切东西,但是,现实条件的限制使它很多时候不能实现这些要求,这种现实条件的限制就是自我。自我遵循现实原则,是思考、计划、问题解决和决策的系统,受意识的控制,当本我的要求不符合实际时,自我就会像一个"执行官"一样跑出来对本我的冲动进行控制,将行动拖延,直到认为适宜时再行动。当我们的行动违反了一个人的道德标准,良心受到内疚感的惩罚时,这就产生了超我。超我遵循道德原则,对自我的思想和行动起着判断和监察的作用。弗洛伊德认为,本我、自我和超我是三种既相互独立又相互矛盾的心理过程,通过冲突达到一种微妙的平衡。比如,你去逛珠宝店,看到一条非常漂亮的项链,你的本我叫嚣着说,"我一定要得到它";你的超我谴责说,"不行,没那么多钱,我可不能去偷窃";你的自我则说,"我要加油赚钱,等有足够钱了我就来买下它"。根据弗洛伊德的观点,主要受本我支配的人往往被冲动和自私的愿望所控制,自我比较脆弱的人不能在自己的需要、愿望和社会责任、现实限制之间达到平衡,而主要受超我支配的人则表现得僵化、爱说教及专横。所以,健全人格者就是那些能够解决好这些内部冲突,并巧妙找到这种心理微妙平衡的人。

2. 马斯洛的"自我实现"学说

这一学说起源于其对政界名流、科学家、艺术家等成功人士的研究。马斯洛

(Abraham H. Maslow)发现,不论是政界名流还是平民百姓、富人还是穷人、博览群书的学者还是大字不识的文盲,都具有充分发挥个人潜能,使自己生活美满并有具有创造性的能力,也就是都有潜力成为自我实现者。自我实现者往往都具有以下个人特质:

(1) 正确判断现实情境,诚实地提出自己的观点;
(2) 勇于承认自己的缺点,接受现实的自我;
(3) 能容忍他人的缺点和接受人类生存的现实条件;
(4) 能够非常主动和投入地进行自发性创造活动;
(5) 为了理想和追求而努力工作;
(6) 富有智慧和独立精神;
(7) 富有好奇心;
(8) 对身边的伙伴和其他人都有一种普遍的认同感;
(9) 对朋友充满深厚的感情和爱;
(10) 在与他人保持良好关系的同时也能享受一人独处的孤独;
(11) 能偶尔感悟到体会自身生命价值的高峰体验。

从上述对自我实现者人格特质的描述可以看出,一个自我实现者同时肯定是一个人格健全者。健全的人格无非就是马斯洛对自我实现者人格特质的这些阐述。

3. 罗杰斯的"自我"理论

要了解自己的人格类型首先要形成自我概念,这个自我概念就是罗杰斯(Carl Ransom Rogers)所强调的关于"我是个什么样的人"的知觉。罗杰斯认为,自我包括了理想自我、自我形象和真实自我三种成分。理想自我是指你希望自己成为什么样的人,自我形象是指你认为自己是个什么样的人,真实自我是指你实际是个什么样的人。自我概念会使人们对自己相貌和人格的总体产生主观知觉,也就是产生自我形象,人民行动的时候会不由自主的想要去保持这种自我形象与其行动之间的一致性,比如你的自我形象是一个勤奋好学的人,那你在大多数时候就会表现得勤奋好学。当然,也不排除自我形象与行动之间不一致的现象,比如你认为自己是一个勤奋好学的人,但你的父母和老师总是认为你懒惰不上进,那你可能会感到压力重重,非常焦虑和悲伤。这个时候,实质上你就出现了自我形象和行为经验的不相符状态,也就是你的理想自我、自我形象和真实自我产生了不匹配现象。这种不相符状态如果不及时加以调整的话,自我形象与现实之间的断裂很容易使人的自我形象脱离现实,使人变得越来越混乱和紧张,感到压抑和忧郁,严重者出现心理障碍。从这里可以看出,健全人格者应该是行为经验和自我形象相匹配的,即在他追求理想自我的过程中能够诚实地接受关于自我信息,能够最大限度地实现自身潜能的发挥,同时最大限度地缩小真实自我与理想自我之间距离的人。

三、健全人格形成的影响因素

1. 遗传

我们每个人的形成都是由父亲的精细胞与母亲的卵细胞成功结合形成受精卵后产生的,因此,我们身上不可避免地带有父母双方的一些遗传信息,有的是体貌特征上的,当然也有的是人格特性上的。个体的遗传基因、神经系统(特别是脑)的特性、体内的生化物质是人格形成的基础。研究表明,有惊慌性心理障碍的父母所生的孩子中60%具有害怕、退缩的气质特点。

2. 家庭

家庭是个体生存的第一个最为亲密的微观环境,家庭的结构、家庭气氛、父母的教养方式都会影响到人格的发展。一般来说,民主和睦、温暖安全的家庭环境容易促进独立、友好、自控、自主等健全人格的发展,而冷漠专制、自私偏执的家庭环境容易导致反叛、攻击性强、不善交际等不健全人格。

3. 学校

学校是影响人格发展的又一重要微观环境。已有研究发现,不同校风下的学生在时间管理倾向、自我价值感、应对方式以及心理健康等方面有着显著的差异,优良校风对学生健全人格特征的养成有显著的促进作用[①]。

4. 社会

个体的人格特质会受到社会文化规则的影响。在推崇集体主义文化的我国,集体的融洽常优先于个人的愿望,自我更是常在相互关系和社会背景下被加以界定,比如向他人介绍自己时,很多人会这样描述,"我是××,我来自陕西,我的父母都是勤劳朴实的农民,从小他们就教育我,要做一个正直、勤劳、勇敢的人。"相反,在推崇个人主义文化的西方,个人的独立往往优于集体的需要,自我经常被定义为人格特质的集合或用职业来表达,比如美国 NBA 多数著名的球星,即使面对奥运会这样的盛会,在国家对他们发出参与的号召时,他们依然有些会这样回答,"噢,不好意思,我不能来参加,因为我已经答应那天要陪我的孩子去动物园玩了"。

四、文化熏染与人格塑造

看到这个标题,你可能会觉得莫名其妙,我们难道不是想对人格、人性观进行探索吗,这与文化熏染又有什么关系?但是,请你想一想,哪一个人人格的塑造、人性观的树立,不会受到外在社会文化的影响,不以世界的本来存在为前提呢?如果我们想正确看待所生活的世界,首要的就是基于这样的存在了解过去、现在以及未来需要塑造

---

① 参见黄希庭:《心理学导论》,人民教育出版社 1988 年版。

的人格。

　　文化环境导致人格差异。中国的传统文化以儒家思想为核心,过于强调仁义礼智信的泛道德主义中国传统,致使国民们乐于言义,耻于谈利,"贫贱不能移,富贵不能淫,威武不能屈",重道德修养,轻外在事功的价值取向,"吾善养吾浩然之气",这一方面虽让人们学会积极地修身养性,培养坚忍的意志,抱有崇高的理想,但另一方面也让人们过于专注于自身的内心世界,丧失对理性和自然的兴趣,缺乏西方文化的理性和科学的探索热情。与此相对应的是,西方文化重利轻义,功利主义、实用主义是社会的主流价值取向,这为最大限度地调动个体追求物质利益的积极性奠定了坚实的思想基础,所以,我们可以看到西方社会中理性主义、科学主义大行其道,人们普遍表现出"求新奇、好创新、重功利"的人格精神。

　　此外,古已有言云"一方水土养一方人",自然环境的不同也在人格塑造上形成了极大的差异。三面连陆一面靠海的半封闭自然环境保证了中国文化强大的稳定性和历史延续性。进而,这种半封闭大陆自然环境的儒家伦理,教诲人们"重土轻迁,安贫乐道",提倡那种"日出而作,日落而息"的生活方式,使人们在悠久的传统中沉淀了一种封闭的惰性心理和惯性思维方法,保守的意识;眷恋家园故土,提倡清静无为;安于现状,墨守成规,因循守旧,风险意识和竞争精神不强,时间观念和进取意识淡漠[①]。而族群而居的生活习性也缩小了人们的生活圈子,同时这种人际关系的相对稳定也让人们更加注重交往中的人情世故,养成了谦虚、谨慎、忍让、含蓄的个性品质,慢慢演变成整个民族内倾型的人格特征。相比之下,西方激荡的社会变革、开放的自然地理环境、频繁的海外贸易,让人们保持着艰苦奋斗、自强不息、灵活开放、勇敢协作的个性品质,慢慢演变成这个社会外倾型的人格特征。

　　诚如上面提到的,中国的传统文化可以被归纳为一种和谐型文化:重人事而轻天道,重道德而轻知识。在这样的社会文化中,主张人们之间和谐大于抗争、群体重于个人,个人的独立价值被规劝和约束,人的自由意志与创造精神被束缚,个体的价值和尊严被忽视。

　　"中国文化始终把谋求人与自然、社会的和谐统一作为人生理想的主旋律,反对人的独立意志和锐意进取,培养人的群体观念、顺从诚敬意识等,寻觅的是一种中庸的、调和的处理途径。中国文化的那种和谐观念,同时也体现和培育了国民顺从、屈服、保守与不思进取,安于现状的精神,道亦不变的历史观念,从而使得欧洲人与美国人普遍认为:1990年的中国和孔子时代的中国别无二致。所有的旧东西都是极有价值的,而所有的新东西都是毫无意义的。从而也造成了中国人谦虚谨慎、含蓄内向的柔弱的文化品格。"[②]

　　在21世纪的今天,不可否认,我们依然生活在一个集体文化浓厚的社会,集体或

[①] 王哲、曲丽娜:《中西方不同文化背景下的人格差异》,《吉林工程技术师范学院学报》2011年第1期。
[②] 同上。

社会的利益优于个人的发展,集体成员间的彼此依存使得多数人的自我意识在他人所持的态度、偏好和判断的基础上发展而来,久而久之,大多数的我们不可避免地依然保留了大部分传统文化塑造出的人格特征上的共性——谦虚谨慎、含蓄内向、恭敬顺从、保守妥协。尽管随着经济水平的发展和科学技术的进步,"地球村"的演化让越来越多的年轻一代试图打破这份共性,建立独立的个性,但从大群体范围来说,这点是仍旧没有改变。

"个人主义"势在必行。我们这里所说的个人主义,并不是自私自利的利己主义,而是强调一种道德的、政治的、社会的哲学,强调个人的自由和个人的重要性,以及"自我独立的美德""独特的个性品质"。很多人对个人主义存在严重的误解,这是因为他们将个人主义与集体主义在道德上完全对立起来,认为个人主义者必然只顾自己的利益,不顾他人的利益,而且随心所欲地侵害他人的利益。实质上,真正的个人主义者只是具有强烈独立意识的人,并且将自己的利益与他人的利益区分开来而已。这种健全的个人主义,有助于尊重个人的权利和基本利益,张扬人的个性。

刘军宁在《回归个人:重申个人主义》中提道:"个人主义的一个基本要素就是强调个人对自己的责任。对自己的生命(存)负责是每个人不可推卸的责任,它意味着个人在抉择时要审慎,要准备为自己的行动负责。个人有责任通过劳动来改善自己的生存环境,来满足自己的生存需求。实现自己的生存是个人的首要责任。……个人主义不反对,甚至鼓励人们自愿地去帮助他人,为需要帮助的人做出牺牲,鼓励慷慨、仁慈、友爱。"站在人格培养的角度来看,对自己的生命负责、自愿去帮助他人、慷慨、仁慈、友爱,这些无不是健全人格的特征表现。摆脱集体主义文化传统对人格塑造的某些负面影响,正确认识并接纳倡导个性张扬的"个人主义"看来是培养健全人格一个合理也可行的途径。

第二节 丰富的人文素养:做一个心灵充实的人

2008年8月8日,第29届奥林匹克运动会在北京开幕。由中国著名电影导演张艺谋执导的北京奥运会开幕式文艺演出节目中的核心部分——《美丽的奥林匹克》,全部内容围绕一幅"中国古代画卷"卷轴的开启展开,巨幅长卷在国家体育馆"鸟巢"中央缓缓展开,诸多中国元素于其上流淌。汉字、印刷术、太极表演也在长卷上展开。长卷贯穿文艺表演,似历史的长卷,文化的长卷。中国文化从历史深处尽情流淌,全世界人们为之炫目。然而,这一刻之所以能让世人为之炫目,又岂止因为这一幅长卷的宏伟,更是因为每一个人心中所深深蕴含的那一份人文情怀。一个人,只有当他具有深厚的人文积淀,具有浓厚的人文情怀时,他才能总在精神家园里坚持一份纯真,坚守一份本真,也才能在这样的时刻为之动容。而人们积聚的智慧与情操、哲理与穿透,蕴藏的文化积淀、人文精神,始终也是我们文明的特征、辉煌和支撑,是让世界变得更加美好的基石。

遗憾的是，急功近利的社会氛围，激烈的就业竞争压力，让越来越多的人习惯把自己的关注点集中到那些能够直接被用或者很快见效的知识上，职业教育、高等教育的目的也偏激地支持让学生学会某些技艺以帮助他们更好谋生的做法，相比专业知识、动手能力、实践经历等课程设置中的可知可感，人文情怀和人文素养的培养显得那么的虚无。圣人孔子早在两千多年前就呼吁"君子不器"，认为君子不应该像器皿一样只能有特定的功能(这种特定功能从过去到现在一般都定格为获取专业知识)，现代教育家、原清华大学校长梅贻琦曾提出哪怕是工程师，都应该对心理学、社会学、伦理学以及任何人文社会科学有一个充分的理解，这样才是现代社会所需要的具有良好人文素养的人。

我们不应该无视这些呼声，也不应该在单调的知识技能学习中日益枯竭了我们的心灵，失去感知世界美好的能力。丰富我们的人文素养，坚守精神家园的一份本真，就从这一章的学习开始吧。

一、何谓人文？

要做一个具有丰富人文素养的现代人，我们的探索就应该从"什么是人文素养？"开始。那么，什么是人文呢？

许多自认为在向青年人进行"人文教育"的人，包括一些思想教育工作者、中学教师、人文学者，他们也没有弄清楚什么是"人文精神"，结果把许多违反人文的东西当作人文精神来向青年人灌输，这难道不是十分令人担忧吗？[①] 看来，试着对人文做出一个通俗易懂的解释已经是很多人急迫的需要。

在大众眼里，人文常常被简单地等同于人文科学，如文学、哲学、史学、政治学、经济学，这种理解，虽不免狭隘偏激了点，却肯定也有它之所以长盛不衰的理由。也许试着从最大众的通俗理解来解释其实就是一种最实际，也最便利的解释途径。

著名作家、文化名人龙应台在台湾大学一次名为《为什么需要人文素养？》的演讲中试着做出了这样的尝试。她认为对"人文是什么？"，我们可以暂时接受一个非常粗略的分法，就是"文""史""哲"三个大方向。文学，指的是最广义的文学，包括文学、艺术、美学、广义的美学。文学最重要的功能在于"使看不见的东西被看见"，文学与艺术使我们看见现实背面更贴近生活本质的一种现实，在这种现实里，除了理性的深刻以外，还有直觉的对"美"的顿悟。美，也是更贴近生存本质的一种现实。哲学，在于帮助我们走出思想的迷宫，走出历史的迷宫，对我们进行"启蒙"。所谓启蒙，不过就是迷宫里头，发觉星空的存在，发出天问，思索出路，走出去。而对历史的探索势必要迫使你

[①] 杨树森(博主)：《"人文"是个筐，什么东西都往里装？》，http://vip.bokee.com/name/yangshusen，最后浏览日期：2015年6月3日。

回头去重读原典,用你现在比较成熟的、参考系比较广阔的眼光。而哲学就是让你知道,没有一个现象是孤立存在的。但是,她又进一步指出,懂得了文史哲,只能说明这个人拥有人文知识,却不能说明他就有人文素养。知识是外在于人的东西,是材料、是工具、是可以量化的。只有当知识进入人的认知本体,渗透他的生活与行为时,才能称之为素养。所以,人文素养是在涉猎了文、史、哲学之后,更进一步认识到,这些人文"学"到最后都有一个终极的关怀,对"人"的关怀。脱离了对"人"的关怀,我们拥有的就只是人文知识,而非人文素养。关于这点,在接下来有关知识与素养的探讨中,我们还会有进一步的阐发。

对"人文",我们需要像龙应台一样的一些深层次思索。《现代汉语》将人文解释为:"强调以人为主体,尊重人的价值,关心人的利益的思想观念。"以人为主体、尊重人的价值、关心人的利益,均围绕一个"人"字展开。这再次启发我们,人文不仅仅是简单的文史哲等人文科学,它更强调的是人与人之间的理解和关怀,人对社会的一种关怀,人对文明的一份尊重。也就是说,人文的核心是"人",在于人自身的德性,在于对社会和人类的关怀。

二、知识与素养

随着经济水平的高速增长和科学技术的加速革新,被教育者在无形中承担着"只许成功,没有第二选择"的压力。这种压力部分转化为教育内容中知识和素养的争议。《现代汉语词典》对"知识"的解释为"人们在改造世界的实践中所获得的认识和经验的总和",对"素养"的解释为"平日的修养"。这样的解释未免过于抽象,下面简单举个例子。一个大学生无法区分什么是韭菜、什么是麦苗,别人会说:"还大学生呢,真没知识";一个大学生走在干净美丽的校园,突然朝地上吐了口唾沫,别人会想:"这个人,真没素养"。这就是知识和素养的区别。一个目不识丁的人,他可能奉纪守法、文明礼貌、关爱他人,而一个清华、北大的资优学子,很可能发生硫酸泼熊、辱骂尊师的行为,知识和素养绝不是正相关的关系。然而,在这个高喊着"全面发展学生""关注学生人文素养"的时代,对这一点很多人还是抱着错误的认识或认识不够。我们今天的现代大学教育乃至中小学教育,看起来对知识的追求远远大过于对素养的追求,各种奥数班、才艺班、外国语学习班、考证培训班冲击着人们的眼球,它们打着的旗号常常是"升学""资优""不输在起跑线上",而不是"丰富人文素养"。

西方著名哲学家尼采曾将教育分为两种:一种是生存的教育,其目的是追求知识,获取尘世幸福,赢得生存竞争;另一种是文化的教育,其目的不是个体生存需要和尘世幸福,而是直面永恒的生命意义。在我们的理解,前一种教育,是教人获取知识;后一种教育,是教人拥有素养。一些教育大师早就明确提出过,知识固然是文化的基础,但有知识并不等于有文化。"偏重知识忽视素养"的教育,其危害性著名文艺理论家余秋雨教授早就有所警示:"知识看上去很重要,实际并不是那样,素养才是最重要的。所以纵观当前学校教育,还存在着某种问题,过多地强调知识与技能的传授,却忽视了一种人文素养的培养。这种结果最终只能导致学校教育培养出'半人',而不是香港教育曾流传的'全人培养'。"一个具有人文素养的人,他才会有对生命意义的追求,而不只是机械地生活于这个世上,教育的最高境界,应该就是教会人去追寻生命的意义,并利用掌握的知识技能去实现对生命意义的追求。

三、人文素养的内含

在对人文与素养有了上面比较深入辩证的认识后,对人文素养的全面解读已是呼之欲出。关于什么是人文素养,著名教育学者肖川教授给出了较为全面的界定。他认为,这一术语可能包含以下几个方面的含义。

(1) 对于古典文化有相当的积累,理解传统,并具有历史意识。能够"审经答变,返本开新"。

(2) 对于人的命运,人存在的意义、价值和尊严,人的自由与解放,人的发展与幸福有着深切的关注。

(3) 珍视人的完整性,反对对人的生命和心灵的肢解与割裂;承认并自觉审护人的精神神秘性和不可言说性,拒斥对人的物化与兽化,否弃将人简单化、机械化。

(4) 尊重个人的价值,追求自我实现,重视人的超越性向度;崇尚"自由意志和独立人格",并对个体与人类之间的关联有相当的体认,从而形成人类意识。

(5) 对于人的心灵、需要、渴望与梦想、直觉与灵性给予深切的关注;内心感受明敏、丰富、细腻与独特,并能以个性化的方式表达出来。

(6) 重视德性修养,具有叩问心灵、反身而诚的自我反思的意识和能力。

(7) 具有超功利的价值取向,乐于用审美的眼光看待事物。

(8) 具有理想主义的倾向,追求完美。

(9) 具有终极关切和宗教情怀,能对于"我是谁,我们从哪里来,又要到哪里去"一类问题作严肃追问。

(10) 承认并尊重文化的多样性,对于差异、不同、另类,甚至异端,能够抱以宽容的态度。

(11) 能够自觉地审护和践履社会的核心价值,诸如公平与正义[①]。

四、人文素养的意义

社会学家邓伟志先生招博士研究生之前,首先要弟子开出的是三张读过的书单:

[①] 肖川:《教育的理想与信念》,岳麓书社2002年版,第128页。

专业书单审视的是学科知识；相关书单映衬的是基础深浅；而无关的书单则考察着学子们的人文视野。因为他知道：过于专业教育的结果是会让一个人的视野变得狭隘，技能变得单一，行动范围受到桎梏，心智和思维习惯就会变得萎缩。受到良好人文教育的人则恰恰相反，这样的人不仅有思想超越意识，而且有责任感、使命感，能够更好地发挥专业教育的功能。有鉴于此，他带着弟子几十年，鲜明的人文精神，浓浓的人文情怀，从不曾在他的掌心上失落过。

无独有偶，有"中国园林之父"称誉的我国著名园林建筑大师陈从周，他之所以受到许多人的尊敬，不只是因为他在园林建筑上的造诣，也是因为在他身上有许多中国固有的传统文化的影响，表现出丰富的人文素养。作为曾赴美国纽约为大都会博物馆设计园林"明轩"而享誉世界的园林建筑大师，工诗词、善书画、喜昆曲，其人文素养自为他的园林建筑研究做了深厚的铺垫。他不仅自己充满人文情怀，对弟子亦是如此。他招考研究生，必要问及考生当地的风土人情，尤其要追问文化名人及其作品情况。他语重心长地告诫学生："学建筑园林史先要了解文化史；学中国史先要懂得家乡史。"他讲园林的意境，自己掏钱送戏票给弟子，让他们从昆曲中体会传统艺术的趣味。在陈从周先生用心良苦的背后，则是弟子们人文素养的不断滋长和充盈，自然，这更使弟子们从此受用不尽。

抛开这些让我们脱帽的个例，学界对人文精神的漠视，已经到了无以复加的地步。新中国成立以来，学校长期照搬苏联的模式，轻人文重自然，造成了学生思维狭窄、见识浅陋，严重地束缚了学生的兴趣爱好、创造性和个性的培养。以至于现在很多学生甚至是家长片面地认为只要学好专业知识就足够了，没有真正认识到培养自身的文化涵养、思考自己的人生大事、培养自身的意志和品格、关注和讨论国家大事和人类前途对一个人发展的重要意义，严重阻碍了现代化的进程。笔者认为，培养自身人文素养具体有以下三方面价值。

1. 和谐——人文素养的首要价值

"和谐社会"的提法我们已经不陌生，和谐社会向我们展开了这样一幅画卷：民主法治、公平正义、诚信友爱、充满活力、安定有序、人与自然和谐共处。这样的生活让每一个中国人觉得务实和期盼。一个社会要有更好的发展，和谐是前提。假设社会不和谐，矛盾重重，你争我斗，社会是不可能良性发展的。人也一样，抛开许多虚无的争议，我们人活在世上，说到底，我们最终追求的是什么？追求幸福？追求快乐？而幸福快乐这两个东西，不是简单地从物质领域中得到的，物质只是一个前提。诚然，当我们很穷，没有房子住，没有衣服穿，食不果腹、衣不蔽体的时候，当然是不会幸福的。然而，只是物质上的满足就能让我们觉得自己是世界上最幸福的人吗？不见得。同样，技术高超，傲然于人群的人就能觉得自己快乐吗？许多人脱离人群之后，会泛起一种莫可名状的孤单感；许多人可以将事业做得轰轰烈烈，却无法构建一个和谐安定的家……很多人是因为他们缺少一种人文关怀，无法实现终极的快乐与幸福。阿尔伯特·爱因斯坦(Albert Einstein)甚至辛辣地讽刺那些只有专业知识而没有得到和谐发展的人只是"有用的机器""一只受过很好训练的狗",他指出:"用专业知识教育人是不够的。通过专业教育,他可以成为一个有用的机器,但是不能成为一个和谐发展的人。要使学生对价值有所理解并且产生热烈的感情,那才是最基本的。他必须获得对美和道德上的善有鲜明的辨别力。否则,他——连同他的专业知识——就更像一只受过训练的狗,而不像一个和谐发展的人。"

2. 创造——人文素养的工具价值

人文素养对创造能力的提升有多重要?爱因斯坦曾经说过,想象力比知识更重要。他说,灵感轨迹是思维的代数学。人文素养让我们能看清现实背面更贴近生活本质的一种现实,在这种现实里,除了理性的深刻外,还有直接的对"美"的顿悟,这样的美可以是对现实存在的美的感知,也可以是对未知世界的认识,就是创造。一位睿智的老教授曾经对我们说过:"但凡在科学界,不管是人文科学还是社会科学,都有很渊博的知识。仅仅对自己领域的关注,是无法成为大家的。"

关于人文科学对科学技术发展的作用,没有比郑大钟教授阐述得更加明了了:"对于加强人文修养和人文精神的教育,人们往往容易认知到其对提高精神境界和高尚情操的作用,这无疑是一个重要的方面。但是,它的作用远非如此,它在树立和训练人的理论思维和科学训练上的作用是不容忽视的。"这一点,在欧洲的工业革命中,人文科学的发展给科学技术发展带来的作用是显而易见的:文艺复兴、启蒙运动、宗教改革,人文科学的发展带来了全新的思维方式、思想观念和意识形态,将人的注意力从天国转向现世,追求现世的快乐和幸福,在此影响下,工业革命出现了很多种改变世界的发明和发现,科学技术得以飞速发展。

尽管工具理性的哲学范式仍然是大部分人解决问题的指导,但是,我们还是能从企业的招聘、对社会发展作出贡献的人的分析中找到具备人文素养的人对社会的贡献:很多企业放弃了原有的专业对口,将素养置于专业的前面;同样有很多对社会作出巨大贡献的人,他们不仅在科学上具有很高的素养,其人文素养也很高。一般来说,一个具备创造能力的人,他具备高度的使命感和强烈的忧患意识,不断地战胜自己,寻求突破,而使命感和忧患意识,往往是来自自身较高的人文素养。

我国在大学也开始改变以往急功近利的思想作风,各个高校开始研究和实施提高本科生素质教育的方案,北京大学、复旦大学、浙江大学等高校甚至提出了在高考招生时改变以往的专业细分方式,这些都是关注到人文素养对一个人潜力发展的重要作用的举措,具有深刻意义。

3. 自我实现——人文素养的终极价值

你知道埃莉诺·罗斯福、亚伯拉罕·林肯(Abraham Lincoln)和艾伯特·爱因斯坦有什么共同点吗?如果这样的发问让你会有很多困惑的话,我们可以到马斯洛的需求理论①中找到答案:他们的共同点就是都实现了人类行为需要的最高层级,即自我

---

① 马斯洛将人类需求由低到高划分为五类:生理需求、安全需求、归属和爱的需求、尊重需求、自我实现的需求。

实现。自我实现是人生的理想状态,是人类追求的极致目标,达到自我实现的人在精神上非常愉悦,能具有全面和准确的知觉现实,和谐地接纳自己、他人和自然,对人充满爱,具备了难以形容的高峰体验。

上文中我们知道,尼采将教育分为两类,而教育的最高境界,应当是追求人文精神,实现生命的意义。我们知道,当物质生活极大丰富的时候,我们会对自己的精神生活提出更高的要求。希望能有三五知己、有几项自己能沉醉其中的运动、任何时候都心灵充实……做到这些,实际需要自己很高的智慧、需要有广博的知识,需要有和朋友一起聊天的话题,能对圈子里的部分事情感兴趣;能享受运动给自己带来的快乐;具备文学、艺术、哲学广博的知识,有能力去感知和欣赏。

一个社会有一个社会的脊梁,一个时代有一个时代的中坚。我们寄希望于人文精神的提升,呼唤富于人文素养的群体的崛起。因为一个有着深厚人文积淀的人,一个有着浓烈人文情怀的人,其必定愿意在精神家园里坚持一份纯真,坚守一份本真,借心中拥有对中华民族无私的大爱,给善恶以公正,给灵魂以道义,给事业赋予事业的尊严;其必定能够看清自己人格的欠缺和扭曲,以及高尚精神的丧失,同时又认识到自己这一代人对中华民族的复兴所承负的义不容辞的历史责任,从而省悟良知,怀有悲悯,逃出心狱,拯救自己,达到自己的"自我实现"。

第三节 健全人格和人文素养提升之策略

一、专家如是说

人格的完善是一个不断发展的过程,不可能一蹴而就。我们来看看专家们对此又有哪些有益的建议。

1. 弗洛伊德

弗洛伊德认为,自我承受的压力是最大的,它常常需要在本我与社会规则产生冲突时挺身而出,去设法释放我们的焦虑,因为这种焦虑常常会不经意带来一些自我挫败行为和情绪问题,使我们做出一些不理智的、破坏性的行为。不过这种焦虑情绪并不是只能默默承受,可以通过下面一些防御机制得以缓解。

(1)压抑。压抑是指阻止一种危险的观点、记忆或情绪进入意识之中。比如一个孩子曾因为考试没考好被父母暴打一顿,但他却对此没一点印象,很有可能就是因为他压抑了对这一经验的记忆。

(2)投射。投射是指一个人把自己不能接受或者具有危险性的情感压抑后,却将其归因于其他人。比如一个非常小气但又不承认自己小气的人经常会对别人说某某人如何如何小气。

（3）转移。转移是指人们把其情绪指向于物品、动物或其他并非其情感真实目标的人,当转移起到更高级的对文化或社会的有益作用就叫做升华。比如,一个爱好画画的人当他心情不好时可能会情绪暴躁地摔打房间的东西,也可能会闭门不出把全部心情投注于画画并创造出不朽杰作,前者叫转移,后者就叫升华。

（4）反向作用。反向作用是指一种导致了无意识焦虑的感受变换成了意识层面上与之相反的感受。比如,一个学生明明对他的语文老师非常厌恶,但是,他总是对其他朋友描述自己的语文老师是多么的博学多才、温文儒雅。

（5）退化。退化是指一个人返回到他心理发展的早先阶段。比如,有人一紧张就吸吮大拇指,一生气就像孩子一样大哭大闹。

（6）否认。否认是指人们拒绝承认不愉快事情的发生或者拒绝承认他们有不被允许的情绪。比如,一个人因为朋友说的话感到非常生气,但他却拒绝承认自己生气了。

2. 马斯洛

马斯洛认为,自我实现者总是有安全感而没有焦虑,能够感受到爱和被爱,能够接纳他人和被他人接纳,自我实现者同时意味着是人格健全者。那么,为了实现这种人格上的健全,以下的建议是值得参考的。

（1）多问。多问是指多多对自己进行提问,问题诸如"现在的生活我满意吗?""我还有哪些方面做得不够好?""我应该怎样去改变?"等问题会让你及时发现自己仍在某些方面存在不足,仍在某些方面可以进一步提高。当然,这种自问不是说你要给予自己越来越多的压力,逼自己做得越来越好,过多的压力只会适得其反。自问只是让你保持一种不断改变自己、完善自己的需要。

（2）善查。善查是指学会检查自己的动机,学会对自己负责。如果自查的时候发现你总是忍不住把别人想得很坏,或你总是忍不住认为别人在骗你,或你总是忍不住会为一些小事感到焦虑、恐惧,那意味着你正在危险的边缘行走。打住!停下脚步,向相反的方向走去。

（3）勤做。一个人格健全者他往往是善于、乐于投身于自己的事业中的,学生热爱自己的学业,工作者热爱自己的工作职位,这种热爱不仅仅是为了升学或赚钱,更是源于对真理、美、友爱和人生意义的追求。当在追求过程中遇到困难和挫折时,不妨把它看成是一个挑战,接受失败的现实,找到失败的原因,然后对症下药地去改变这种现状。

3. 罗杰斯

罗杰斯认为,人们的自我形象和理想自我是难以达到完全一致的,如果这两者之间的差异过大的话还可能使人们产生失败感,因为知道自己永远也不可能达到而内心不安与愧疚。

所以,要保证人们人格发展上的健全,首先要帮助人们对自己的情感和知觉达到自信,而这种自信,就来自他人的无条件积极肯定。无条件积极肯定就是始终如一地给予他人以关爱和赞许,不附条件、不加强制地对待他们,使他们自然地成为有价值的人。这种无条件积极肯定一个最明显的好处就是,它能使人们产生肯定性的自我评价,又称积极自我肯定。而积极自我肯定往往是自信、乐观、坚强和自主的源泉。

二、学校教育与自我学习:人文素养的修炼

题为《人文素养亟待"补钙"》①的文章中提到了几个关于人文素养缺失的问题,这种形势让我们不能乐观:公众的人文社会科学素养总体达标比例仅为 7.5%。孔子是哪个学派的代表人物?"GDP"指什么?"三个代表"有哪些内容?被誉为"凝固的音乐"的艺术样式是什么?对上述问题的测试结果显示,浙江公众的人文社会科学素养总体达标比例仅为 7.5%。84.2% 和 65.1% 的公众通过电视和报纸获取人文社会科学知识。此外,占 23.7% 的杂志、20.8% 的与亲友同学谈话,以及占 17.7% 的广播,也是公众获取人文社会科学知识的重要渠道。然而,专业咨询和参观展览却名列最末,只占 3.5% 和 2.5%。值得注意的是,公众对公共文化设施和场所的利用状况令人担忧。在 1 年中,68.4% 的公众没有参观过博物馆或展览馆,58.4% 的公众没有去过图书馆或阅览室,有 35.9% 的公众没有去过书店或书市。调查还显示,有 66.8% 的人希望人文社会科学能提高自身的生存和发展能力,其次是希望这些知识能提高道德和理论水平,只有 18.4% 的被调查者希望提高自身的审美情趣。

2014 年国民阅读调查报告显示:我国未成年人 2013 年图书阅读率为 76.1%,人均图书阅读量为 6.97 本,较 2012 年提高 1.48 本。相较成年国民 2013 年人均图书阅读量的 4.77 本,青少年阅读的状况略好一些。但数据背后依然有隐忧,一方面,该调查是将教材与教辅都计算在内,另一方面,6.97 本的人均图书阅读量与日本人均 40 本,法国人均 20 本,俄罗斯人均 55 本相比仍较低。来自北大图书馆的调研更不容乐观,据北京大学图书馆副馆长肖珑教授介绍,2014 年北大图书馆的书籍借阅总数为 62 万本,是近十年的最低数量,而在 2006 年这个数字是 107 万本②。

一个国家没有现代科学就会落后;而一个民族没有人文文化,精神就会迷失,民族就会异化。一个社会没有人文精神,就是一个病态的社会;一个人没有人文精神,就是一个残缺的人。人文素养之于个人、于社会、于国家、于世界的意义,提醒着我们,人文素养的提升已经迫在眉睫。第二次世界大战后,美国青少年一代由于缺乏精神支撑而陷入苦闷彷徨,他们被称为"迷惘的一代",而存在于我国当前青少年一代中日益攀升的犯罪、自杀、心理疾患率是不是正在预试着由于缺乏人文素养的培养,这些"残缺的人"正在继他们之后成为又一代的迷惘者?显然这是所有人都不愿乐见的。诸多的文化学者、教育家、社会学家、文学家,乃至普通大众都在这方面持续地努力着。

---

① 朱立毅、柴骥程:《人文素养亟待"补钙"》,《华东新闻》,2004 年 4 月 8 日,第 1 版。
② 《2014 国民阅读调查:高校图书馆借阅量创十年新低》,中国情报网,http://www.askci.com/news/2015/04/16/115055cpi9.shtml,最后浏览日期:2015 年 6 月 3 日。

提升人文素养，单一要求学校教育加大力度或自我的发愤图强都是不太够的，来自两者的双重努力恐怕才是真正的解决之道。学校教育承担着"传道、授业、解惑"的重任，当然不能推卸教给学生专业知识技能的职责，但是，它可以更多地尝试把对学生的专业知识教育与人文素养教育有机结合起来。实际上，这也是帮助学校教育走出当前尴尬局面的一个最佳途径，这种尴尬比如培养出来的学生对涂装工艺已经是得心应手了，但在为家庭或公司进行涂装时，有的雇主想让他们美化一下居室色彩，却往往事与愿违。原来，这些学生虽有技术，但缺乏美学知识和艺术欣赏的能力，调配出来的颜色很不协调，只能把涂装当作一件体力活儿来干，这也让这些学生在就业市场上的竞争力大大减弱。

至于如何把专业知识教育与人文素养教育有机结合起来，一些学校已经进行了较为成功的尝试。顺德职业技术学院进行课程整合后，包括社会科学、自然科学基础理论在内的通识教育课程占到总学时的30%。除在人文课程中夯实文化基础外，该学院还在专业课程中注入人文精神。例如，学院请装潢艺术设计专业的教师给应用化工技术专业的学生上课，使学生不但掌握技术，而且能从艺术视角对涂装进行设计。浙江医学高等专科学校开展了写、讲、赛、演等内容丰富、形式多样的读书活动，以提高学生的人文素质，适应新时代医学人才培养的需要。浙江经济职业技术学院提出"和谐职业人"的概念，培养综合职业能力与职业人文素质和谐统一的人。深圳职业技术学院把人文教育的理念贯穿到"修身工程""成功教育""感恩教育"当中[①]。

但学校教育的重视创造终归只是一种外在催化的环境，人文素养的提升最后还是要落实到个人的自我学习与自主努力。我们给出的两点建议如下。

第一，无限地相信书籍的力量，养成良好的读书习惯，系统地阅读，批判性地阅读。人文素养的提升是日积月累的过程，读书对这种积累有着潜移默化的作用。坚持不懈地读书，不仅可以增长知识、扩展视野、指导工作，还可以陶冶情操、修身养性、规范做人，书读得多了，个人的形象、品位、思考视野也都会有相当的改善和提高。

第二，力行，把读书所学习到的知识与感悟体验转化为立德、守纪、尚美和通达；立德，坚持做人的基本标准，如孟子提倡的"恻隐之心、羞恶之心、恭敬之心、是非之心"，或者很多学者提倡的知耻、守信、气节；守纪，懂得生存于社会就意味着自己不会是孤立的一个人，乐于与他人交往，并积极地遵守交往的规则和整个社会的秩序规范；尚美，不仅喜欢美，还崇尚和追随美，在日常生活和工作中去挖掘美和创造美；通达，通情达理，在为人处事上，既不遇到问题就怨天尤人、愤世嫉俗，亦不在得志的时候洋洋自得、高傲不屑，保持谦和待人、舒展自如、淡定快乐。

除此之外，一些名人学者也常常对个人人文素养的提升给出一些来自自身经历、感悟的小建议，以下举熊召政先生的三例。

---

① 覃属春：《高职院校文化素质教育模式探索》，《中国教育报》，2007年4月10日，第2版。

第一,倒计时看人生。时间对于你永远是倒计时的,我们学生应学会改变时间的记录方式。如果你站在20岁看80岁,会总觉得自己离的还远,却不知不觉地走近了;如果你站在80岁看20岁,就会发现自己离80岁越来越近,这样你就总会觉得时间不够用,更加珍惜时间了。

第二,胃口放开才能营养丰富。我们看书不能挑食,不要认为哪种书有用哪种书没用。什么书什么知识都应当了解一些,因为我们不知道什么时候会用到。

第三,慎交友,以友为鉴。不可草率交友,每一个朋友都是你人生的参照物,你可以从他们成功或失败的经验中,得出自己的人生方向,找到自己的路。

三、他山之石

注重学生的综合素质教育,这一直是很多西方国家坚持的教育信念。在国外院校对中国学生的宣传招生中,我们一般不会听到让你掌握多少知识、学会多少技能、致力于让你进入更高一级名府这样的口号,而通常是"我们将以什么样的理念实施对你的教育"这样的宣传,并且多数这种理念都是从德智体全方位去培养学生,让学生成为一个全面发展的人。这并不是这些学校的招生幌子,实际上,很多国家在提升学生的人文素养方面确实有非常多值得我们参考和借鉴的地方。

1. 美国

美国是一个素质教育大国。越来越多的中国留学生选择去美国就读,就是看中美国学校注重学生综合素养培养这一特点。拿美国大学教育来说,大学本科教育在美国是一种"自由教育",它注重培养学生表达和分析问题的能力,强调对"人"的教育,而不是对"技艺"的教育,注重的是如何把学生教育成一个能够独立思考、具有价值观念和道德操守、了解文化差异的健康个体。在这样的理念下,一般来说,美国的大学生在进入大学时并无专业之分,而是按照一定的要求学习一些公共科目。这些科目一般要涵盖一些大系:文学、艺术、历史、哲学、人文、社会、数学、科学等。这些公共科目的学习能让学生在经过比较广泛的教育后,更加清楚地了解自己,了解社会以及了解各个学科的内涵。只有到了大学三年级,学生才有机会选择自己所感兴趣的专业,并且一般会有一个学术顾问给学生指导。在确定了专业后,学生开始学习专业课程。但专业课程的比例一般不超过所有课程的1/3。这样的课程设置,一方面基本的历史、人文和哲学教育能够保证毕业生至少具备基本的现代公民素质,另一方面,对不同领域的广泛而不深入的涉猎,也能够让学生明确自己的兴趣所在,作出正确的深入研究决策。

2. 韩国

韩国也是一个非常注重学生人文素养培养的国家。作为一个即使处于困难时期也能载歌载舞的国家,韩国高度重视学生的艺术教育和强调艺术补习课程特色,在数学、英语这样的专业课程之外,美术、舞蹈、音乐等艺术类课程及补习班可谓是遍地开花。此外,韩国国民普遍还具有良好的阅读习惯。根据韩国文化观光部发表的"2004年国民读书状况调查"[①],韩国成人年均读书量为11册,与2002年调查结果相比,增加了1册。2004年11月,文化观光部对全国成人(1 000人)和小学、中学、高中学生(共2 700人)进行问卷调查结果显示,成人读书率、读书量有所增加,图书馆利用率和满足度也有所增加。对艺术教育和读书的重视有效地提升了韩国学生的人文素养。

还有很多其他国家的例子值得我们去学习,限于篇幅,不能将其一一呈现。我们的人文素质教育,还有极大的提升空间。引用第一章的话,有意义的改变应该从现在开始,只有"在路上"我们才有希望。

总结性述评

很多年前,有一位学大提琴的年轻人去向20世纪最伟大的大提琴家卡萨尔斯讨教:我怎样才能成为一名优秀的大提琴家?卡萨尔斯面对雄心勃勃的年轻人,意味深长地回答:先成为优秀而大写的人,然后成为一名优秀而大写的音乐人,再然后就会成为一名优秀的大提琴家。人格之学也能给我们一点启示,就是,先得成为一个完善人格的人,去成为社会有积极意义的角色。

人格之学,不仅是关于人格知识系统的完善,而应在现实的情境中去践行。无论是丰满自己的修为,还是提高自己的素养,最难的是如何在生活中落于实际。很多人可以朗朗上口地讲一大套理论,也有人可以笔下如有神助般刻画出自己理想的模样,但是,如何在行动中落实自己的理想才是关键。能够以积极的态度看待他人,乐观的态度对待困难和挫折,对他人有一种由衷的喜欢,对生活有一种持续积极的态度,这样的人才是具备完整人格的人,也是国家和社会所期望的人。

至于本章谈及的人文素养,学人文的意义在于修身养性。对此的理解并不会成为我们的障碍,我们还应该知道,学习人文是如何能做到修身养性和有利于社会与个人的,我们从内心和谐、创造能力和自我实现三个方面谈及人文素养于个人的意义,我们也谈及了人文素养的提升培养所应注意的方式。希冀能通过人文素养的提升,改变我们的性格,提升我们的情操,提高我们的品味,最终找到安身立命之所,达成我们的内心和谐。

无论是人格之学,还是人文素养,都是为内心和谐和完美生活做铺垫的。人格之学也好,人文素养也好,都不能只空谈,我们需要多看些书籍,学点知识,但是不能仅仅当作知识来学,尤其是不要借此炫耀,而要在里面体悟人生,实现我们的生命价值。或者我们可以用范仲淹的名句来结束本章:"先天下之忧而忧,后天下之乐而乐。"有了这

---

① 朱平、张敏、姚本先:《日韩高校思想政治教育比较研究及启示》,《黑龙江教育》2007年第11期。

种精神,就会对生命意义和价值有充分的认识,才能将完整人格的理想以及人文素养的希冀落实到鲜活的生活里。

复习思考题

1. 请结合实际分析健全人格对于我们的意义。
2. 请结合实际分析影响健全人格形成的因素有哪些?
3. 外在的社会文化如何影响一个人的人格塑造?
4. 什么是人文素养?为什么我们要丰富自己的人文素养?
5. 如何提升和培养自己的人文素养?
6. 如何理解"和谐是人文素养的首要价值"?
7. 结合马斯洛的需要层次理论,谈谈如何理解"自我实现是人文素养的终极价值"?

第4章
健康：我们须直面的问题

如果用"10000000000"来比喻人的一生，其中"1"代表健康，各个"0"代表生命中的事业、金钱、地位、权利、快乐、家庭、爱情、房子……纷繁冗杂的"0"充斥了人们的生活，"1"常常被忽略，但"1"一旦失去，所有的浮华喧嚣将归于沉寂。

 章节引语

"我得的是抑郁症，而且是很严重的抑郁症，重度。"2005年3月，借着《艺术人生》崔永元向他的观众说出了他离开《实话实说》的缘由。崔永元是极少公开说出自己有这种病的人，他不但说了而且语出惊人："得抑郁症的基本都是天才！"

崔永元话音尚未落定，4月10日著名画家陈逸飞59岁逝世，似乎是为"天才"做出的一个注脚。如果按图索骥，春节前短短4天内，清华大学相继有两位年龄不到45岁的教师"突然"死亡：1月22日晚，36岁的清华大学电机系讲师焦连伟突然发病去世；4天后的1月26日中午，46岁的清华大学工程物理系教授高文焕，因肺腺癌不治与世长辞。接着就是中国社科院学者萧亮中，猝死时年仅32岁。再早前，还有去年均瑶集团总裁王均瑶英年早逝；爱立信中国区负责人杨迈猝死在跑步机上。而和他们关联的词是：过劳死、亚健康状态、心力衰竭、心理危机。而将他们的社会身份加以串联，尽管未必是"天才"，但大多是学者、科学家、知名人士、艺术家、企业家、高级经理人，他们所代表的是成功、财富、名誉、智慧，他们是社会的中坚力量，是这个社会的精英分子，他们是强者，是胜利者，但是，这些光环的另一面却往往是软弱的真相。很多人经过多年的奋斗，终于置身精英行列，同时却发现自己也成了"精英症"患者,面临精神、身体的双重危机。

来自北京零点有限责任公司的市场调查是针对北京大公司的白领精英的。零点公司采用专门的心理学测评工具"枯竭量表",调查415位北京"白领精英",以评估他们的心理疲劳程度,如果达到3级就意味着心理疲劳非常严重,身心健康正在受到严重的威胁,而最终结果是心理疲劳程度在等级3及以上的人数比例达到了61.4%,心理疲劳的表现是:容易疲倦;缺乏精力;容易生病;脸色不好,与家人或朋友的沟通越来越少;容易忘事;容易忧虑、发愁;有迷失感,难以开心快乐,易急躁、发脾气。

来自美国《财富》杂志(中文版)和北京易普斯企业咨询服务中心的调查是针对中国高级经理人的,有1576位高级经理人参与了调查,调查内容包括个人的压力状态(包括心理健康和身体健康)、心理衰竭水平、压力来源、压力应对方式以及对心理调适的看法等,结果是70%的接受调查者感觉到压力的困扰。

——资料整理自南香红、师欣:《精英症》,《南方周末》,2005年5月5日。

如果有人问你最近身体怎么样,可能你会回答说,"我很好,很健康"。虽然你的生活每天充斥着仓促和忙乱:繁重的工作压力下,你需要一杯接一杯地喝着咖啡或汽水来提神,你的抽屉里塞满了饼干、糖果之类的小零食,这些都是忙碌时你的午饭替代品,晚上你回去躺倒在舒服的大床上,甚至没有力气为自己准备一顿像样的饭菜,外卖成了你的首选。入睡前,你想起了老板曾说有件事需要你去处理,但这些天他却不言不语,"是我的表现让老板不满意了吗?""明天我要不要主动问问老板呢?"你心中充斥着紧张与不安,辗转反侧到天明,却还要带着"熊猫眼"强打起精神开始新的一天的工作。你很少锻炼身体,总是抱怨没有时间去健身,但让你暗自窃喜的是,比起同龄人,你的身材算得上是苗条匀称。你总是会为无穷无尽的工作任务费心伤神,焦虑忧愁,但你秉持"有压力才会有动力"的信念,坚信这是走向成功的必然。你很自信你是健康的,因为即使这样的仓促和忙乱,你的身体没有任何病痛。但是,事实真是如此吗?

没病就是健康是我们多数人仍持有的一种错误观念,这与健康医疗领域长期对"没病"和"健康"作出明确区分以及大众在健康心理学知识方面的匮乏都是息息相关的。世界卫生组织(WHO)对健康做出了这样的定义:"健康,不仅指一个人没有症状或疾病表现的状态,而且指有良好的生理、心理状态和社会适应能力。"庆幸的是,这样的理念被越来越多的人认知和接受,人们开始关注"没病"状况下可能潜在的生理病变和心理不适。健康不再仅仅是没病,而是即使偶尔生病,依然能全面使用自己的身体和头脑保持警觉、精力充沛、生活愉快。21世纪是一个素质化教育的时代,健康的体魄、技能、健全的人格、创新思维与良好的社会适应性是一个人成就事业与获取幸福的必需。正确认识健康、保持强壮的体魄和积极的心态,是新时代个人发展的需要,亦是国家和社会的需要。

第一节　生　理　健　康

一、生理健康不止关乎个人

你认为自己的身体是健康的,即使有那么一点小毛病,你也毫不在乎,因为你认为身体是自己的,想怎么样就怎么样,就算将来有点病痛,那也是自己在承受,与他人毫不相关。所以,你心安理得地继续着你混乱、忙碌的生活。如果你抱着这样的信念,那么,先看看下面的故事吧,它会给你一些启发的。

2007年12月,胡阿姨突然大出血,到医院检查后发现是"卵巢绒毛膜上皮癌"。胡阿姨从没听说过这个癌症,丈夫更不懂,最后医生告诉他们是癌症,胡阿姨夫妇才反应过来。他们去医院时带了2 000块钱,以为最多住院几天,没想到接下来的是上万元的手术费。

一开始得知自己得了癌症,胡阿姨不想治,她很要强,比癌症更让她受不了的是给别人添麻烦。但是,全家人都忙乎起来,母亲让家里的兄弟姐妹凑钱,让胡阿姨做了手术;丈夫做一些搬运的零工,有几十块几百块的收入,大大小小都交给她,攒着治病;居委会也帮她申请了医保,每次化疗都可以报销一些钱。胡阿姨觉得自己很幸运,有这么多人帮助。目前,胡阿姨已经做了肿瘤切除手术,医生说有残留的癌细胞,所以还在做化疗。

之前做手术,是家里人凑的钱,其实也就是问朋友借,再给胡阿姨。除了背了一笔债务和更多的人情,现在化疗的费用也是家里一笔沉重的负担。做化疗一次大概3 000元,医保报销500元,剩下的还是个大数目。目前居委会正在帮胡阿姨申请低保,以减轻负担,但胡阿姨心里还是很难受,她不想拿低保过活,总盘算着等自己病好了,一定要去工作。

像胡阿姨这样的故事绝不是特例,报刊、电视媒体中类似的报道铺天盖地:某父母为了治疗孩子的身体疾病,十几年来住在摇摇欲倒的危房里,每餐都是咸菜加稀饭;某孩子为了照顾重病在床的父母,才8岁的柔弱肩膀过早挑起了生活的重担;某离异夫妻为了脑瘫孩子的医疗费用闹得不可开交……据2010年全国妇联5月15日发布的《中国和谐家庭建设状况问卷调查报告》显示,家庭作为一个经济、社会和情感的共同体,在日常生活中会出现各种冲突,遇到各种问题和困难,影响家庭和睦关系。其中,子女教育费用、收入较低和家人生病是家庭生活面临的三大困难。家人的医疗照顾负担成为家庭面对的主要困难之一,这与媒体的反映是不谋而合的。

现在,你还能抱着"身体是我自己的,我想怎么过就怎么过"的观念继续日夜颠倒、仓促忙乱地生活吗?既然是群体的一员,你无法脱离你的家人、亲人和朋友而生活,那么,你的生理健康就从来不止关乎你一人。

二、生理健康:标准是什么

生理健康就是人体生理上的健康状态。我们认为没病就是健康的,还有一个原因在于我们对自己身体过于自信。"身体是自己的,只有自己最清楚它的状况"是很多人都抱有的一种信念。的确,每天我们从自己的沐浴、梳妆打扮以及家人、朋友的反馈中获取大量的关于身体的反馈信息,比如长胖了、变瘦了、长高了、成熟了、更漂亮了,等等。所以,我们觉得自己对身体有相当准确的了解,也最有资格评价自己的身体状况。在评判上述观念之前,我们觉得有必要先介绍一些生理健康的相关概念以及相关知识。

1. 身体形象与身体理想

身体形象(body image)是指一个人对自己身体所形成的心理意向,包括对自己身体的感觉,以及对自己身体满意或不满意的程度。每个人都会不自觉地感觉自己,注意自己的外表,并根据社会大众的普遍认可的一些观点对自己的身体形象做出评判。如果评判的结果是满意的,就会喜欢自己,悦纳自己;如果评判的结果是不满意的,就会厌恶自己,一心想改变自己。而问题是,社会大众普遍认可的一些观点也许并不一定正确,这就导致了一系列并不利于人们身体健康的行为出现。当生活充斥着"虽然我只有40公斤,可是我的脸还是有点婴儿肥,我需要再努力节食一把""为了像宋慧乔一样美,我不介意医生在我脸上割上几刀""这个年代,人工美女同样是美女"的思想,当各种瘦身中心、减肥门诊、美容医疗如雨后春笋般涌现在大街小巷,想想,人们都会以何种标准来看待自己的身体?

台湾医师崔秀倩在一篇文章中提到,西方文化近三四十年提倡"苗条才是美"的审美观后,出现了更多饮食疾患的患者,国外的统计资料显示,有3%—5%的人有饮食疾患,其中女性占了九成。某康健杂志刊登了文章《当女儿想跟蔡依林一样瘦》,文章对当前青少年对自己身体形象的不满意表达出一种忧虑,同时又一针见血地指出导致这一情形出现的重要原因:电视、杂志、广告、网络就像一面面魔镜,告诉少女们谁是世界上最美丽的人。先创造了只有少数人能达到的完美标准,再让她们相信努力改善以符合这个形象是自己的责任,因为你做得到(You can make it)。

身体理想(body idea)是指一个人形成的对理想身体的意向。然而,狂轰滥炸式的广告媒体正在为大众塑造一种扭曲的身体理想:女性的标准是苗条修长、纤瘦骨感,男性则是由健壮的上半身和较小的臀部构成的"V"形身材。为了追求这样的理想身体,厌食症、运动过度征、贫血、营养不良、抑郁症、躁狂症等频频出现在众多为美不顾一切的人群中,人们的身体免疫系统被破坏,各种身体疾病蜂拥而至,严重者甚至付出生命的代价。超女王贝就是一个鲜活的例子:2010年11月15日上午,超女王贝和母亲走进了武汉某整形医院,一心求美的她万万想不到,等待她的居然是死神的降临。母女二人都是接受面部磨骨手术(颧骨、下颌角),两台手术先后进行,王贝先做,上午11时左右,悲剧发生了,在进行下颌角手术中,由于主刀医生操作不当,致使下颌手术部位出血,血液通过王贝喉部进入气管,造成王贝窒息,由于磨骨手术是在全麻状态下进行,等到医生意识到问题的时候,王贝已经处于休克状态,慌了手脚的医生赶紧将该病人秘密转移至武汉161医院进行抢救,但遗憾的是,由于耽搁的时间过久,经抢救无效,于11月15日下午宣布王贝死亡。

由主流文化形态主导的对理想身体的追求,虽然在各个不同的人生阶段会有所改变,但主体思想都不外乎是人们希冀自身能保有一定程度的吸引力。然而,实质上很多人对理想身体的追求常常是与实际情况有差异的。纤瘦骨感并不一定是所有男性的最爱,标准的V形身材也不一定就能赢得所有女性爱慕的眼光。正如老话所说,"萝卜青菜各有所爱",你的身体理想并不就意味着他人对你期望的理想身体。何况,你还可能需要为某些错误的身体理想付出身体健康上的沉重代价。

正确的身体理想形成,应该是:懂得悦纳自己,可以是身材丰腴的杨贵妃,也可以是瘦弱小巧的赵飞燕。美国纽约某医院推行的健康减重计划应该也能给你一些启发:在减重的过程中,不要斤斤计较体重机上的数字,而是学习"LEARN"(即 life style, exercise, attitudes, relationships 和 nutrition)。也就是提倡透过生活模式、运动、对自己身材的态度、人际关系及营养的学习及转变,达到平衡的身心健康状态。

2. 环境问题与免疫系统

环境污染是导致人们产生身体疾病的主要根源之一,这一点已是大众皆知了。污水、废弃物、垃圾、噪声、食品安全、核辐射等有关新闻频频成为各大新闻报刊、电视媒体的头条。2011年3月11日,日本发生9.0级地震,伴随而来的几大核电站的核辐射泄露,让全民陷入核辐射恐慌,这种恐慌甚至波及周边的一些国家。而这种恐慌主要源自人们对自身健康状况的担忧。在搜狐网上一期名为《核辐射离我们还有多远》[①]的专题报道中,详细解释了在接受辐射后,人体健康将会受到的一些影响。

——接受中等程度的辐射将导致辐射病。它有一系列症状:在接受辐射的几小时之内,人会出现恶心与呕吐,随后可能经历腹泻、头痛和发烧。在最初症状之后,人体可能会在一段时间内不再显示任何症状,然而往往在几周之内,又有新的、更加严重的症状发生。

——如果接受高等程度的辐射,以上所述的所有症状都可能立即出现,并伴

---

① 资料来源:《核辐射离我们还有多远》,搜狐网,http://news.sohu.com/s2011/2919/s27981621/,最后浏览日期:2015年6月3日。

随着全身性的、甚至可能致命的脏器损害。

——最大的长期健康风险是癌症。通常当体细胞受损或老化到一定程度时，它们会自我消除。当这种自我消除的能力消失时，细胞获得"永生"，可以不受控制地不断地分裂，这就演化成癌症。我们的机体有许多机制来阻止细胞癌变，并替换受损的组织。然而辐射所带来的损害可以严重搅乱机体中的这些机制，从而让癌症风险大大提高。此外，如果机体不能很好地修复辐射带来的对化学键的破坏和改变，我们的基因里有可能会产生突变。这些突变不但增高自身的癌症风险，还有可能被传递下去，使得辐射的作用在子孙身上展现出来。这些作用包括较小的头部与脑部、眼部发育缺陷、生长缓慢和严重的认知学习缺陷。

类似核辐射这样的环境污染，环境学家、医学家、医疗保健者、环保促进者，甚至政府部门都对此投入了极大的关注，也积极采取各种措施最大努力地减少它们对人类健康的破坏性影响。这些广为人知的人体健康破坏性污染源，主要是通过破坏人体的免疫系统，削弱人们对疾病的抵抗力而威胁到人们的身体健康的。免疫系统（immune system）是生物体内一个能辨识出"非自体物质"（通常是外来的病菌），从而将之消灭或排除的整体工程之统称，它对我们的身体起到防护作用。免疫系统受损的人，比起其他人更难以抵抗疾病的侵袭，当新一轮流感来袭时，他总是第一个成为流感源。

然而，科学技术发达的今天，医学专家和健康专家提醒我们，要更加注重身心的交互作用，重视某些社会环境和心理环境对人体健康的破坏性作用。在一篇名为《描述健康的节目：观众看、说和做什么》的报告中，作者葛本纳、摩根和席格尼瑞利等人指出，黄金时段节目在所有关于吃的镜头中，吃零食的比例为39%，吃正餐的比例为42%，而且零食多为高热量食品。而当时的社会现状是，45%的美国人受到肥胖问题的困扰，但电视中的人物低于6%的男性和低于2%的女性有肥胖问题。而且在电视的描述中，并不把大量吃零食与肥胖联系在一起。我国一些专家学者也开始关注到这一问题，在《电视批判》这一独特的探索电视文化栏目中，某期有关电视广告对青少年影响的探讨中，特邀嘉宾孙宏艳指出，有些广告词确实在传播一种错误的、低级的理念，例如，"肥胖不能吸引人""我的梦想是长高"等。这些理念对某些儿童是歧视的，会给他们带来心理上的隐性伤害。也可以想见，除了心理上的伤害，这些广告词还可能会让他们采取一些错误的方式去塑造这样的身体形象，导致自己的身体健康受损。

另一个可能损害我们身体健康的因素是心理环境。心理环境对身体健康的破坏力实质上是以免疫系统为中介的。明确地说，心理环境可能并不会直接带来疾病，而是通过削弱我们的免疫系统，从而给我们带来身体疾病。一个心情抑郁的人因为痛苦、悲观、绝望，会食欲减退、入睡困难，长此以往，身体免疫系统的功能会减退，慢慢地就导致体重减轻、睡眠障碍，进而甚至引发厌食症、神经性衰弱等一系列疾病。

据美国《洛杉矶时报》报道，无论是在小说中还是电影中，"忧郁"和"心碎"两个词往往相伴左右。而一项研究显示，"忧郁"确实有可能让人"心碎"。

一项为期25年的研究显示,人的心情、思想和心脏之间存在某种关联,长期心情不好易导致心脏疾病。研究数据显示,有过抑郁症病史的人在一生中患心血管疾病的概率是普通人群的2倍。这意味着,抑郁症超过高血压、吸烟和糖尿病等因素,成为心脏病发病的"最强烈信号"。

因心脏病接受外科手术后,患者显现临床抑郁症状的概率比其他病人高2到3倍。而在手术后显现抑郁症状的患者在1年内死亡或者再次患病的概率是未患抑郁症患者的2到3倍。对另一些研究者而言,心脏和心情之间的关联似乎更加简单:抑郁症造成的沮丧、无力、睡眠质量差等后果使人们不愿从事运动,生活习惯恶化,开始吸烟、酗酒,对医嘱产生抵触情绪,致使心脏病发病率上升。

3. 生理健康的标准

了解了以上与生理健康息息相关的概念及知识,我们的目的并不是让你盯着那些可能导致你身体疾病的影响源忧心忡忡。大多数的时候,我们都基本达到了狭义上的生理健康标准:躯体没有病理改变和机能障碍,循环、呼吸系统、机体的各个器官、关节活动和肌力都达到最低正常水平,免疫系统能有效减少流行性疾病发生的危险性。但是,从广义上的生理健康标准看,我们大多数人是需要努力的,广义上的生理健康除了狭义上的健康达到一定水平,还与敏捷性、速度、肌肉的耐受性和收缩力息息相关,要求机体能更好地从事职业与娱乐方面的生理活动。这也就是世界卫生组织在1948年针对生理健康提出的十项标准。

(1) 有充沛的精力,能从容不迫地应对生活和工作的压力而不感到过分紧张。
(2) 处事乐观,态度积极,乐于承担责任。
(3) 善于休息,睡眠良好。
(4) 应变能力强,能适应环境的各种变化。
(5) 能够抵抗一般性感冒和传染病。
(6) 体重适当,身材匀称,站立时头、肩、臀位置协调,走路时,身体感觉轻松。
(7) 眼睛明亮,眼神反应敏锐,眼睑不发炎。
(8) 牙齿清洁,无龋齿,不疼痛,牙龈正常,无出血现象。
(9) 头发有光泽,无头屑。
(10) 肌肉丰满,皮肤富有弹性。

现在,比对一下吧,你的生理是不是处于健康状态呢?

三、需要警惕的生活方式病

控制了战争、饥饿、疾病、环境危害对健康状况的侵袭后,由不良生活方式导致的身体疾病开始在大部分发达国家以及像我国这样的发展中国家蔓延。席卷全球的美国快餐饮食是不良生活的典型代表。高脂肪、高热量的快餐食品、零食小吃让美国成为肥胖现象最为普遍的地方,美国马萨诸塞州一家医院的专家厄波特指出有64%的美国人超重或者极度肥胖,美国每年有30万例死亡与肥胖有关[①]。2007年11月7日,为了提高全民健康意识和健康生活方式行为能力,有效控制心血管疾病、糖尿病、慢性呼吸道疾病、癌症等主要慢性病的危害及其危险因素水平,我国卫生部疾病预防控制局、全国爱卫会办公室和中国疾病预防控制中心共同发起了以"和谐我生活,健康中国人"为主题的全民健康生活方式行动,其中一个重要的举措就是将每年的9月1日作为全民健康生活方式日,不断强化人们的健康意识,长期保持健康的生活方式。

1. 生活方式与健康知觉

生活方式是指人们在衣食住行、爱好、业余活动、风俗习惯等方面的行为和方式,以及由此产生的对待现实生活的心理状态。每个人都有自己的生活方式,选择了什么样的生活方式,也就意味着这个人保持着什么样的生活习惯。是吃低热量、高纤维的中式套餐还是吃高热量、低纤维的西式快餐,是听轻柔悦耳的轻音乐还是听动感聒噪的摇滚乐,是早睡早起的规律作息还是日夜颠倒或连续几天不眠不休,是喝纯净无刺激的白开水还是喝含糖、有兴奋作用的饮料,这就是你选择的不同生活方式。有些人会说,"走自己的路,让别人说去吧",这种人固执地认为,生活是自己的,喜欢怎么样过就怎么样过,只要不妨碍、不伤害到其他人,别人就无权干涉。事实上,的确如此。然而,站在对生命负责的角度,你所选择的生活方式与你对生命的态度、对自己健康的责任却是直接联系的。因为,站在健康的角度,生活方式确实有健康和不健康之分(见表4-1)。

表4-1　健康与不健康生活方式的对比

健康生活方式	不健康生活方式
坚持运动	少运动或不运动
作息规律	作息紊乱
充足睡眠	睡眠不足
饮食清淡、控制食量	高蛋白、高热量、高脂肪的"三高"食物
营养均衡	营养过剩或不良
拒绝烟酒	过量吸烟饮酒
情绪积极乐观	精神压力过大

著名心脑血管病专家洪昭光教授指出:"许多疾病与不健康的生活方式有很大关系。"你还能够无动于衷的继续某些错误的生活方式,任由你的生命在脂肪、酒精、尼古

[①] 转引自《美国每年有30万人死于因肥胖引起的疾病》,新华网,http://news.xinhuanet.com/newscenter/2002-06/18/content_445840.htm,最后浏览日期:2015年6月3日。

丁中消散吗？看看我们为你列出的健康与不健康生活方式的对比（表4-1），检测一下你目前是不是在继续着一种不良的生活方式。

生活方式的选择与一个人的健康状态有着极为密切的关系，每个人或多或少都了解这个道理，但一些人选择了关注，一些人却选择了漠视。这与健康知觉有关。健康知觉是一个人对自己的健康状况以及造成这种状况的影响因素的认识。健康知觉有程度区分。有些人能很敏感地了解自己的健康状态，积极地寻找与这种状态相关的因素，并采取一定的行动；有些人却在这一方面表现得非常的迟钝，往往到重大疾病爆发才意识到自己的健康出了问题，还对为什么出现这些问题茫然无绪。健康知觉与一个人的个性、对健康的态度、相关知识的储备量、生活环境等都有关系。

2. 几种常见的生活方式病

当通宵达旦沉迷于网络世界时，当开着私家车上下班时，当在餐桌上推杯换盏时，当在酒吧里灯红酒绿时，当斤斤计较体重秤上已经低得或者重得让人咋舌的数字时，要小心，你可能已经患上了"生活方式病"了。生活方式病是发达国家在对一些慢性非传染性疾病进行了大量的流行病调查研究后得出的结论。这些慢性非传染性疾病的主要病因就是人们的不良生活方式，包括疾病有：肥胖、高血压、冠心病等心血管疾病，脑卒中等脑血管疾病，糖尿病以及部分恶性肿瘤。这些疾病都是现代医学还难以治愈的，严重地危害人们的生命和健康。现在，生活方式病已被世界卫生组织列为21世纪威胁人类健康的"头号杀手"，下面是一些常见的生活方式病。

（1）肥胖。肥胖是指体内的脂肪数量过多，通常定义为超出适合某人身高、体格和年龄的理想体重。现代医学已经证明，肥胖与高血压、糖尿病、中风、肝胆疾病、睡眠障碍以及某些癌症等疾病直接相关。一般来说，超重越多，风险也就越大。与体重正常者相比，肥胖者因各种因素致死的风险增加了50%—100%[①]。目前，肥胖问题已经超越成人这一范畴，在儿童和青少年群体中频频出现，基于它的危害性，一些医学专家预言，肥胖将成为21世纪威胁人类健康和生活满意度的最大杀手。肥胖并不一定完全就是饮食引起的，"喝口水都要长肉"和"怎么吃都吃不胖"的例子并不鲜见。一些社会和心理因素也可能导致肥胖，比如，总是和那些胃口特佳、进餐速度又快的人一起吃饭，你也会不知不觉吃得更多；总是面对色香味俱全的食物会让你丧失更多对食物的抵抗力，即使有时候你已经不需要再进食了；心情愉悦的时候，并不能达到你饮食标准的食物也会品尝起来有滋有味。当然，更多的超重者往往都还是因为吃得过多和缺少锻炼造成的。抵制肥胖的最佳方法，一是改变饮食习惯，少吃高糖、油腻、油炸类食物，多吃新鲜蔬菜、水果、豆类食品，定餐定量，每餐以七八分饱为宜。二是多做运动。饮食习惯的改变很多时候只是控制你的体重，要想减轻体重，就要坚持定期锻炼。运动锻炼对健康促进的作用下面我们还会详细提到。

---

① ［美］达菲·阿特沃特：《心理学改变生活（第9版）》，邹丹、张莹等译，世界图书北京出版公司2011年版，第72页。

(2)烟酒滥用。过度的吸烟和喝酒会带来心脏、呼吸、肝脏及其他与健康有关的问题。医学研究表明,吸烟会导致患心脏病、肺癌、肺气肿、口腔癌、喉癌、膀胱癌、胰腺癌以及其他致命疾病的概率直线上升,过量饮酒是导致营养不良、肝脏受损、交通意外事故的重要原因之一。有关烟酒滥用对健康危害的认识,这一点,已不需要过多强调。然而,目前全世界仍然存在数以亿计的尼古丁拥簇者和酒精依赖者,并且这些人群呈现出明显的低龄化趋向。这固然与尼古丁和酒精对人的生理成瘾性有关,更与烟酒上瘾者习惯性的心理依赖以及对社会环境的弱抵抗力有关。在青少年一代中,吸烟喝酒被认为是时髦、潮流的象征之一,为了不失面子,很多人很早就染上了这些恶习。庆幸的是,越来越多的人开始意识到烟酒的危害,并努力做出改变。报刊、电视媒体大量的有关烟酒滥用危害的宣传正对越来越多的人起到预防和警示作用。

(3)美容过度。这一现代生活方式病包括过度节食、过度运动、护肤品依赖、整容依赖、紧身裤综合征、时髦鞋综合征、首饰病、挎包病等具体病症。常见于女性群体。为了追求所谓的骨感美,很多女性过度节食,每餐以少量水果和蔬菜替代正餐,导致营养不良性贫血、神经性厌食症、萎缩性胃炎、内分泌紊乱等身体疾病。而一些人崇尚的运动减肥又偏激走向运动过度,使身体超负荷,导致胸闷、气急、晕厥甚至猝死。为了追求外表的靓丽,长期着紧身裤、穿高跟鞋、尖头鞋、佩戴繁重的首饰、单肩挎包的女性在大街上遍目即是,而由此可能导致的骨骼发育畸形、足部神经受压迫、血液流畅不畅、皮肤性感染、颈肩疼痛等健康隐患却被忽视。

(4)颈椎病。伴随着网络技术的广泛运用,越来越多的长期伏案工作者成为颈椎病的高发人群。与颈椎病相伴随的眩晕、头痛、上肢麻木等症状如果长期得不到缓解,可能会进一步导致肌肉萎缩、无法自由行动、剧烈疼痛等严重危害人们身心健康的症状。颈椎病的产生与一些颈部外伤有关,但更多时候,它是源于人们生活中不良姿势所导致,如长时间在计算机前工作、躺在床上看书、看电视、高枕、座位睡觉等。颈椎病可以通过日常生活行为来预防,如在连续工作1小时后休息10分钟左右,可以利用两三分钟做做关节运动,有条件还可以到室外做适当的运动,如做广播体操;在需要长期伏案工作时,保持桌面与身体在同一水平线上,如果是对电脑工作,尽量使电脑屏幕顶端高度略低于眼睛的视平线,理想的位置是电脑屏幕中心应在眼睛视线下方约20度的地方,这样有利于你保持坐姿端正。

(5)睡眠障碍。目前,睡眠障碍已经成为一个世界性的健康问题。据报道,美国的失眠发生率高达32%—50%,英国10%—14%,日本20%,法国30%,我国也在30%以上,其中更是有50%的学生存在睡眠不足问题。由睡眠障碍导致的抑郁症、2型糖尿病、睡眠性高血压、睡眠呼吸暂停综合征等生理疾病以及高交通事故率其出现频率已经到了让医学专家咂舌的地步。大部分的睡眠障碍主要源于人们不良的生活方式:日夜颠倒的作息、过量的咖啡和茶、晚餐的饱食、长期缺乏的身体锻炼、选择充满噪声的睡眠环境、睡前满脑子第二日的工作安排或往事的回忆……要摆脱睡眠障碍,大部分时候只要适当的一些自我调节,对生活方式做一些调整就可以做到了,关于这点,下面我们会有较为详细的介绍。

上面列举的仅是五种常见的现代生活方式病，事实上，由吃穿住行导致的这样的病症还有很多很多。你，留意了吗？

四、健康促进方式

社会物质生活条件的极大提升以及受教育程度的普遍提升，使人们越来越关注自己的健康问题，当你问什么是生活里最重要的事情的时候，很多人会告诉你首要的就是有一个健康的身体。然21世纪人们面临着不同于20世纪以疾病感染为主要原因的健康挑战，以生活方式因素（吸烟、酗酒、超重、不规律生活、长期伏案工作等）为主要诱因的健康隐患以更隐蔽的方式持续危害着人们的生理健康。健康促进与保持成为很多人嘴边的谈料。健康促进（health promotion）意味着发展一般的策略和特定的战略来消除或减少人们患病的风险。当肥胖症、颈椎病持续地带来生理上的疼痛时，你需要接受一定的药物治疗或寻求相应的社会支持，而更多的时候，你只需要改变你的生活方式，就可以很好地预防这类疾病的爆发。

1. 药物治疗的主动决策

曾经有媒体报道过翁文辉的医疗事故，涉及滥用检查、给患者用不该用的药等问题。翁老先生住院两个月，花费数百万元。且不说这样的"天价账单"的荒唐可笑和给病人家庭造成的经济负担，这里我们从另一个视角来看看。当病人接受这样大量的用药时，我们想他只是一个简单的"被告知者"，理由是为了他的康复，他并不知道这些药都是用来干什么的，也无法评判自己是不是真的需要这些用药。很多医务工作者总是抱着这样的信念，病人并不需要懂得这些，只要给他们效果就可以。这是一种误解。站在健康促进的视角，人们需要拥有药物治疗时的主动决策权，也就是说，对自己的健康和健康护理能拥有更多的自我控制：在做出治疗决定时，能成为决策的一员；在治疗过程中，能够提出自己的问题，获得答复并对答复做出评判。并且随着人们受教育程度的提高，自我保护意识的提高以及享有的选择自由越来越大，多数人其实是有着这种强烈的内心需求的。这不是对医务工作者的一种挑衅（当然，诸多抱怨和不合理要求除外），而是对自己的健康负责。以合作的方式积极主动地参与自己的健康护理，配合医生的工作，但保留好自己咨询、质疑、商策等权利，有利于双方形成为了康复而合作的工作联盟。这对医务工作者来说，其实也是一种福音，被动治疗的患者往往消极忧虑，不利于疾病的康复，而被告知自身问题并能够积极参与治疗决策的患者往往更可能监控自己的康复过程，并遵循双方协商好的治疗方案。当然，当患者的病情严重到一定程度，无法参与这些决策时，其亲属可以代替他参与某些决策。

2. 改变你的生活方式

前面我们已经多次提到，新世纪由于不健康生活方式带来的生理伤害已经超越了传统的疾病感染成为疾病爆发的主因。所以，选择一种健康的生活方式就成为健康促进的必然。以下仅强调三种促进健康的方式。

第一，合理饮食。由于肥胖、过度节食等带来的致病案例呈不断上升趋势，因此促进健康的重要方式之一就是坚持合理饮食。合理饮食包括合理用餐和均衡饮食。俗话说："早饭要吃好，午饭要吃饱，晚饭要吃少。""常带三分饥，饭吃七分饱。"这都是基本的合理用餐准则。此外，在进餐的顺序上，营养专家建议，最好先喝小半碗汤或小半杯新鲜果汁，接下来吃蔬菜，然后吃成分较为复杂的肉、鸡蛋、奶酪等，这样既可以让人合理利用食物的营养，又能够减少胃肠负担，从而达到健康饮食的目的。均衡饮食包括摄入人体生存所必需的一些营养物质，如碳水化合物、脂肪、蛋白质、矿物质、维生素、水等，虽然由于体格、性别、活动量差异等因素，人们对这些营养物质的需求量并不相同，但毋庸置疑的是，它们都是个体生长发育的物质基础，是机体活动、生长发育的源泉，缺一不可。但站在健康促进的视角看，医学专家和营养专家还是提出了如下建议：多吃富含水分的食物，蔬菜和水果是首选；少吃高蛋白、高脂肪、高热量的"三高"食物；保持饮食的清淡，忌过油、过咸、过甜、过辣。

第二，充足睡眠。我们已经知道睡眠障碍可能给健康带来的危害，那保持一个睡眠习惯，保持充足的睡眠就显得极为重要了。如果你存在睡眠不足的毛病，下面这些小建议也许能帮到你：

（1）建立良好的睡眠习惯。通过建立一个睡眠-觉醒节律，养成一个属于你的"生物钟"。减少在床上进行与睡觉无关的活动，如看书、看电视、吃零食等。

（2）养成良好的生活习惯。如晚餐要清淡，不宜过饱，且进食时间不宜太晚，离入睡3—4个小时最为合适。忌饮夜茶或者咖啡，睡觉前不宜做过于紧张和兴奋的事，特别是看恐怖电影或者玩刺激性过大的游戏。热水浴、泡脚、性张力的解除有利于神经松弛，能促进睡眠。

（3）坚持一定的体育锻炼。体育锻炼无论是对身体还是心理都有很强的优化作用，这会在后面专门提到，对于睡眠来说，一定的体育锻炼有利于促进高水平的睡眠，这是得到了充分的科学验证的。

（4）构建一个适宜睡觉的环境。居住场所要保持通风通气，有安全感，卧室温度要适宜，要注意光线的强度，特别是居住在街道边或者是倒班工作人员，要使用加厚窗帘，将光线隔离，构建一个舒适的睡眠环境。

（5）保持良好的心态。努力活在当下，不要让头脑塞满过去痛苦的回忆或者未来悬而未决的事情，在入睡前尽量清理自己的愤怒、委屈、嫉妒和伤心等负面情绪。

第三，坚持运动。关于运动对健康促进的作用，早在古希腊时期人们就有了深刻的认识，在埃多斯山崖上古希腊人留下了这样脍炙人口的箴言："如果想强壮，跑步吧！如果你想健美，跑步吧！如果你想聪明，跑步吧！"不过，关于运动对健康的促进，同样要建立在合理的基础上。

3. 其他方式

除了选择更为健康的生活方式甚至是选择药物治疗外，你还可以通过以下方法实现健康促进。

首先，获得社会支持。积极与他人交往，将你的反应、想法和感受与你的家人、朋友、同事分享，寻求他们的安慰和建议，来自他们的社会支持会比你一个人孤独地承受要健康得多。医学研究表明，来自家庭成员、朋友同事、医护人员以及病友团体和社工的支持可以有效缓解乳腺癌患者的不良情绪、促使她们采取积极的应对方式、提高患者的生存质量和抵抗力。

其次，寻求专业人员的建议。如果你无法应对某些健康问题，可以试着向学校或社区健康部分受过训练的专业人员需求建议。有些问题，所以是生理上的，可能却隐含了某些心理隐患，有些心理问题，又可能会给你带来预想不到的生理疾病。来自专业人员的建议可以让你未雨绸缪，及时发现一些潜在的问题，并获得专业性的帮助。

再次，自我调适。促进健康最大的努力来自你自己。保持健康的生活方式、对成功和快乐充满信心、允许自己感受和表达情绪、控制和调节好情绪、乐观地对待挫折、做自己爱做的并且健康的活动……这些都是有利于身心健康的一些自我调适方式。

第二节　心　理　健　康

一、心理健康：标准是什么

早在半个世纪之前，著名的心理学家荣格(Carl G. Jung)就提醒人们，要防止远比自然灾害更为严重的心理疾病的蔓延。确实，社会的变迁、生活的压力，通过各种各样的方式在精神上折磨着许许多多的人们，许多人处于精神崩溃的边缘。苦闷、焦虑、孤独、紧张、忧郁、愤怒等负面情绪就像幽灵一样在我们的精神世界游弋，致使杀人、自杀等事件充斥着大众眼球。越来越多表面看上去一切正常、健康阳光的人，心里的压力与日俱增，最终做出危害国家、破坏社会、毁灭自己的事。而人们对心理健康知识的忽视与无知，更是进一步加剧了这些现象的出现频率。我们认为，所有人都有必要了解什么是健康的心理，什么是不健康心理，从而避免错误的思想、观念导致的对他人的伤害或自我伤害。

关于心理健康，一直是一个仁者见仁，智者见智的问题。一般认为心理健康的人都能够善待自己、善待他人、适应环境、情绪正常、人格和谐。再具体一点表达就是：心理健康的人并非没有痛苦和烦恼，而是他们能适时地从痛苦和烦恼中解脱出来，积极地寻求改变不利现状的新途径；他们能够深切领悟人生冲突的严峻性和不可回避性，也能深刻体察人性的阴阳善恶；他们是那些能够自由、适度地表达和展现自己个性的人，并且和环境和谐地相处；他们善于不断地学习，利用各种资源，不断地充实自己；他们也会享受美好人生，同时也明白知足常乐的道理；他们不会去钻牛角尖，而是善于从不同角度看待问题。

1. 中国传统文化中体现的心理健康标准

生活环境的差异使人们对心理健康标准的认可有一定的差异。那么,是否存在基于中国文化倡导的心理健康的标准呢？事实上,中国文化中没有"心理健康标准"一说,但是相关的思想在诸子百家的文字和历代文人大师的著作中可以找到相关的痕迹,有的心理健康的思想甚至已内化为中国人的集体潜意识,例如孔子视仁德之君子为理想和谐的状态,而孟子则视"明心见性"的大丈夫为理想的标准。

通过对古代文卷的研究还可以读到古人对心理健康的一些描述,如坚强的意志,刚毅不拔、日进不息的进取精神,如《易经》中描述:"天行健,君子以自强不息。"描述君子的还有例如:"三军可夺帅也,匹夫不可夺志也。"孟子的传世名言之一:"富贵不能淫,贫贱不能移,威武不能屈。"这些言辞都传达着古代中国对健康心理的一种期待,或者说是一种标准。古代的心理健康标准还有一个就是能自律、反省,独立自信。"君子求诸己,小人求诸人"。在孟子看来,君子就是一个心理健康的标本,正是因为君子能自得于心性,故而能自信,能恰如其分地把握好人际关系,故而"君子深造之以道,欲其自得之也。自得之,则居之安；居之安,则资之深；资之深,则取之左右逢其原,故君子欲其自得之也。"聂世茂在研究《内经》后总结出九条标准,即:(1) 经常保持乐观心境,"心恬愉为务""喜怒而安居处";(2) 不为物欲所累,"志闲而少欲""不惧于物";(3) 不妄想妄为,"谣邪不能惑其心""不妄作";(4) 意志坚强,循理而行,"意志和则精神专直,魂魄不散";(5) 身心有劳有逸,有规律地生活,"御神有时""起居有常";(6) 心神宁静,"恬淡虚无""居处安静""静则神藏";(7) 热爱生活,人际关系好,"乐其俗""好利人";(8) 善于适应环境变化,"婉然从物,或与不争,与时变化";(9) 涵养性格,陶冶气质,克服自己的缺点,"节阴阳而调刚柔"[1]。

学者邓云龙[2]从中国文化解读出了健康心理的四条标准:知己知彼、反应适当、真实和谐以及悦纳进取,并认为中国以人道和实践为基本原则,既鼓励采取接受现实、积极地看待人生,同时也提倡"刚健有为,自强不息"的精神特质,较为全面地反映了中国古代文化中关于心理健康标准的阐述。

2. 现当代中西方关于心理健康标准的一些观点

近当代因为社会的变迁造成的各种心理问题,引起了国内外学者的关注,纷纷基于各自的文化背景和研究重心提出了相关的心理健康的标准。其中我国较为有影响力的心理健康的标准有王登峰、张伯源提出的八项指标:了解自我,悦纳自我；接受他人,善与人处；正视现实,接受现实；热爱生活,乐于工作；能协调与控制情绪；心境良好；人格完整和谐；智力正常,智商在80分以上；心理行为符合年龄特征[3]。学者颜世

---

[1] 转引自夏海鹰、吴南中编:《心理学与健康生活》,外语教学与研究出版社2011年版,第20页。
[2] 邓云龙、戴吉:《心理标准的中国文化解读尝试》,《中国临床心理学》2010年第1期。
[3] 转引自夏海鹰、吴南中编:《心理学与健康生活》,外语教学与研究出版社2011年版,第20页。

富也提出了十二条标准：智力正常；有安全感；情绪稳定；心情愉快；意志健全；适应能力强；人际关系和谐；人格完整和谐；睡眠正常；生活习惯良好；心理和行为与年龄相符；能够面对现实，乐于工作、学习、社交；对自己有充分的了解，并做出恰当的评价。

台湾学者黄坚厚提出的四条心理健康标准也较有影响力，具体如下所述。第一，心理健康者有工作，而且能够把本身的智慧和能力，从其工作中发挥出来，以获取成就，他乐于工作，能够从工作中得到满足。第二，心理健康者有朋友，他乐于与人交往，能和他人建立良好的关系，而且在与人相处时，正面的态度常多于反面的态度。第三，心理健康的人对于他本身有适当的了解，并进而能悦纳自己，他愿意努力发展其身心的潜能，对于无法补救的缺陷，也能安然接受，而不作无谓的怨尤。第四，心理健康者能和现实环境保持良好的接触，对环境能做正确的、客观的观察，并能够做健全的、有效的适应，他对生活中各项问题能以切实的方法处理，而不企图逃避。

下面，我们再来看看西方一些著名心理学家对心理健康标准又有着怎样的观点。

弗洛姆(Fromm, E.)关于健康社会性格的描述：自信、独立自主、现实、完整、自发、爱和创造、以给予和分享为乐、感受对生活的热爱和敬重，脱离幻想，认识自我，不贪婪，不想入非非，不崇拜偶像，有能力克服自卑，不骗人，也不受骗，不幼稚，沉着稳重，无论命运如何，在生命过程中都要轻松愉快。

奥尔波特(Allport, G. W.)提出了心理健康的六个标准：力争自我的成长；能客观地看待自己；人生观的统一；有与他人建立亲睦关系的能力；人生所需要的能力、知识和技能的获得；具有同情心，对生命充满爱。

库布斯(Combs, A. W.)提出的心理健康者的四个特征：具有积极的自我观念；恰当地认同他人；面对和接受现实；主观经验丰富，可供取用。

在西方学者中关于心理健康标准研究最有影响的要算是美国心理学家马斯洛和米特尔曼提出的心理健康的十条标准，它被认为是"最经典的标准"。这十条标准是：(1) 充分的安全感；(2) 充分了解自己，并对自己的能力作适当的估价；(3) 生活的目标切合实际；(4) 与现实的环境保持接触；(5) 能保持人格的完整与和谐；(6) 具有从经验中学习的能力；(7) 能保持良好的人际关系；(8) 适度的情绪表达与控制；(9) 在不违背社会规范的条件下，对个人的基本需要作恰当的满足；(10) 在不违背社会规范的条件下，能作有限的个性发挥。

有关研究者又把上述十条标准总结为"六大维度"：自我意识正确；人际关系协调；性别角色分化；社会适应良好；情绪积极稳定；人格结构完整。

通过上述对中西方有关学者对心理健康标准的描述，可能你已经发现，其实我们不管按何种依据制定心理健康标准，各类心理健康标准的内含仍具有共同性，即主要从心理过程(知情意)、人格个性、社会适应等方面界定心理健康，并不可避免地渗透了本文化倡导的主流人生观和价值观。中国传统文化重视人内心世界的和谐，重视心理的平衡统一，强调个人与自然、社会保持和谐的关系，当内心发生矛盾冲突时，强调以"克己"的方式求得调和与平衡，不太重视表达和宣泄。而西方心理健康，强调的是以自我为核心，重视个人的成长、潜能的发挥，尊重个体的独特性和创造性，重视直接的表达和宣泄。

心理健康从本质上来讲是一种状态，是一个个体经历着平衡—不平衡—平衡的循环过程，是一个动态的发展过程，如果只对心理健康状态进行静态的分析，那此种健康也仅仅是"低层次的"或者说是"庸常的"，并不是我们所追求的心理健康。这里我们强调一下马斯洛关于心理健康标准十条中的后两条，因为很多人对此并不甚明白，甚至误读它们。心理健康不是仅仅是一个属于个体的问题，还应该注重社会性，社会是在不断变化发展的，人的心理会随着社会的动态发展而变化。我们都生活在人群之中，无法摆脱一个"个性"服从"共性"的问题。如果某个人总是在夜深人寂的街头引吭高歌，在安静的图书馆大声喧哗，相信，他得到的只会是"神经病"这样的别人的愤慨之声。所以，一个心理健康的人应该是一个正常的、符合社会发展需要的社会道德规范、强调和维护他人利益的人。此外，人的欲望是无止境的，就像古代的君王，已经拥有无限的荣华富贵，却还是心心念念的想要得到所谓的"长生不老药"，甚至为此大开杀戮，这样的人，也是心理不健康的人。我们说，一个心理健康的人还应该是在遵守社会道德规范下能有节制地适当满足个人基本需要的人，同时又能因为那些未能完全满足的需要而从心理上保持一股继续追求劲头的人，当然，这种追求不能是贪婪的、不合理的。

二、不容忽视的"心灵杀手"

随着社会的发展，升学、就业、住房等压力的增大，心理疾病发病率越来越高，发病人数逐年增加，发病年龄越来越低。据资料显示，在现代各年龄阶段的人群中，有80%的人存在不同程度的心理问题、心理障碍、人格缺陷或习惯性不良行为。早在几年前，就有专家惊叹："心理疾病时代"即将到来，人类已由躯体疾病时代进入心理疾病时代，心理疾病将是21世纪不容忽视的"心灵杀手"。

1. 心理疾病及其常见症状

心理疾病，是指一个人由于精神上的紧张、干扰，而使自己思维上、情感上和行为上，发生了偏离社会生活规范轨道和现象。心理和行为上偏离社会生活规范程度越厉害，心理疾病也就愈严重。

心理疾病不完全等同于"精神病"。首先，心理疾病患者可以清楚地感觉到自己某方面的不正常，并没有丧失判断能力，行为大多能够自我控制；再者，病人自我感觉十分痛苦，但往往又不被他人理解；有强烈的求治欲望，大多数病人就诊各个医院；病情具有反复性、多变性和不稳定性。具体讲，心理疾病具有以下特点：(1)病人病前均有相应的性格缺陷；(2)起病有一定的诱发因素常在某一精神打击或心理压力下患病；(3)患者能感觉到自己正一步步走向"误区"，但常常难以摆脱；(4)病人本身十分痛苦，且疾病本身不为常人理解；(5)大多数患者的主动求治欲强烈；(6)需要在医生指导下付出一定代价,即主动与医生配合方可彻底治愈;(7)患者的自知力比较完整。

身体不适是件让人痛苦的事,但得了感冒以后大家都能意识到去内科看病、腿疼去看骨科,而有些不适,如失眠、精神不振、疼痛、全身不适、烦躁等,却不知该去哪里治疗,四处奔走、检查、找中医,犹如患了疑难杂症。其实,很可能就是心理疾病。心理疾病复杂多样,与平时大家所认为的心理疾病即为精神疾病不同。以下症状属心理疾病范畴,应该注意进行自我调节或去看心理医生。

(1)睡眠障碍。入睡困难、早醒、多梦、易醒,醒后不能再入睡、夜惊、夜游、梦魇(经常被噩梦惊醒)。

(2)情绪障碍。持续的心情低落、消极观念、兴趣减退、身体不适或消瘦、话少、活动减少;或情绪高涨、高兴愉悦甚至欣喜若狂及易恼怒、脾气急躁、言语多、自我评价高或夸大、行为鲁莽、睡眠减少而精力充沛。

(3)应激相关障碍。由强大的精神刺激或持续不断不愉快处境导致抑郁、焦虑、害怕情绪,警惕性增高、失眠、过分担心,遇到与刺激相似境遇感到痛苦。

(4)精神障碍。思维特殊,有时逻辑推理荒谬离奇,或言语中心思想无法琢磨、行为异常、自言自语、表情淡漠、疏远亲人、生活懒散,部分病人有敌意、冲动,此类病人多不认为自己得病。

(5)焦虑障碍。莫名其妙的紧张、恐惧、坐立不安,不时心慌出汗,症状突然出现、突然消失、症状出现前不可预测。

(6)强迫障碍。有明知没必要却控制不住的情绪、观念和动作,如反复询问、反复想一件事情、反复洗手、反复检查、重复做某一动作,患者对此痛苦不堪,却无法摆脱。

(7)恐惧障碍。患者对某种环境、任务或物体产生强烈的恐惧,自己知道过分害怕不合情理,但不能克服,多用逃避方式应付恐惧。

(8)疑病障碍。过分关注自己的身体健康,多担心或相信自己患某种严重躯体疾病,反复就医检查。医生解释和医学检查的阴性结果不能打消其顾虑,即身体有某种器质性病变,也不能解释患者所诉症状的性质和程度。

(9)疼痛障碍。持续、严重的疼痛,疼痛不能用生理现象或躯体疾病作出合理解释,情绪冲突或心理社会因素直接导致疼痛的发生。经检查未发现疼痛相应的躯体病变。

(10)神经衰弱。精神易兴奋却又易疲劳,多表现为紧张、烦恼、易激惹及肌肉紧张性疼痛和睡眠障碍。

(11)进食障碍。神经性厌食,多伴有神经性呕吐,多表现在爱美的青少年女性身上。为降低体重故意限制饮食,回避可导致发胖的食物,自我诱发呕吐、自我诱发排便、过度运动或服用利尿剂,导致厌食、消瘦、闭经、虚弱。神经性贪食。反复发作和不可抗拒的摄食欲望及暴食行为。有担心发胖的恐惧心理,常采取引吐导泻、禁食等方法消除暴食引起的发胖,神经性贪食者常有神经性厌食病史。

(12)器质性精神障碍。有明确的躯体疾病或脑部疾病。如冠心病、糖尿病、慢性支气管哮喘、肝脏疾病、慢性肾衰竭、脑血管疾病等。实验室检查异常,结果充分。同时伴有智力下降、记忆力减退、个性改变、意识障碍,以及兴奋、躁动、胡言乱语、易喜易怒、情感脆弱等。日常生活、人际交往、工作、学习能力受损。

(13)性心理障碍。阳痿早泄、性冷淡、异装癖、恋物癖、窥阴癖、露阴癖。

2. 主要的心理疾病

(1)焦虑。生活中,我们可能会出现这样的情况:上台演讲或表演节目时,有的人会手脚发抖,头脑发晕,说话结结巴巴;见异性、领导或陌生人时,有的人会紧张不安,心跳加快,脸部发红……所有这些表现,都可以视为一种焦虑反应。在日常生活中,当面临应激或危险时,我们每一个人都会感到担忧、害怕或焦虑。在大多数情况下,这些情绪反应是正常的,如果反应过分强烈,或体验到与事实不相符合的反应时,就可能产生危害。当你出现上面提到的反应,或者经常无缘无故地出现无明确对象或无固定内容的紧张害怕,提心吊胆,就可能患了焦虑障碍。

焦虑是指"一种内心不安或恐惧,预期即将面临不良处境的一种紧张情绪,表现为持续性精神紧张、担忧、不安全感或发作性惊恐状态。而引发焦虑的原因,则是人们预感到不利情景的出现而产生的一种紧张、不安、担忧、恐惧、不愉快等的综合情绪体验"[①]。

现代社会,有为买房焦虑的,有为买车焦虑的,有为找工作焦虑的,也有为换工作焦虑的。而当你别的什么都不去想,一个人淡定地坐在电脑跟前时,谁料此刻电脑屏幕一黑,系统死机,这让你刚才的淡定瞬间转变成烦躁,这叫做"信息焦虑",属于现代焦虑症候的一种。

美国著名的心理学家罗洛·梅在《焦虑的意义》一书中梳理过一番人类的"焦虑史"后,得出结论,焦虑是伴随人类社会的发展一起发展的。人们有焦虑的感觉,这是人类文明的一种常态,而不是病态。在罗洛·梅看来,它不过是"个人主义"在当今资本主义语境下的一种隐喻。这种隐喻的含义是,在人不断遭受物质"异化"过程中,个人的心理与现实社会之间产生"疏离",给人带来强烈的不确定感和恐惧感,从而产生焦虑。说简单点,人们活得焦虑,是因为对于周遭这个充满了不确定性的社会,缺乏必要的安全感。

(2)抑郁。当今社会,人们学习、生活压力剧增,一些性格内向、内心脆弱的人常常因为某些问题,如家庭矛盾、工作困难、人际关系紧张等诱发产生一种持久的心境低落、冷漠、悲观、失望等负性情绪状态,严重时甚至有人悲观绝望、痛苦难熬、生不如死,通过自杀来了结自己的生命。这个时候,很多人其实患上了一种叫做抑郁的心理疾病。抑郁常以情绪低落为主要特征,表现为闷闷不乐或悲痛欲绝,持续至少两星期,另外还需伴有以下症状中的四项:①对日常生活丧失兴趣,无愉快感;②精力明显减退,无原因的持续疲乏感;③自信心下降或自卑,或有内疚感;④失眠、早醒或睡眠过多;

---

① 转引自夏海鹰、吴南中编:《心理学与健康生活》,外语教学与研究出版社2011年版,第20页。

⑤食欲不振,体重明显减轻;⑥有自杀或自杀的观念或行为;⑦注意力集中困难或下降;⑧联想困难,自觉思考能力显著下降。

如果人们出现了这些抑郁症状还是任其发展下去,就可能会严重到发展成为抑郁症。抑郁症是由各种原因引起的以抑郁为主要症状的一组心境障碍或情感性障碍,是一组以抑郁心境自我体验为中心的临床症候群或状态。抑郁对我们的健康构成严重威胁,因此必须高度重视,及时治疗。

我们说一个人有点抑郁,一般是指他的情绪,但抑郁不仅仅是对一个人的情绪发生影响。抑郁是一种弥漫性的心理状态,它持续时间比较长,可以影响我们日常生活中的种种行为。可以说,抑郁是一种情绪的混乱。比如有可能导致心情低落而丧失食欲,体重下降;有可能会导致睡眠问题的发生,甚至严重失眠或嗜睡;有可能导致疲惫不堪,甚至有身体要垮掉的感觉,做什么事都提不起劲。抑郁也会影响一个人的思维,它不仅仅使一个人思维迟钝,还会让人产生无助感。

一些研究者对抑郁与身体疾病进行了研究,得出如下结论[①]:第一,一些生理疾病,如冠心病、哮喘、头痛都和抑郁有关,抑郁会增加肾上腺激素和肾上腺皮质激素的分泌量,导致免疫系统功能降低,从而使个体更容易患病,此外,长时间的厌食、不好的饮食习惯、缺乏锻炼、疲惫以及睡眠紊乱都会诱发疾病;第二,由于疾病导致的极度紧张也会诱发抑郁症,例如,当腰部慢性疼痛超过 2 年时,通常会导致严重的抑郁症;第三,抑郁是对个人危机,以及个人危机应对失败的一个重要反应,一些失意的人,如失业的人、破产的人、婚姻失败的人会更多的出现抑郁的情况;第四,情绪抑郁的人在生活中经受的打击可能更多一些,并且这些人的私人资源和社会支持也比没有抑郁症的人少。

(3)耻感和罪感。耻感就是觉得自己可耻的一种心理感受,它是人类进入文明阶段后,人类才有的感觉。产生耻感的原因有很多,如高考落榜、曾经犯罪、习惯性手淫、少女受骗失身等行为,他们共同的表征是有了"脸红了"的时候,深层特征是懂得了什么是可做的正当事、美好事,什么是不该做的事或者丑事。

罪感即犯罪感,罪感的来源也较多,一般分为以下三种[②]。①违禁性罪感,每一种文化都有自己的禁忌,违反禁忌的人是要受到惩罚的。违禁性罪感源于害怕惩罚,它是社会惩罚的内在化,实际上是一种自我惩罚。②自我背叛性罪感,这个罪感来源于背离自己已经确立的价值体系,如果自我行为偏离了既定的人生目标和践踏了自己的最高价值,由此而产生的自我背叛的情绪,感觉自己背离了生活的航向。很多名人的忏悔录便是罪感的产物。③妄想性罪感,继发于妄觉或情绪等心理过程障碍之后产生的贬低、否定自己的情绪障碍。有妄想性罪感的人经常坚信自己活着会给他人乃至整

---

① [美]P·L·赖斯:《压力与健康》,石林、古丽娜等译,中国轻工业出版社 2000 年版,第 79 页。
② [美]布兰农:《健康心理学——行为与健康导论(英文版)》,影印本,北京大学出版社 2007 年版,第 44 页。

个社会带来危害或损失,自己犯有不可饶恕的罪行。

耻感和罪感都属于较为高级的社会性情感,通常和社会文化传统有较大关系,不同文化体系下的耻感和罪感有较大的区别。当然,人类有很多共同的耻感和罪感,通常耻感比罪感出现的年龄较早,如大人嘲笑小孩的光屁股的时候,小孩就开始发展自己的耻感了。

耻感和罪感都是一种内化的自我惩罚。不同的是耻感是自我认为自己的行为不光彩,为社会所不齿,一旦自己的行为被外界所知,就会被社会孤立和抛弃,是一种社会性厌恶的内化;而罪感是社会性惩罚的内化,认为自己犯了罪,因为害怕被社会惩罚,所以死死地保守秘密,同时在精神上进行自我惩罚。

心理学家弗洛伊德提出,罪感是神经症行为一个最为潜在根源。他认为,所有的神经症患者都有明显的或深埋的罪感。这些罪感通常与早期的创伤性经历相关。创伤性经历,有些是一些重大事件,如无意中使他人致残、致病、致死,有时候却可能只是一些常人看来不起眼的小事,如突然的惊吓、谩骂。这些创伤性经历多半源于早期,因为这时候人的思维、理智和情感都还处于发展状态,容易在人心理形成伤害。如母亲对不小心烫伤的孩子一顿臭骂,虽然是因为内心充满爱护、关怀、心疼而导致行为上的口不择言,但孩子却不能理解这背后蕴含的情感,记忆中留下的只是惧怕、愠怒和对自己无能的耻感。如果这种情感不断沉淀,就会在成人后并不能因为理解母亲的良苦用心而被剔除。

耻感和罪感积累起来,就会给我们背上一个沉重的包袱,久而久之,就会给身心健康带来消极的影响。比如,一个在父母过度保护下的孩子,父母认为这个也危险,那个也难做,全一手包办,甚至当孩子尝试去做的时候,也大加阻止。日久天长,这个孩子会认为自己是一个这也不会做,那也做不了的人,会变得越来越自卑,越来越有耻感和罪感。再比如,有的父母经常骂孩子智力低下,这样的情感经过多年的积累后,就会慢慢地泛化:从表面上看他是对这种责骂和痛苦能够忍耐了,实际上他可能产生了过度反应,当有其他人说他智力低下的时候,就将痛苦和愤怒发泄到那个人身上,有的时候甚至对整个社会产生仇恨。

当然,耻感和罪感是人们文明发展的标志,是道德感的重要组成部分,一个人也必须有起码的耻感意识,在不文明、不道德、不正义的行为面前有远离感、憎恶感,对自己的不正当、不正派之事有自羞感、自愧感。如果一个人毫不顾忌脸面,做了坏事错事也无动于衷,那么,人性中恶的一面就会无限的膨胀。正如一位学者所言:心有内疚的人,大半是有心的人,善良的人。所以,只要我们的耻感和罪感不过度膨胀,就不会影响到性情,成为病态。

三、健康心理:来自自我和外在的双重调适

说了这么多,也许你现在对自己的生活会充满不确定感,感觉生理的疾病总是不

时地侵蚀着你,而心理疾病也正像感冒病毒一样潜伏在你身边,随时会吞噬你的健康。不用担忧和害怕,要保持身心的健康,其实并不难,只要你做好来自自我和外在的双重调适,拥有身心健康就会轻而易举。

1. 积极的自我调节

心理健康从根本上说还得要自己维护和调节,最主要的是要有积极的自我概念和心理健康的意识。有位哲人说过,自己把自己说服了,是一种理智的胜利;自己被自己感动了,是一种心灵的升华;自己把自己征服了,是一种人生的成熟。但凡说服了、感动了、征服了自己的人,就有力量征服一切挫折、痛苦和不幸。一切外部的帮助都是间接的,即便是心理医生,也只能做到"助人"。因此,我们每个人都应善待自己,帮助自己,掌握一些心理调节的方法,维护自己的心理健康。

(1) 采取积极的态度和方式对待自我。古人训:"人贵有自知之明""天生我材必有用",相信具有某些优势的自己只要努力,完全能和别人一样获得成功。我们要学会悦纳自己,既能看到自己的优点,也能接受自己的不足,这样可以增强自信,避免自卑、紧张和不安全感。然而总有人"把世界看错了,反说它欺骗了自己"。很多人由于认知上的偏差带来各种心理问题、心理困惑,甚至心理疾病。因此,只有正确认识自我、接受自我、扬长避短地发展自我、完善自我,才能不断提高自己的心理成熟度,并体现自身的价值。只有以积极乐观的心态面对一切,待人、处事、接物都懂得随缘,才会自在。简言之,我们要拥有一种"化繁为简,见素抱朴"的心态。当遇到困难挫折的时候,下面几点建议也许能给你一定的帮助。

一是,继续努力,这是最常见的一种应对方式,也是一般人遭受挫折后的首选反应。

二是,调整目标,这是一种理性的反应方式。在现实生活中我们之所以做事半途而废,往往不是因为难度较大,而是觉得成功离我们太远,确切地说我们不是因为失败而放弃,而是因为倦怠而失败。

三是,替代行为,这是寻求新的目标来替代原来的目标,借以补偿原目标未能实现所造成的心理压力。

美国康奈大学的威克教授做了这样一个实验:他把一个瓶子平放,瓶底冲着光源,然后抓了几只蜜蜂放了进去,蜜蜂一个劲地朝着光源的方向飞,不断地碰壁,最后累得奄奄一息停在瓶底一侧。他又抓了几只苍蝇放了进去,但没过几分钟苍蝇都飞出来了,因为苍蝇不仅向着光源的方向飞,而且它们各种方向都去尝试,虽然免不了多次碰壁,但最终还是杀开一条血路飞出来了。

在日常工作、生活、学习中,人不能一条道跑到黑,因为"三百六十行,行行出状元"。在这个世界上,当你不知道该怎么办的时候,选择顺其自然也许是最佳的选择。同样地,人在生活中无所适从的时候,选择顺其本性也许不失为聪明之举。再者,就是莫让小事成负担。在日常生活中,有些小事,若不在意也就无事,如果过于留意,它们反而会成为问题,成为我们生活的负担,凡事应顺其自然,不必过于苛求。

(2) 面对压力或挫折,采取合理宣泄的方式进行自我保健。培训大师卡耐基说过:"生活就像一面镜子,你对它哭,它就对你哭;你对它笑,它就对你笑。"同时,心理学研究也表明,如果自己的情绪长期得不到合理宣泄的话,日积月累形成了潜在的能量即"情感势能",这种能量一旦超越个体所能承受的限度,就会出现"零存整取"的后果。情绪的宣泄可以从"身"和"心"两个方面着手。"心"的方面如在适当的环境下找人倾诉,将心中的烦恼和委屈向亲朋好友诉说后,会使人感觉心里轻松多了,或者在适当的环境下放声大哭或大笑、大喊,或者给自己写日记或写信。"身"的方面如体育运动、逛逛街买点自己喜欢的东西等,还可以出门旅游,在大自然中使自己的情操得到陶冶。你会发现:生活中并不是缺少美,对于我们的眼睛,只是缺少发现。

(3) 自我放松、自我减压。你可以采取适合自己的方式来进行自我放松、自我减压。可以聊天,没有固定话题的聊天可以营造一种轻松的气氛,从而使紧张的心情得到放松;也可以上网聊天,有则手机短信说得好:"出东海,落西山,愁也一天,喜也一天,遇事不钻牛角尖,人也舒坦,心也舒坦。常与知己聊天,古也谈谈,今也谈谈,不是神仙似神仙,但愿你快乐每一天。"话中有很多调侃的味道,但这就是聊天功效;还可以看电影或听音乐,进行体育锻炼等,如散步、慢跑、游泳和骑车等,呼吸新鲜空气,会让人信心倍增,精力充沛,从而消除紧张焦虑,与其将不满的情绪深埋心底,不如用有效的途径使自己忘记烦恼。你甚至可以闭上眼睛,想象一下在明月清风中散步,花香袭来,微风拂面的感觉,想象着你正驾着一叶轻舟,轻轻地飘荡在明净的湖水中,此时此刻,你会顿觉安详、宁静与平和。

(4) 学会放弃,要懂得放弃有时候也是一种美。古人说道:"君子有所为有所不为。"人生的历程就是不断选择的过程,选择就要有所取舍,选择与放弃是同时并存的。人生有太多让我们心动的东西,让我们想去追逐。但实际上我们不能全部拥有它,假如我们偏偏不愿正视这个现实,就必然会引起许多不必要的烦恼,像先进、模范、评职、提干等,有时不一定会全满足我们的心意,为什么我们有时候就是提不起放不下呢?原因就是我们还没有学会放弃,还没有体会到放弃也是一种美。有这样一则小笑话,也许能给你一些启示。有一只狐狸,看围墙里有一株葡萄树,枝上结满了诱人的葡萄,狐狸馋涎欲滴,它四处寻找进口,终于发现一个小洞,可是洞太小了,它的身体无法进入,于是它在围墙外绝食六天饿瘦了自己,终于穿过小洞,幸福地吃上了葡萄。可是后来它发现吃得饱饱的身体,让它无法钻到围墙外,于是,又绝食六天,再次饿瘦了身体,结果,回到围墙外的狐狸仍旧是原来的那只狐狸。其实,在生活当中,该有多少人为了"得"而无谓地"失"呢?得与失是互为辩证的:得多少,相应也就失去多少,说到底,吃到了与没吃到的都是那只狐狸。人也如此,享受到与没享受到都是你自己。现实点讲,无论干什么都要适可而止,把握有度,干力所能及的事,不要过于强求自己,力不能及也要为之,于人无益又不利己。何必给自己增添不必要的烦恼和压力呢?

2. 专业医务工作者的参与

我们每一个人在遇到心理问题时最先采取的一般都是自我调节。当自我调节没有奏效时,不要惊慌,我们可以向亲朋好友求助,通过与自己信赖的人倾诉、交谈来缓解精神压力、心理负担。事实上,有相当一部分的心理问题在求助这个环节就被解决掉了。如果自我调节和求助还不能有效地解决问题,这就要进入解决心理问题的第三个阶段——寻求专业心理咨询者的帮助。到了这个阶段,需要接受医生治疗的群体必须要克服"耻感"问题,不能被"耻感"挡住自己求医的步伐。

接受心理咨询在国外已成为人们生活的一部分,也是人们生活质量得以改善和提高的衡量标准之一。美国有30%的人定期看心理医生,80%的人会不定期去心理诊所。而在中国,接受心理医生咨询治疗的人数比例不到5%。最近的一个调查数据更让人感觉痛心:93%的有自杀行为的人从未看过心理医生!

一个人身体有病,上医院视为理所当然,但有心理问题,找心理专家却要藏着掖着,害怕别人知道后说自己"有神经病"。这就是受中国传统观念的影响,传统力量还表现在大部分中国人不习惯把"隐私的东西"向外讲,以至于"讳疾忌医"。

事实上,心病,比躯体疾病对人的危害更大,它不但会伤及自己,还会殃及家庭,更可能危及社会。心理咨询可以通过专业的指导教会你如何全然地观照自己,以获得对自己更深刻的认识,看到自己从未曾注意过的一面,从一个更新的层面上获得领悟。台湾学者王连生认为:"心理咨询是一种帮助人们自我指导的高度艺术,是一种有爱心,有技术的专业,在心理咨询工作者与咨询对象的合作过程中,促进咨询对象的身心健康发展。"

从心理学的角度讲,心理咨询是指心理师运用心理学的原理和方法,帮助求助者发现自身的问题和根源,从而挖掘求助者本身潜在的能力来改变原有的认知结构和行为模式,以提高对生活的适应性和调节周围环境的能力。心理咨询这一概念有广义和狭义之分,广义概念,它涵盖了临床干预的各种方法或手段;狭义概念主要是指非标准化的临床干预措施。也就是说,广义的"心理咨询"这一概念,包括了"狭义的心理咨询"和"心理治疗"这两类临床技术手段。

心理咨询借助语言、文字等媒介,给咨询对象以帮助、启发、暗示和教育的过程。心理咨询可以使咨询对象在认识、情感和行为上有所变化,解决其在学习、工作、生活、疾病和康复等方面出现的心理问题与障碍,促进咨询对象的自我调整,从而能够更好地适应环境,保持身心健康。为了达到沟通的及时性、真实性,心理咨询常常要求求询者和咨询工作者在咨询室中进行面对面的交谈。对于那些心理适应属于正常范围的人来说,咨询所提供的全新环境可以帮助他们认识自己与社会,处理各种关系,以便更好地发挥人的内在潜力,实现自我价值。对于那些由于心理问题而遇到麻烦的人,可以在心理咨询的帮助下,逐渐改变与外界格格不入的思维、情感和反应方式,并学会与外界相适应的方法,提高工作效率,改善生活品质。

具体地说,心理咨询可以在以下方面帮助人们。

(1) 建立新的人际关系。一名真正富有成效的心理咨询师理应具有健全的心理特征,能够以来访者为中心,并且掌握丰富的人类行为知识和一套熟练的帮助别人的技巧,这就为心理咨询师与求助者之间建立一种不同以往的新型人际关系创造了条件。在与心理咨询师的关系中,求助者可以直抒胸臆而不必顾虑破坏性的后果,他们的冒险或失败都不必付出任何代价。在咨询中,他们可以做出过激的或冷淡的情绪反应,心理咨询师常常用积极的态度去回应,促进求助者做出新的建设性的积极反应,并成功地运用于其他人际交往中。

(2) 认识内部冲突。心理咨询可以帮助求助者认识到,大部分心理困扰是源于自己尚未解决的内部冲突,而不是源于外界,外部环境不过是一个舞台,内心冲突就在这个舞台上面展开。

(3) 纠正错误观念。求助者通常确信他们十分清楚自己需要什么和在干什么,而实际上并非如此,他们不过是在以种种非理性观念自我欺骗,心理咨询促进他们对自己的错误观念进行认真思考,代之以更准确的理性观念。

(4) 深化求助者的自我认识。心理咨询师引导求助者进行自我探索,当人们真正认识了自己时,他们也就认识了自己的需要、价值观、态度、动机、长处和短处,而一旦认识了自己,就可以随时根据自己的情况规划自己的人生。

(5) 学会面对现实。前来咨询的人一般很善于逃避现实,往往会花很多时间来回味过去、计划未来,话题总离不开昨天和明天,回避现在。求助者不仅通过躲避现实以减少自己的焦虑,并总想按照自己的愿望摆布现实,而且还经常想方设法求得周围人的支持以利于他们逃避现实。咨询师促使其认识到这一点,引导其面对现实。

(6) 增加心理自由度。大多数前来寻求心理咨询的人至少在一个相当重要的方面缺乏心理自由度,心理咨询师协助他们给自己的心理以更大自由的机会,接受矛盾和不完美。

(7) 帮助求助者做出新的有效行动。只有协助求助者采取导致欲望的合理而有效的行动,才能减少内心烦恼。心理问题的要害,不在于求助者控制不住自己的思想和情欲,而在于求助者不通过有效行动去改变或满足自己的情欲。控制思想和情欲很难,控制行为比较容易,我们为什么不选择容易的去做呢?

总结性述评

中国梦是什么呢?我们理解的中国梦就是将社会的理想和个人的理想恰当地融合起来,转化为人的精神动力和行为实践,在实现梦想的征途中找到个人的价值。显然,这种奋斗不是脱离社会的奋斗,也不是违背身体健康的奋斗。恰恰相反,奋斗的基础,就是健康。有位哲人说过,活着的人要活在健康里,人的一生不管是取得极大的成就,还是一事无成,他至少得履行自己的社会职责,完成家庭义务。

生理健康展示一个人蓬勃的朝气,心理健康突出一个完整的人格。让我们拥有真正的健康,在各种得失之间找准平衡,在草木一生光景里定位人生。你要知道:使父母平安,颐养天年;使子女快乐,健康成长;使社会和谐,稳定进步,这些都是你的职责。由此而论,健康,就不止是你个人的问题。所以时刻关心自己的健康,就显得尤其重要。

复习思考题

1. 结合本章所学知识和生活实践,如何评述"身体是自己的,健康与否与他人无关"这句话。
2. 哪些生活方式病是我们需要警惕的?
3. 什么样的心理才是健康的心理?
4. 如何才能保持健康的心理?
5. 心理咨询可以帮助人们解决哪些心理问题?

第5章
幸福：它离我们有多远？

人们爱上幸福之前，先在哪里见过幸福？的确，我们有这幸福；但用什么方式占有的？那我就不知道了。一种方式是享受了幸福生活而幸福，一种是拥有幸福的希望而幸福。后者的拥有幸福希望当然不如前者的享受幸福实际，但比既享受不到也不抱希望的人高出一筹；他们的愿意享福是确无可疑的，因此他们也多少拥有这幸福，否则不会愿意享福的。

——奥勒留·奥古斯汀(Aurelius Augustinus)

 章节引语

老耿叔，为人厚道、耿直，年轻时，由于早年丧父，家境贫困，娶妻就成了难事。一直到四十多岁，才娶到了一个傻乎乎的媳妇。傻妻，给他生了一男一女，女儿大，尚属正常，后来也嫁给了本村人。儿子小，晚年得子，老耿叔疼爱得很，于是，就给他起了个惹人怜爱的名字"宝宝"。可是宝宝长到十几岁，纯然成了一个傻子，而且傻得够呛。一个人，傻乎乎的，终日在大街上乱跑，见到女孩，就追着打；见到成年的男子，就大声地喊"爸爸"。为了不给村里人添麻烦，老耿叔就总是把儿子带在身边。他走到哪儿，傻儿子就跟到哪儿，傻儿子成了老耿叔不离不弃的"尾巴"。

傻儿子，在后面，不停地喊着爸爸；老耿叔，在前面，乐颠颠地走着。成了村里的一道风景。

可傻儿子实在是太"捣乱"了，常常给村人带来麻烦。老耿叔没有办法，恰好那一年他在村西买了一片荒地，于是，就在荒地上盖了一所简陋的茅屋，带着他的傻妻和傻儿，搬到茅屋中居住了。

老耿叔在荒地周围扎起了篱笆，开垦，种植了菜蔬和各种各样的果树。菜蔬吃不了，他就上集卖。几年下来，果树，也次第结果了。春天里，他卖香芽、卖樱桃；夏天里，他就卖麦黄杏、卖桃子；进入秋天，他就卖苹果。一年里，总能在集市上，见到卖东西的老耿叔。老耿叔喜欢喝点酒，所以，每次见到他，总会看到他的脸上红润润的，色彩里，透着一份自足的幸福。有人来到老耿叔的果园边，老耿叔看到了，就在果园里吆喝一声："接着了"。于是，几个果子，就扔了出来。村里人，吃遍了老耿叔的果子。

有一次，我去老耿叔的果园，老远，就听到了悠悠的京胡声。走近老耿叔的茅屋，他正拉得入迷，傻儿子在旁边，瞪大眼睛，听得专心极了。见我到了，老耿叔停了下来，傻儿子赶紧喊道："爸爸，拉，拉……"老耿叔看看我，高兴地说道："看，宝宝也喜欢听曲呢。"那话语里，透着一份理解的自得。老耿叔赶紧吩咐傻儿子："去，给你哥哥摘桃子吃。"很快，宝宝就捧着桃子，走到我面前："吃，吃，吃……"老耿叔又笑了，他说："看，宝宝也知道喜欢人呢。"

老耿叔，总能从傻儿子身上找到优点，并因此而快乐着，幸福着。

有几个夏日的夜晚，我在村口的场院中乘凉，场院里还有许多村人。大家随意地拉着家常。夜渐深，正当睡意袭来时，一阵阵京胡声，蓦然从山上吹来了。于是，就有人说："听啊，老耿又在为傻儿子拉京胡了。"大家默然，静静地听着，那悠扬的京胡声，穿越夏夜的宁静，似一溪清水，在村街上流淌着。

一个老太太忽然感叹道："哎，什么叫福分啊，自己觉得满足，就是福分啊。"没有人说话。那一刻，那一个夏夜，似乎变得格外纯然而明净，幸福，弥漫了每一个人的身心。

——资料整理自郭璟：《自足的幸福》，《青岛日报》，2015年4月6日，第4版。

一句"什么叫福分啊，自己觉得满足，就是福分啊。"你是否能从中体会出幸福的滋味？相信对很多人而言，很多时候都不知道幸福为何物。那么什么是幸福呢？

从2012年开始，哈佛大学的"幸福"公开课在网易上火了起来。面对着"我们来到这个世上，到底追求什么才是最重要的？"这样一个问题，哈佛大学教师，心理学硕士、哲学组织和行为学博士泰本·沙哈尔(Tal-Ben Shahar)坚定地认为："幸福感是衡量人生的唯一标准，是所有目标的最终目标。"伴随着他的这门课程，泰本博士火了，被誉为"最受欢迎讲师"和"人生导师"。

他曾这样表达他对幸福的看法："人们衡量商业成就时，标准是钱。用钱去评估资产和债务、利润和亏损，所有与钱无关的都不会被考虑进去，金钱是最高的财富。但是我认为，人生与商业一样，也有盈利和亏损。具体地说，在看待自己的生命时，可以把负面情绪当作支出，把正面情绪当作收入。当正面情绪多于负面情绪时，我们在幸福这一'至高财富'上就盈利了。所以,幸福应该是快乐与意义的结合!"

他还说:"一个幸福的人,必须有一个明确的、可以带来快乐和意义的目标,然后努力地去追求。真正快乐的人,会在自己觉得有意义的生活方式里,享受它的点点滴滴。"

看嘛,就这样几句话,已经让我们感受到了不一样的幸福。

相信很多人也欣赏过一部名为《当幸福来敲门》的电影,或者读过作者克里斯·加德纳(Chris Gardner)先生的这本同名自传。它描述了"一个濒临破产、老婆离家的落魄业务员,如何吃苦耐劳地善尽单亲责任,奋发向上成为股市交易员,最后成为知名的金融投资家"的励志故事。毫无疑问,它们也揭示了"通过奋斗、努力把握机遇并由此获得人生价值的实现和成功"的价值取向,也由此诠释了本书或者电影名字里的"幸福"的含义——这就是加德纳先生人生中的幸福。

关于幸福的话题太多太多,我们难以一一描述;关于幸福的影片也太多太多,我们也可以如数家珍。著名歌手苏芮的一首《牵手》,让"因为爱着你的爱,因为梦着你的梦,所以悲伤着你的悲伤,幸福着你的幸福"响彻了海峡两岸。近年来热播的《贫嘴张大民的幸福生活》《老大的幸福》《幸福来敲门》《幸福额度》等都介绍了普通人的幸福生活和幸福观。但是到底什么是幸福,幸福在哪里?我们却难以回答。多少年前,殷秀梅的一曲《幸福在哪里》或许道出了对这个问题的追索——"幸福就在你晶莹的汗水里""幸福就在你闪光的智慧里"。本章的目的就在于向你揭示幸福的密码,想了解幸福到底离我们多远吗,那就开始以下阅读吧!当然,你可以在阅读前先默默思考一下这个问题。

第一节 幸福:追求的人生目标

一、幸福阐释

2010年,一部由范伟、孙宁、孟广美等联合主演的电视剧《老大的幸福》在全国各大电视台热播,引起了热烈反响。该片讲述了一个生活在东北小城的憨厚老实的足疗师傅吉祥(人称傅老大)的人生故事。傅老大父母早逝,他作为长子,承担了父母双重责任,含辛茹苦带大了三个弟弟、一个妹妹,并把他们都送到了北京上大学。当弟弟、妹妹都成家立业、生活红火时,他却离了婚、下了岗。但生活上的不如意却没有在傅老大身上留下任何消极的印记,他热爱生活、乐于助人、善于学习,怀着对生活和事业的理想最终成为一名按摩师。而几个自以为生活幸福、事业成功的弟弟妹妹要帮大哥换一个活法,极力安排他来到北京寻找"幸福"。然而,生活方式和价值观的不同让老大在陌生的大都市里四处碰壁。在目睹了房地产大亨二弟、官迷三弟、房奴四弟、"股疯"小五的生活后,老大身心俱疲、倍感茫然;但另一方面,老大又能主宰自己的生活和命运,他一直照顾着孤苦无依的梅好和她的儿子乐乐,像一座大山一样成为弱者最坚实的依靠,展现了独特的人格魅力,并最终令众人感悟到"什么才是触手可及的幸福生活"。

这部电视剧通过一个小人物的生活经历,生动展现了凝聚在普通城市市民身上的一种坚韧、乐观、豁达、上进、包容的人文精神。他们文化水平不高,但并不缺少智慧,他们的智慧可能没有体现在宇宙飞船上天、自然科学的重大发现上,但却能在平凡的生活中一次次化解人生危机、解除生活困境。正是这些充满人生智慧的、朴实的百姓哲学,夯实、稳定、幸福着我们的社会,构成了支撑社会的核心价值观。《老大的幸福》细腻、全面地剖析了普通城市市民的精神世界,关注并认同了一个普通百姓的幸福理念。

毫无疑问,每一位观众,都会在这部电视剧里看到"幸福",但是什么是幸福呢?事实上,幸福,这一人类永恒的主题,不但是每个人都要面对的人生课题,也引起古今中外众多哲人学者的不倦思索与求证。当然,自古以来人们对什么是幸福的问题也一直争论不休。大哲学家康德(Immanuel Kant)就曾发出这样的感慨"不幸的是:幸福的概念是如此模糊,以至于虽然人人都在想得到它,但是,却谁也不能对自己所决意追求或选择的东西,说得清楚明白、条理一贯。"

幸福,其所对应的英文为"happiness",古希腊学者亚里士多德为了在哲学层面区别"happiness",则用"eudemonia"表示幸福,含义为因理性而积极生活所带来的幸福。而"幸福学说"的对应英文则是"Eudemonism"。值得一提的是,这个词有时也被翻译成为西方哲学中的"伦理学说"。从中就可以看出来,幸福与感知,幸福与伦理是分不开的。从西方哲学传统上看,有关幸福的概念与理论可以归结为两种基本的类型:主观主义幸福观和客观主义幸福观,前者称为快乐论(Hedonic),后者称为实现论(Eudemonia)。快乐论认为幸福是一种快乐的心理体验,将幸福感等同于快乐主义愉悦或快乐,换句话说,幸福是指快乐与免除痛苦,不幸福是指痛苦和丧失愉快。实现论哲学渊源认为主观幸福感不等于幸福,幸福也不仅仅是快乐,也并非所有已经实现的期望都能增进幸福。实现论认为幸福是客观的,是不以自己的主观感觉为转移的自我完善、自我实现和自我成就,更是人的本质的实现与显现。

相对于西方学者而言,我国古代的先哲们关于幸福的见解显得有些零散,更多的是提出各种思想,并没有上升到完整的理论水平。在中国传统文化中,幸福被认为既是一种生活方式,又是一种心灵体验,同时还是一种对生命的理解和领悟,并且幸福与道德存在着复杂的关系。我国古代典籍《尚书·洪范》篇就认为构成幸福的条件有五个,即长寿、富足、康健平安、爱好美德、善终正寝。发展到后世,"福、禄、寿、喜、财"成为构成幸福的五大要素,既有物质层面的,也有精神层面的。可见,我国先哲对幸福的判断实际上是包含了西方的快乐论和实现论两种观点的。

当问及一个普通工人的时候,他可能会说"幸福就是工资再高一点,晚上少加班。"当问及一个职业经理人时,他也许会说"幸福的事情就是我要把公司做成一个世界品牌。"所以,在一般的理解层次,幸福是当一个人在追求目标时达成的理想状态和内心喜悦的激情。那么,幸福可以理解为满意感、快乐感和价值感的有机统一。

泰本·沙哈尔在《幸福的方法》一书中,以自身经历向读者展示了其寻找真正幸福的历程。1992年,沙哈尔进入哈佛大学学习计算机科学,他成绩优异,周围是出色的学生、优秀的导师;他体育很好,擅长壁球;他在人际交往中也游刃有余,唯独缺少一样东西:快乐。由于不知所以,他开始转向哲学和心理学。沙哈尔发现,如果追求物质生活以及权力、声望等精神享受可以给个体带来更多的自由去过自己想过的生活,享受生活的快乐,那么这些精神享受本身并无偏差可言。但要知道,财富、权力、声望等外在的指标充其量只是一种手段,它们绝不是终极目标,我们需要做的功课是,把它从目标的第一位挪走,让幸福取而代之。他在书中写道:"一个幸福的人,必须有一个明确的、可以带来快乐和意义的目标,然后努力地去追求。真正快乐的人,会在自己觉得有意义的生活方式里,享受它的点点滴滴。"对于我们而言,这听上去很简单,但做起来并不容易,真正能做到的人肯定也并不多。

马克思则给出了更高的认识:幸福是指人之所以为人的真理与自己同在时的心理状态,包括一切真实的事物、人性的道理、他人的生命甚至动物的生命与自己同在等,是一种心理欲望得到满足时的状态,是一种持续时间较长的对生活的满足和感到生活有巨大乐趣并自然而然地希望持续久远的愉快心情。

至此,让我们回过头去再看看加纳德先生说的那句话"幸福里面没有为什么,只有我。"你明白了吗？幸福,就是一种感知,你自己对所拥有的一切、所收获的一切的愉快的感知。如果你对你所拥有的和收获的这些感到快乐,你就是幸福的。

二、幸福的主观性

加纳德先生和他年幼的儿子住在阴暗无电的小房子里的时候幸福吗？傅老大宁愿放弃在弟弟家的豪宅里居住而搬到一个低矮破旧的普通民房里居住的时候幸福吗？你为了获得薪资晋升而拼命工作的时候幸福吗？……我们有理由相信,无论是加纳德先生,还是傅老大,还是你自己都是幸福的,因为你们选择了这个生活,你们都能在这个过程中感知到来自这些生活的幸福。但是,换作是其他的人,那种境况下会幸福吗？我们便不能回答了。

因为,幸福是个人的事,是一种最终由个人选定的与个人需要和满足相关的价值。幸福就是按个人选定的目标生活并在追求或实现这一目标后的满足。个人的幸福观确定后,幸福的追求是一实实在在的过程,幸福的体验是一实实在在的事实。相对于单个人已经确定的生活目标或幸福观而言,我们可以对他的幸福程度或幸福与否做出相对确定的判断,但是,相对于不同个人的不同但却自足的幸福观,任何在知识论、价值论或存在论的意义上说一种幸福比另一种幸福更"幸福",或这个人的幸福比那个人的幸福更"幸福"等,都是一种猜测或臆断。

所以,幸福首先而且主要是一种主观体验,主观性是幸福不争的前提。幸福的主观性意味着,只有个人才能感受或体验幸福。只有个人才具有生命机体不可替代的感受性。个人可以因集体的缘故获得并感受幸福,但集体不能替代个人进行"感受"并获得"幸福"。

零点公司曾做过一项《2005年中国居民生活质量指数研究报告》的调查。这份调查结果显示,家庭和睦、身体健康、经济无忧是城乡居民幸福生活的三大源泉。这份报告有简化幸福的嫌疑,却也得出了重要的结果,传递出很多中国居民对于幸福的认识。但是这三项指标又是谁能有一个统一的尺子来度量高低的吗?恐怕主要的还是主观感知。你的幸福在别人看来也许称不上幸福,反过来,别人的幸福在你眼里也许算不上是幸福。但是不管如何,你自己认为幸福才最重要,也最实际。

人总是追求幸福,这并不意味着人人都在追求内容同一的东西。追求幸福是人的目标,但何为幸福,不同的人有不同的感悟和体验。每个人的幸福都是独特的。人越是向动物还原,其目标越是单一;人越是远离动物,其追求越是独特,越是在物种内呈现无尽的差异。

追求幸福人人相同,但幸福的内容人人殊异,因为,人人都有基于个人独特的生活实践和人生感悟的幸福观。幸福观的差异也即个体人生目标的差异。在它符合或反映个人生活经历和感悟的意义上,每个人的幸福观都是自足的。幸福是主观的,因而不能简单地用外在条件的优劣和多寡来衡量,在这个意义上,不能说阔佬比穷人更幸福;幸福不是知识,不能在知识论的意义上对不同的幸福观进行比较,不能说一个更多计算、更为理智的生活比缺少计算、听任感性支配的生活更幸福;幸福不是智慧,智者和圣人的幸福并不比愚者和俗人的幸福更优越,任何他人设计的关于某种个人幸福目标的劝导、告诫和指引,无论多么善良、真诚和"理性",对于幸福的承担者来说,都不能超过他自己自主选择的合理性。

三、幸福的维度

随着我国经济和社会的发展,人们的幸福观也在日益走向现代和进步。我们总是或者对别人发问,或者默默地自问"你的幸福是财富,是健康,是爱情,还是友谊?你向往的幸福是什么?理想中的幸福又离你有多远?"谈及这些问题的时候,我们就需要知道幸福的维度有哪些,毕竟前面说的那么感觉或者感悟比较抽象。

也许对于幸福有很多种分类方法:有大的幸福,也有小的幸福;有暂时的幸福,也有长久的幸福;有内在的幸福,也有外在的幸福;等等,但是——基于本书的素质教育的目的——本书认为实际上有四种维度一直支撑着人们对于幸福的理解,即自然生命的幸福、社会生命的幸福、政治生命的幸福和道德生命的幸福。

1. 自然生命的幸福

自然生命的幸福,就是人与自然的和谐互动,通过"天人合一",达到顺其自然、各得其所的满足。赢得生命的长久意义,才是生命价值的真正体现。首先,社会对生产力高度重视,强健的体魄是生命外在价值的直接显现。其次,中国是一个以家庭关系为主导的伦理社会,多子多福、人丁兴旺的观念与祈求长寿是分不开的,个体生命的长久不仅是一己之利益,而是关乎整个家族香火的延续。正是由于此,在中国人的幸福观念中,把自然生命放在了首位。当今市场经济条件下,社会竞争激烈,诱使人们盲目追求地位和权势,妄图给自己和家人带来物质上的满足。然而往往事与愿违,物质上的短暂满足换来的却是幸福感的递减,甚至是生命的威胁。所以,我们需要保持心境平和,顺其自然,不要有过多的奢求而使自己身心疲惫。

2. 社会生命的幸福

社会生命的幸福,表现为人社会生存和发展的如意状态。我们对幸福的理解多立足于现实的角度,认为幸福的基本内涵是财富的拥有和家庭的美满,事业的兴旺发达。具体表现为家庭是否和睦,是否为人民、社会服务以及个人幸福与社会大多数人幸福的是否统一三方面。君不见,我国古代读书人一生中最大的愿望和幸福的源泉乃是读书中举,光宗耀祖。时至今日,虽然我们已经不再简单地追求这种幸福了,但是我们却肩负着生活、工作、学习等方面的重要活动,扛负着家庭、单位、社会的多项压力,我们的社会生命的幸福更加多元化。

3. 政治生命的幸福

政治生命的幸福,包含两个方面的内容:一是外部政治环境给人民带来的幸福感;二是一定的政治地位给人们带来的幸福感。在现代社会中,仅仅拥有自然生命和社会生命的幸福是不够的,一个人不仅是社会的一员,更是国家的成员,一生之中的行为总是与政治相联系。所以,政治生命的幸福也是一个重要的参数。我们生活在现代社会中,自然也就集合着多重身份,身份的综合就产生了不同的利益要求和心理倾向,那么古代先哲们提倡的"修身、齐家、治国、平天下"的修养方法还就显出了一些重要的价值所在。我们的操守,就要从修养自己开始,然后去影响别人,从而使天下达到太平。

4. 道德生命的幸福

道德生命的幸福,就是在处理人际关系和进行社会活动中会赢得别人对他的尊重,相应地会建立起和谐的人际关系。中国传统文化就视"德"为先,强调道德价值的至上性。从这个意义上说,道德是一种生命,是不可或缺的。从《大学》所提出的"格物、致知、诚心、正意、修身、齐家、治国、平天下"的修身理论,我们就知道人格道德、家庭道德、职业道德、社会道德等都被作为关注的重点问题。在坚持大力倡导社会主义核心价值体系的今天,要切实加强思想道德建设,加强社会公德、职业道德、家庭美德教育,倡导道德文明建设,让人民真正地享有幸福感。

在以上对幸福维度的表述中,如果幸福是一座金字塔,那么自然生命的幸福应是最为基础的第一级阶梯,社会生命的幸福应是第二级阶梯,政治生命的幸福应是第三级阶梯,道德生命的幸福则是排在最高一级的阶梯。

第二节 创造幸福：我们要生活得更好

一、幸福要素

幸福包括两方面的因素：客观因素（或者是外在因素）和主观因素（或者是内在因素）。幸福的客观因素在于，人生存需要获得充分满足、发展需要获得一定程度满足并有可能得到进一步发展。人的需要是一个复杂的系统，有不同的维度和层次。随着社会的发展，人的需要还在迅速地向广度和深度扩展。一个人的生活具备了幸福的客观因素，或者说一个人客观上过上了好生活，并不一定就会感到幸福。这就涉及幸福的主观因素，即幸福的感受或幸福感。所谓幸福感，就是对自己客观上已过上好生活的状态进行反思和回味所产生的愉悦感。

1. 幸福的外在因素

（1）经济状况。很多学者的研究发现，收入与幸福感呈正相关。其原因在于较高的收入会带来更多的物质享受、更高的权力和地位，伴有更高的自尊心和自信心，因而幸福感较高。经济收入高的老年人生活满意程度高于低收入者。当然，也有一些学者的研究表明收入与幸福感无关，这就表明收入的影响是相对的，它依之于社会比较。此外，收入增加也可能意味着交通拥挤、噪声、污染等导致负性情感的应激事件的增加。也有研究发现：收入仅在非常贫穷时有影响，一旦人们的基本需要得到满足，经济的影响就很小了。

（2）生活事件。所谓的生活事件，就是指人们在日常生活中遇到的各种各样的社会生活的变动，诸如结婚、升学、亲人亡故等。目前许多研究都有一个共同的假设：重要的生活事件会引起幸福感变化。一般说，良性事件与正性情感相连，恶性事件与负性情感相连。近期关于生活事件的研究多集中在特定生活事件子集上。曾经有一项长达35年的随访研究结果表明，负性生活事件对成年人晚期的幸福有确定的不良影响。

（3）健康状况。很多研究均证实了身体健康状况对人的幸福感有显著影响。而且随着年龄的进一步增大，健康的影响力也越来越大。一篇由学者保尔林（A. Bowling）发表在《老年医学》（*Journal of Gerontology*）上的文章表明，85岁以上的老年人，只有健康状况对幸福感有显著影响，而社会支持网络和非正式帮助的影响均不显著。其中，自我评价的健康状况对幸福感的影响更大。当然，人们对健康状况的自我评价不仅包括生理上的健康观，而且也包括心理上的感受。

（4）婚姻质量。婚姻关系是维系心理健康最重要的社会关系之一，婚姻质量不良、家庭不和睦必然对个体产生不良影响。很多心理学家将不良的家庭气氛视为一种持续性应激性生活事件。婚姻质量是婚姻稳定和谐的前提,也是生活质量的保障。婚姻质量提高了,夫妻间才会有幸福感、满足感,才会更有激情创造美好的生活,周而复始,良性循环。

(5) 文化差异。生活背景重要成分之一是个人的文化背景。文化影响人们选择目标,从而成为影响幸福感的因素。幸福感的结构和内容在不同文化背景中都存在,但在一种文化中对幸福感重要的因素在别的文化中则不然。因此,人们的目标不尽相同,生活各方面对幸福感的影响也大小不同。基本生理需要得到满足之后,闲暇活动就成为影响幸福感的重要因素。文化背景通过选择的目标和达到目标的资源而对幸福感产生深远的影响。

(6) 社会支持。社会关系包括婚姻关系、家庭关系、朋友关系、邻里关系等,是影响幸福感的主要因素之一。社会关系具有重要的社会支持作用,可以提供物质或信息上的帮助,增加人们的喜悦感、归属感,提高自尊感、自信心。良好的社会关系可以增加人们的幸福感,而劣性的社会关系则会降低幸福感。一种社会关系是否有建设性,很大程度上依赖于个体的个性心理特征如个人控制感。个体在社会关系中投入社会支持的作用也可能部分或全部归因于能力或社会性等与社会支持有较高相关的人格变量。

2. 幸福的内在因素

(1) 人格特质。主观因素中最重要的是人格特质。尽管属于客观范畴的生活事件对幸福感有影响,但幸福感是一种主观的体验,客观的外界因素往往是通过主观加工而起作用的。人格因素如果说不是幸福感最好的预测指标,至少也是最可靠、最有力的预测指标之一,许多研究证实了这一点。某些特质(如社会性、社会活动、充满活力等)能产生积极情感,某些特质(如焦虑、担心、对身体的关注等)则产生消极情感。外向性与积极情感和生活满意度有关,与负性情感无关,因而能提高幸福感水平;神经质则与消极情感正相关,从而降低幸福感水平。

(2) 智慧水平。既往的研究已经表明,客观环境的各种因素对幸福感的影响有限,而智慧综合体现了人格特征和生活经历对幸福感的作用。认知是指追求真理或了解事实的能力包括对自己无知的了解,它不单纯是学术知识的另一种形式,更是指对已有真理或事实的再发现,挖掘它们更深层的意义,即解释性知识。莫妮卡·阿戴特(Monika Ardelt)的研究结果表明,老年人的幸福在很大程度上是预先决定了的,因为智慧是人格和生活经历的结晶,不因一时一地的客观环境的改变而改变。

(3) 认知模式。许多心理学家和哲学家已经注意到,每个人实际上都生活在自己独立的认知世界中。产生快乐结果的认知与判断过程与幸福感有联系。例如,社会比较、冲突消除、自我反省、自我评价以及人格洞察。幸福者解释自然生活事件的方式,维持与促进幸福感与正性自我观念,而不幸者解释事件的方式则更加强了其不幸福和消极的自我观念。人具有卓越的幸福能力,即便身处逆境或艰苦的岁月,也能够不懈努力追求幸福。那些幸福的宠儿,是透过玫瑰色看世界,即使在处境不利时,也能寻找成功的契机,在平淡无奇的生活中生存并发现快乐。相反,有些人,即使过着美好的日子,却有慢性的痛苦,透过灰色眼镜观察世界,常常怨声载道,使消极情绪日趋严重,并沉溺繁琐事务,处于崩溃的边缘,很难从生活中得到欢乐。

二、幸福指数

在我国 GDP 高速增长、物质财富总量大幅增加的同时,社会公平问题、高房价问题、上学难问题、看病贵问题,以及环保问题、社会治安等问题接踵而来。最突出的表现就是,"幸福"这个词成为越来越多人的生活困惑。同样的问题在其他国家一样存在。2001 年,不丹廷布大学经济学教授扎勒曲宗就在 GDP 指标不足的基础上,提出了国民幸福总值(gross national happiness,GNH)这个新鲜概念,涵盖了政府善治、经济增长、文化发展和环境保护四类指标。扎勒曲宗把这个想法写成奏折并把计算方法上呈不丹国王。国王召集内阁大臣开会商讨,认为"政府应该关注国民幸福,并以实现国民幸福为目标"。最后国王批准了这个 GNH 建议,并于每年 2 月向全体国民公布上一年度的 GNH 数字。

近些年来,人们对幸福的要求越来越高,从追求"幸福感觉"转向追求"幸福指数",希望能够准确地衡量自己对幸福的把握,从而能更好、更有效、更"幸福"地追求"幸福"。幸福指数主要是指人们根据自己的价值标准和主观偏好对自身生活状态所作出的满意程度方面的评价。它是衡量人们对自身生存和发展状况的感受和体验,反映居民生活质量的核心指标。幸福指数的概念最早由美国经济学家萨缪尔森(Paul A. Samuelson)提出的,他认为幸福与效用成正比,与欲望成反比,获得的效用越大、欲望越小则越幸福。此后经过不断研究,幸福指数成为评价民众的生活品质,评价社会发展水平和方向的重要指标依据。当然,幸福指数绝对不是一个简单的冷冰冰的数字,而是一个复杂的指标体系,它将人们的主观幸福感作为一项指标,运用专门测量工具来获得人们主观幸福感的量化数据。

目前,国际上最具权威的幸福指数(happiness index)的计算是由美国密歇根大学教授罗纳德·英格尔哈特(Ronald Inglehart)负责的世界价值研究机构(World Values Survey,WVS)公布的幸福指数。在 2004 年 WVS 公布的对世界上 82 个国家幸福指数的排名中,经济不太发达的拉美国家波多黎各和墨西哥高居榜首;北欧国家丹麦为第 3 名;美国只排到了第 15 名;日本、中国和韩国分别排名在第 42、第 48、第 49 位,居中等水平;印度尼西亚位于参加调查的国家的最后一位。我们可以这样直观来理解:拉美国家的人们生活乐观,追求幸福;北欧国家丹麦作为一个福利国家,人民安居乐业,当然对目前的生活满意程度较高;美国虽然在经济上是世界强国,但人们在生活中也感受较大的工作压力,排名就可能偏后;日本、中国和韩国都属于东亚新兴工业化国家,只是工业化程度有所不同,虽然经济增长的情况比较好,但是人们要在工作和生活中承受较大的竞争压力,因此排序更为偏低;而印尼属于仍在动乱中的国家,降低了人们在生活中的安全感和幸福感,排序在最后也是应该的。从中,我们可以看到,富裕并不代表幸福。

我国经济学者刘伟认为,幸福指数应是一个包括政治自由、经济机会、社会机会、安全保障、文化价值观、环境保护六类构成要素在内的国民幸福核算指标体系。学者邢占军认为幸福感主要包含三方面的内容:一是人们对生活总体以及主要生活领域的满意感;二是人们所体验到的快乐感;三是人们由于潜能实现而获得的价值感。此后邢占军及其研究团队还提出了由十个次级指标构成的我国民众幸福指数指标体系,分别是:知足充裕体验指数、心理健康体验指数、成长发展体验指数、社会信心体验指数、目标价值体验指数、自我接受体验指数、人际适应体验指数、身体健康体验指数、心态平衡体验指数、家庭氛围体验指数。

幸福指数为经济决策提供了一种新思路、新视角。通过对它的计算以及对它的各种影响因素的研究,可以了解什么是人民群众最希望解决的问题,可以让我们找出主要矛盾并按照轻重缓急来解决它们,为我们认识非经济因素对可持续发展的影响,提供了一个重要的分析工具。我国政府根据国情实际,顺应进步潮流,及时提出了"坚持以人为本,实现全面、协调、可持续的发展"的科学发展观。这是一个历史的进步,也是对传统发展的一种颠覆。幸福指数改变了过去单纯计算 GDP 的统计方式,增加了人文因素,更加关注个人的主观感受,这是社会进步的表现。

2010 年 9 月,浙江省统计局发布了《2009 年度浙江省民生指数和民生评价报告》。浙江省民生综合指数,包括浙江省民生改善进程指数和居民满意度两个方面的指标,计算公式为:浙江省民生综合指数=浙江省民生改善进程指数×0.6+居民调查满意度×0.4;各市民生综合指数=(民生改善水平指数×0.5+民生改善进程指数×0.5)×0.6+居民调查满意度×0.4。浙江省民生指数可以说是国民幸福指数的雏形。

2014 年 12 月,重庆市也发布了《2013 年地区发展与民生指数报告》(民生指数,Development and Life Index,DLI)。从指标内部设置来看,地区发展和民生指数评价体系将民生问题放在一个比较突出的位置,民生改善、社会发展类指标合计占 DLI 权重的 47%。反映民生发展的收入分配、生活质量、劳动就业等共有 13 个指标,涉及居民收入、恩格尔系数、住房使用面积、城镇登记失业率等。除此而外,评价体系单独设置"公众满意度"主观指标,用以衡量人民群众的切身感受和认可程度,体现了对民意的重视。2013 年重庆 DLI 为 68.67%,排名居全国第八,西部第一。"十二五"以来重庆 DLI 年均增长 4.9%,高于西部地区 0.45 个百分点,呈快速发展态势。

但是,值得注意的是,在眼下我们都对 GDP 报以埋怨的时候,"幸福指数"其实也同样不是一个完美的指标。虽然它在反映民生状况、社会进步尤其是人们对幸福预期的满足状况等方面具有其独特功能,可以在一定程度上弥补 GDP 指标的不足,但也不可避免地带有先天的不足和缺陷。从这种意义上说,GDP 和"幸福指数"具有相互不可替代的特定功能,它们之间的关系应是互为弥补,而不是相互排斥的。

三、创造幸福

假设有两种人生选择。第一种,一个人一辈子都勤勤恳恳、任劳任怨,做了大量的工作却从未被承认,也没有获得多少金钱。在他临终时,突然知道自己获得一项极高的荣誉,一辈子的工作也完全被承认了,他感觉无比幸福。第二种,一个人一辈子都很成功,风光无限,也享受到很多东西。可是他在临终时,突然知道自己破产了,或者名誉扫地了,一辈子的成就被否定了,他感觉很痛苦。如果你可以选择,你会选择哪一种人生,你觉得哪一种人生更幸福?很显然,这是一个痛苦的选择。但是不管你如何选择,我想你都应该知道,幸福应该考虑总体的、长时段的、经过反思的幸福体验。那么,我们该怎么创造幸福呢?

1. 幸福需要不断被创造和感知

首先,创造性是人本质力量的体现,也是自由及幸福的源泉,创造幸福的能力和人的创造性紧密联系。人类的幸福不是既定的存在,而是现实的创造活动。人在目的论意义上的本质是创造性,有意义的生命必须是创造性的,否则人的存在目的不可能被实现。所以,幸福来自创造性的生活,那种重复性的活动只是生存,只是一个自然的过程,根本无所谓幸福还是不幸。创造幸福要理性地、根据自己的能力去找到一种适合于自己、并且能够成就自己事业和生活的方式。其次,幸福是一种心理和生理的状态,是人所希求和喜欢经历的一段时间感受。感受幸福就是能够发现幸福、感觉到值得珍视与回味的东西,体验和品味到快乐、惬意、宽慰,产生各种各样舒适的感觉。但是,人们感受幸福的能力千差万别。要让个体焕发生命的光色,展示生命的鲜活,体会到不同的快乐,就要不断培养自己感知幸福的能力。

2. 幸福落实在自我修养上

古今中外的贤哲们都强调自我修养对于人生的重要性。幸福的获得最终必然落实在自我修养上,是通过自我修养获得的自我成长。自我成长是关系到自己的最核心利益,在此方面的获得才是一个人最为关注的。外在的荣耀、权势、金钱对于自我而言,都是间接的因素。这些东西的间接性表现在实际生活中,无论场面多么壮观、气势,无论所获得的多么令人羡慕,如果没有使自我动心、动情,一切转眼间空虚依旧。最震撼人的是震撼了人心,不是感官。能在自我核心方面收获一点即是千金难买。当然这也表明,越近核心,越有影响力,权重越大。这个自我核心,有时笼统称为思想,它应该包括对这个世界(包括自我)的态度、信念、认知方式、行事方式甚至人格。幸福就是追求至善、成为完人的过程,这种修养、成长,最重要的途径是自省。幸福不是外在的收获,是在自我方面的获得,因此,幸福的获得最终只能通过自省来完成。吾日三省吾身,可能是获得幸福的最佳捷径。反观自身,对于做好事情本身也是重要的。

3. 幸福通过实践获得

幸福是自我成长,自我成长需要在实践中实现。幸福落实在个体一个人身上,别人的幸福是别人的幸福,自己的幸福是别人无法赐予的。自己的幸福是需要自己努力,需要自己劳神追求、思考探索,幸福是个人的事。但是,幸福却离不开实践,是实践为幸福提供取之不竭的营养。一个人可能会在一段时间自己一个人就获得幸福,但大多是零星幸福。即使如此,它们也来自实践提供的营养,这种营养自己又做了充分地咀嚼。就整个人生而言,幸福就来自实践,存在于实践,实践即是一个人的人生。幸福是通过实践实现的,自我成长是在做事中实现的,幸福体现了自我修养与做事的统一:体现在自我方面,是追求完人;体现在做事,是追求事情至善至美。

4. 幸福存在于不断学习和创造中

幸福是自我成长,是自我成长后新自我力量的对象化。新自我在外化过程中表现出比旧自我更大的卓越性,做出了原来自我不可思议的行为。所以说,幸福就是创造。对于个体而言没有创造性的行为,外人看上去无论如何地夸张、意义重大,对于个体并无特殊感觉,也不是幸福。现实是创造幸福的土壤,为个体提供了创造幸福的机会。我们的交往、学习以及其他各种活动都是其理解幸福、创造幸福的实践活动。如何把事情做得至善至美,如何在其中获得自我成长,就是幸福本身。幸福的实现在此就要求我们积极参加活动之中,投身其中。幸福不仅表现在努力做好所有事情本身上获得自我成长,还表现在创造性地处理好目前的状况。或者说,如何在目前境况下,创造性地做好自己,对自己如何行为这个问题做出创造性解答,这也是幸福本身。

5. 幸福在分享中升华其价值

有言道:食可以独吞,但幸福不能独享。我们不能总是习惯在别人身上去找寻幸福,要跟所有朋友分享自己的幸福,愿所有朋友都幸福。分享有两个好处:就个人来说,与人分享不仅更安全,也更有幸福感;就社会的角度来说,幸福的分享程度越广泛,说明这个社会越公平、秩序越好。弗兰西斯·培根(Francis Bacon)说:"如果你把快乐告诉一个朋友,你将得到两个快乐;而如果你把忧愁向一个朋友倾诉,你将被分掉一半忧愁。"我们作为社会主体的一部分,总会和社会发生联系,与同事、朋友、陌生人之间会产生交往需要,寻找尊重、归属与爱的需要,这就是人际需要。善于分享的人,也就善于交往,这可以促进人的身心健康,使人保持积极乐观的心理平衡。这就会在无意识中得到一种莫大的幸福,或者是自己的幸福,或者是他人的幸福。而且,幸福是可以传染的。全球畅销书《保持联系》(Connected)的作者詹姆斯·福勒(James Fowler)和尼古拉斯·克里斯塔基斯(Nicholas Christakis)发现,如果你身边那些人际网络中重要的朋友、家人与邻居,有许多都很幸福,那么你将来也会幸福很多。他们表示,更准确地说,如果居住在离你 1 英里内的一个朋友生活幸福感得到显著提升,你的生活幸福感就会增加 25%。所以,分享是一种幸福,幸福也需要分享。真正的幸福在于分享之中,也只有在分享中才能升华幸福的价值。

第三节 收获幸福：抓住现在的快乐

幸福的因素太多，几乎每一个时间里、每一个空间里都有幸福的存在，我们难以将我们生活的每一个孔隙都挖掘出来详细阐述。为了基本的素质要求，本书在此就学习、工作、家庭、社会等方面展开阐述，希望你能从中找到幸福的密码。

一、快乐学习：在学习中获取幸福

本章前面谈到了智慧综合体现了人格特征和生活经历对幸福感的作用，也是决定幸福感的重要的内在因素，还提到幸福存在于不断学习之中。我们每一个人都像一口井一样，不断地汲水，井水终是满满的；不汲水，井水将变得很不新鲜。也就是说，我们的幸福离不开学习，而且我们要在学习中获取幸福。我们要实现"学习幸福"和"幸福学习"。

1. 学习幸福

学习幸福是指在学习中，学习者在达成对自己有着重要意义的学习目标时的主观心理体验。学习幸福的主体是学习者。学习活动有学习目标，学习幸福获得程度的高低，是由学习目标对学习者的重要性来决定的。学习目标有主要目标与次要目标、长期目标与短期目标、必须实现的目标与附带目标之分。主要目标实现时获得的学习幸福要大于次要目标实现时获得的学习幸福，长期目标达成时的学习幸福要高于短期目标达成时的学习幸福，必须实现的目标达成时的学习幸福要强于附带目标实现时的学习幸福。

第一，从知识提升中体验幸福。我们每一个人都会经历从基础知识到专业知识的学习，也会从中体验到学习的幸福。对基础知识和专业知识的学习和掌握，专业技能的获得和提升，是我们体验的主要学习幸福。

第二，从主动学习中体验幸福。也许你不再属于学生时代，也许你只是出于爱好而读书学习，也无论是理论方面的学习还是生活方面的实践，都需要自主学习和探究。学习幸福存在于学习之中，我们积极地学习，主动学习，告别精神病态，通过自己的努力达成学习目标，从中体验到强烈和持久的学习幸福感。

第三，从选择合适学习方式的过程中体验幸福。除了死记硬背的传统方式，我们的学习方式多种多样，包括课堂听讲的主要方式，还有自学、学术交流、实验实习、社会实践等途径，找寻到适合自己的学习方式，借此实现自己学习目标并且缩短实现目标的时间，从中体验到学习幸福。

第四，从实现具有探索性的学习目标中体验幸福。我们除了要学习自己的专业知识，还应该而且也必须要涉猎多元的学习内容，更重要的是进行自己的兴趣研究，这说明我们的学习目的具有探索性。具有探索性的学习目标实现起来较为困难,经历的时间也较长。探索性的学习目标实现时,从中体验的学习幸福感是最强烈的。

2. 幸福学习

怎么通过"幸福学习"来实现"学习幸福"呢?

第一,要明确自己的才能。才能是人们认识世界和改造世界的能力,它与人生而具有的生理素质有关,但主要是指在社会实践中形成和发展起来的运用知识的能力。我们要通过自己、家人、朋友、同事等明确自己的才能优势,从这个优势方面加以发展,并且以此为基础,发展兴趣,增强学习动力。

第二,设定合适的学习目标。目标是个人、部门或整个组织所期望的成果。有了目标,就明确了目标与现实之间的差距,将差距给予的压力变为动力,促使我们发挥主动性、积极性,制定合理计划,朝着既定目标前进,最终实现学习幸福。

第三,坚持不懈地努力。努力就是用尽你全部的力量去做你认为有意义的事。我们在自己的优势知识内容上,只需付出一定程度的努力就可保证良好的学习效果;而对那些劣势的知识内容,则必须付出比他人更多的努力,才能让自己离理想更近。总之,无论才高才浅,要实现目标,都需要坚持不懈的努力。

第四,要有一个良好的心态。心态是指对事物发展的反应和理解表现出不同的思想状态和观点,心态有好坏之分。在朝着自己既定目标前进的道路上,我们要持之以恒地努力,做好充分的准备,抓住稍纵即逝的机遇,以缩短实现目标的时间;遭遇厄运时,不能灰心丧气,更不能从此一蹶不振,应该调整心态,直面人生,从挫折中总结经验教训,在打击中磨炼意志力,战胜厄运,争取成功。

第五,要有良好的学习品德。在学习生活中,我们应树立崇高的理想,正确对待学习、工作与生活中的各种不合理现象,时刻修正自己的品性。端正的学习态度能让自己明确学习目标,奋力前行;坚强的毅力能让自己克服困难,终能达到成功的彼岸;自然能让自己学得轻松愉快,体味到学习的幸福。

二、开心工作:在工作中找寻幸福

工作为了什么?工作可以获得收入,可以获得地位,也可以获得与此有关的一切附属品,这是一个综合的社会的、经济的活动。前面我们谈到了,经济状况或者说收入与幸福感呈正相关,其原因就在于较高的收入会带来更多的物质享受、更高的权力和地位,伴有更高的自尊心和自信心。

暂且不说我们对周末的期待和欢快,对周一的厌恶和排斥,但就对于工作而言,相信就有许多人有这样的经历:有的时候对工作上的事情抱怨不断,总感觉有这样那样的不如意;严重的时候甚至会对办公室产生厌烦心理,感觉它就是一个一辈子不想见的"人"。有人曾经这样消极地说"遇上一位无道的老板,身边的同事又勾心斗角与自己不和……可以说工作的乐趣在于能把钱包填满,而工作的烦恼却要用火车来装。"很显然，这位兄弟这是不幸的。

毫无疑问，这将影响正常的工作和生活，特别是每天带着负面的情绪工作还会影响身体健康。当人们刚刚接受一份全新工作时，新工作的挑战带来了一定的自我价值的认同，因此对工作充满激情。但随着长期重复的工作使锐气渐减，人们工作的动力和主观能动性也越来越少，幸福感便会大大降低。此外，面对日益增加的生活压力，使人们不断提高了工作回报的期望值。而一旦由于缺乏长远的职业规划而致实际工作并未达到预期的效果和回报，便会产生强烈的挫败感，对工作失去兴趣及幸福感。

美国心理学家保尔林（A. Bowling）教授同其团队的一项研究表明，在工作中感到幸福的秘密在于：要对生活的其他方面感到快乐。主观幸福感和由它产生的工作满意度间的关系，远比工作满意度和由此产生的主观幸福感间的关系要强。换句话说，对生活通常很满意、快乐的人们更可能会对工作感到满意、快乐；而不是相反。因此，这需要我们在工作中要有更加积极的心态，还要在生活中寻找幸福，当我们对工作感到厌烦时，就可以将目光投向生活中令你感到幸福和快乐的事情。只要我们不放弃在工作和生活中寻找幸福感，那么，幸福感就离我们不远了。

首先，我们应明确地为自己制定长远的职业规划。人的一生中有超过1/3的时间都在工作，一个长远而正确的职业规划可让我们在职场上少走弯路。如能越早发现自己的职业兴趣及职业优势，就能越早找到适合自己的工作，也就越容易在工作中得到幸福感和满足感。其次，我们要不断充实自己，要学习新知识，这样才能提高工作技能，加强自身竞争力以取得更大成绩，同时增强心理上的满足感。第三，我们要建立良好的职业心态。如将工作只看成是生存的手段，为工作而工作，那必然不会有多大吸引力，也难有幸福感。第四，要学会有效的沟通。对于个人来讲，带着负面情绪工作，不停地抱怨是没用的，解决问题才是正道。只有理性地提出问题，通过沟通才能发现正确的解决途径。

如果你是一个企业家或者一个企业管理人员，那么，你要注意了，你应该为所有员工提供合理的薪酬福利待遇和稳定的工作岗位，这是你最基本的义务和责任。对具有更高需求的员工来说，你要负责营建一种尊重、肯定、赞美、关爱、和谐的文化氛围，并为其工作赋予崇高的使命感和价值感，进而使其心甘情愿、活力四射地为此倾情奉献。这一点，作为企业各级管理者，责无旁贷，因为员工的离职往往与其直接上司关系最大。你还要打消其对未来发展的不安全感，建立一套系统的培训与发展体系是企业应负的责任，比如为员工提供各种技能与能力培训，甚至是提升学历的继续教育。如果有力量，那么还要尽可能帮助员工解决"后院"的困难——衣食住行、子女教育、夫妻关系、婆媳关系等。当员工感受到了业余生活的幸福美满时，相信员工心里面牵挂的就只剩下了工作、快乐的工作、高效的工作。

放下经济层面的价值，工作使我们觉得自己是能干的、有用的、被社会重视的，如果你被单位点名去处理每个棘手的问题，就是被社会重视的体现，你该为此感到幸福，而不是感到厌烦。另外，工作是一种生活方式。我们的一生都在像时钟一样，时刻不停地做一些有意义的事情。尽管忙碌，尽管劳累，但却用心地体验着幸福，因为我们把工作当作了生活。

请记住：工作着，是幸福的……

三、美满婚姻：在家庭中经营幸福

幸福婚姻需要具备哪些要素？2010年10月，《小康》杂志社中国全面小康研究中心联合清华大学媒介调查实验室，在全国范围内开展了"中国人婚姻及性幸福"调查，调查结果《2010年中国人婚姻及性幸福报告》表明：适当的收入、健康可爱的孩子、和谐的性生活、相互忠诚、婆媳和平相处这五个要素最受重视。对已婚的80后（1980年代出生的人）而言，这五个要素同样最受重视，只是次序有所不同，和谐的性生活和相互忠诚位置提到健康可爱的孩子之前。幸福的婚姻都是一样的，不幸的婚姻各有各的不幸。该调查同时还表明：隐藏在婚姻中的杀手有很多，受访的已婚人士选出最严重的五个是：猜疑、冷淡、指责、把离婚挂在嘴上，以及在外人面前不给对方留面子。

对于该报告提出的排在首位的"适当的收入"，在这里就不再赘述。下面本书从其他几个分面简要分析一下我们未来应该如何营造幸福婚姻。

1. 相互平等相互支持

一方面，作为夫妻关系的双方是平等的，任何一方的自然条件、经济条件、学历、社会地位等方面都不能成为夫妻不平等的理由，在家庭生活中是没有贫富贵贱之分的。经过热烈的恋爱期而步入婚姻的殿堂，每个家庭所要面对的都是烦琐的家庭生活，这是平淡的，但平淡不等于枯燥。一件精心挑选的生日礼物，一张制作精美的小卡片，几句温馨的话语，甚至一个亲昵的小动作，都能为平淡的生活增添几分浪漫色彩。另一方面，家庭是一个人身体的补给站，心灵的避风港，更是事业成功的坚强后盾和有力保证。这种支持不仅包括生活上的，更包括事业上的支持。对对方事业上的支持与理解也是夫妻生活的重要组成部分。的确，在竞争越来越激烈的现代社会中，人们承受着越来越大的压力，需要有人来分担，丈夫或妻子是最佳人选。如果在丈夫和妻子那里得不到理解，就会转而去婚姻外寻找，这就是在同事中容易产生婚外恋的原因。总之，婚姻家庭生活中的幸福不是虚无缥缈的，它存在于生活的点点滴滴中，是需要你用心去体验的。

2. 相助尊重相互忠诚

事实告诉我们，婚姻不仅需要相互愉悦、相互理解、相互支持、相互信任、相互付出，而且需要相互尊重、相互忠诚，这样的婚姻生活才会幸福而温馨。首先，夫妻双方应互相尊重，给对方更多发展的空间，同时有自己独立的人格。真正的爱情是两个平等的人之间的互爱，夫妻双方只有更多地意识到自我，不断地提高自我，爱情的内涵才会越来越丰富，婚姻的质量才会更高。其次，夫妻双方应互相忠诚。真爱是建立在一个人对婚姻家庭的忠诚之上的，没有婚姻的忠诚，就没有婚姻生活的真爱。一旦随着夫妻间的婚恋观发生了变化,就会导致婚姻信任危机出现,最后一方忠诚丧失,真爱消失,婚姻家庭岌岌可危。危及婚姻忠诚的无疑就是婚外恋了。婚外恋这种现象由来已久,古今中外皆然。在我们所熟悉的文学作品中,有中国古代的西门庆和潘金莲,俄国的安娜和沃伦斯基,均为主流社会所不容。而婚外恋的双方也很少有美满结局的,即使像《廊桥遗梦》中所描述的那样令人荡气回肠的恋情,最终也让位于家庭的义务和责任。无论婚外恋是何原因,以何种形式出现,它不仅给另一方带来伤害,其产生的一系列后果也会对下一代造成深深的创伤,甚至会导致恶性事件的发生,在对其进行道德、社会舆论谴责的同时,更重要的是保持婚姻的活力,家庭的幸福,从根本上消除婚外恋产生的可能性。

3. 和谐的性生活

美国医生冯·德·魏尔德(Van de Velde)在《理想的婚姻》中说:"正常的人在夫妻之爱中,如果没有实现肉体的彻底交往,就没有身心上的幸福可言。同样,相互之间如果没有心灵上的交往,那么肉体上也不会有理想的结合。"这段话的前半句明确指出了性在婚姻关系中的重要性,后半句则告诉了人们性与爱的不可分离。一些研究者甚至把性生活列为影响婚姻家庭稳固的三大要素之一(另两个为夫妻之间的精神生活与物质生活),并开始把性对婚姻家庭关系重要作用的提倡与关注从已经建立婚姻关系的夫妻身上转移到即将组建家庭的青年身上,如大学生,大学生要提高现代条件下的婚姻质量,以满足作为一个现代文化人和现代社会的需要。要努力在传统的婚姻质量标准,即夫妻是否和谐、忠诚,家庭关系(包括血亲、姻亲关系)是否和睦融洽,家庭成员在事业和学业上是否有成这三方面的基础上,增加夫妻双方的性生活是否协调,思想感情沟通的频率与相互理解的程度,独立自主与闲暇时间支配的自由度,对家庭生活环境及物质条件的满意程度以及对方与社会、与异性交往的态度等内容。实际上,夫妻因两性之间的爱情而结合,当两个人的身体融合在一起时,才能找到一种生死相依的感觉,彼此的爱才会在激情中得到升华。不领会性爱的真谛,就难以找到幸福的感觉。

4. 充分的有效交流

为了幸福美满的婚姻家庭生活,夫妻之间还要充分交流沟通。在生活中,我们常常会听到这样一句话:"都老夫老妻了,哪儿还有那么多话说!"事实也的确如此。很多夫妻间的交流是很有限的,有的甚至一天也说不上十句话。有交流才会了解,如果缺乏充分交流,就会使夫妻间产生精神上的距离,失去心灵上的默契。良好婚姻家庭关系的建立需要的是有效沟通,和谐的婚姻家庭关系需要成员之间能够维持高水平的自我暴露,这是增强信任、加强高响应度、建立良好关系质量的重要条件。所谓的自我暴露,就是指与另一人分享亲密的或个人的信息,保持彼此关系活力的一种维持策略。想一想现实中,为什么有的夫妻两地分居却感情依旧,有的夫妻长相厮守却同床异梦,这其中思想交流起着举足轻重的作用。两地分居的夫妻常常通过鸿雁传书或网络聊天来交流思想,增进感情;而同居一室的夫妻有的却因忽视沟通而在思想上有了隔膜。事实上,夫妻之间的感情就像名贵的花草,需要双方不断的努力培植殷勤浇灌培养才能使夫妻感情日趋稳固甜蜜。

　　婚姻是一本书,简单而又深奥;家庭是一本书,简单又玄妙。几乎人人都置身其中,都有自己的见解,但是一旦进入婚姻和家庭之中,却又很少有人能完全看透它,也具有很多人无法驾驭它,最终失去了婚姻和家庭的幸福,这不免令人遗憾。但是,在遗憾中,我们更应该思考如何在婚姻家庭中体会幸福。不知道读了这些,你是否体会到了?

四、服务社会:在奉献中享受幸福

　　在山东省济南市天桥区的枫景园小区,提起刘朝柱老人,周围的居民都认识,并会在你面前竖起大拇指。刘朝柱1996年退休进入社区后,看到所在的小区管理工作不到位,决心为小区建设发挥余热。他找了一个小木箱,找来各种维修工具,从锤子、扳手、钳子到铁丝、螺丝钉……从此,大家经常看到他背着"百宝箱"在小区巡视的身影。无论垃圾桶破了,还是花坛的护栏坏了,他都会抓紧过去修修补补。下雨了,下水道排水不畅,他会冒雨去疏通;下雪了,他又第一个拿起扫帚去扫雪;甚至,有的邻里之间产生误会,他也会积极参与调解……刘朝柱还是一位热心公益事业的人。2008年,他随团参加了山东省公安厅禁毒志愿者义务宣传活动,骑自行车奔赴淄博、泰安、济宁等15个地区,50多个县(市)区。在当地警方的配合下,走上街头设立了90多个站点宣传禁毒活动。为表彰其在禁毒工作中的突出贡献,全国禁毒委员会、团中央联合授予他"全国优秀禁毒志愿者"荣誉称号。

　　刘朝柱老人是一个普普通通的人,但他是幸福的,他的幸福来自对社会的奉献,来自默默无闻的服务。奥斯特洛夫斯基曾经这么说,"我很幸福。创作产生了无比惊人的快乐,而我感觉出自己的手也在为我们大家共同创造的美丽楼房——社会主义——砌着砖块,这样,我个人的悲痛便被排除了。"由此看来,幸福大厦的基石,不仅仅是物质生活的满足,还有更重要的精神——对人类的无私奉献的满足。

　　人生的幸福在于奉献,这是人生道德最高理想的体现。正如法国著名文学家雨果在《莎士比亚论》中所说的"献身的人是伟大! 即使他处境艰难,但也能平静处之,并且,他的不幸也是幸福的。"前苏联著名教育家苏霍姆林斯基在《给儿子的信》中也说:"什么是生活的最大乐趣? 我认为,这种乐趣寓于艺术相近的创造性的劳动之中,寓于高超的技艺之中。如果一个人热爱自己所从事的劳动,他一定会竭尽全力使其劳动过程或者劳动成果充满美好的东西,生活的伟大、幸福就寓于这种劳动之中。"

　　或许你会问,是什么促成了奉献呢? 其实,奉献具有一个内在的动力,那就是感恩。我们都生活在一个多层次的社会大环境之中,都首先从这个大环境里获得了一定的生存条件和发展机会，也就是说，社会这个大环境是有恩于我们每个人的。感恩，说明一个人对自己与他人和社会的关系有着正确的认识；报恩，则是在这种正确认识之下产生的一种责任感。没有社会成员的感恩和报恩，很难想象一个社会能够正常发展下去。

感恩，是一条人生基本的准则，是一种人生质量的体现，是一切生命美好的基础，也是幸福感产生的内在依赖。感恩是生活中的大智慧，能使我们感受到大自然的美妙、生活的美好、环境的友善，能保持我们的积极、健康、阳光的良好心态。生活就是一面镜子，你感恩生活，生活将赐予你灿烂的阳光；你不感恩，只知一味地怨天尤人，最终可能一无所有！我们通过思想或行动，主动表达出自己的感恩之情，同时也好好珍惜上天赐给我们的、别人给予我们的、人生经历的，我们就会在内心深处油然而生一种幸福感。

一个人如果没有优秀的感恩和奉献的意识，就像没有了灵魂，而不能成为一个出类拔萃的人。感恩和奉献是一种美德，更是一种文化，是社会、企业进步的重要精神支撑。我们要倡导感恩奉献、用行动实践感恩奉献。所以，对于今天的青年人来说，无论是实现自己的理想抱负，还是担起肩负的责任，感恩意识与奉献精神都是不可或缺的品质，都需要我们注重养成，自觉践行。只有懂得感恩，学会奉献，我们才会真正懂得尊重，领会责任，我们的社会才会多一分理解和宽容，多一分和谐和温暖，多一分真诚和团结。

我们在畅想幸福的时候，就会不自觉地问道"人生的意义到底是什么？怎样活着才算有意义？活着为自己还是活着为他人？"这是每个人都要考虑的问题。一曲《爱的奉献》之所以能经久不衰，是因为它唱出了大家共同的心声——"只要人人都献出一点爱，世界将变成美好的人间。"

你奉献了，你的收获就是一种幸福，是一种崇高的情感；你奉献了，你获得了他人的尊敬与爱戴，这是自己生命的延续。作为一个社会人，我们所能得到的最大幸福、最自由快乐的心境，莫过于无私的奉献。

力所能及之时，多一些奉献吧，它必将是你幸福的源泉！

总结性述评
从今天起，做个幸福的人

本章围绕幸福是什么、幸福在哪里、幸福如何创造等不同的问题，阐释并分析了与此有关的基本认识和基本问题，向大家介绍了在现代社会中如何正确看待幸福、如何体味幸福、如何获得实现幸福的基本素质和能力，这也是"幸福能力"和"幸福素质"。

幸福是什么？幸福是感受，是心灵的慰藉和满足。幸福的产生需要具备两个条件：一是客观上过上了好生活；二是要对这种生活有反思和回味。幸福感的前提和源泉是幸福生活所需要的客观条件。幸福所需要的客观条件对于幸福生活而言是决定性的。另一方面，一个客观上过上了好生活的人，也需要对这种生活进行反思和回味。只有通过反思和回味才会产生幸福感，有了这种幸福感，他才真正过上幸福生活。这种反思和回味是幸福生活必不可少的主观条件，也是幸福感产生的主观条件。

鉴于幸福本身的复杂性及其与影响因素关系的复杂性，我们对幸福的感知还有很多需要深入分析。但是，诸多研究已经证明，拥有亲密的朋友、事业伙伴、亲戚、稳定的婚姻和家庭关系，或者作为某个团体的成员，会给一个人带来极大的幸福。由于幸福内涵丰富，涉及多个层面，不能单纯用一个变量展开研究，必须依据一定的标准区分幸福的维度，探讨幸福内在各维度与其他变量的相关和因果关系，从而对实践应用起到一定的指导作用。

幸福是人类生活永恒的主题和社会发展的强大动力。幸福不仅密切关系到个人自身的身心健康、生活质量和精神需求，而且对于家庭的和睦、组织的建设、社会的和谐、国家的发展以及民族的团结都具有非常重要的现实意义。2010年3月，温家宝总理在十一届全国人大三次会议的政府工作报告中说到"我们所有的工作，都是为了让人民的生活更加幸福、更有尊严，让社会更加公正、更加和谐。"如今，"让人们幸福"已经成为我国经济社会发展的重要目标。

既然幸福具有人对生活总体上感到满意的价值性质，那么幸福感取决于人的主观选择：我们是更愿意走近幸福，还是远离幸福！所以，我们首先应该树立起正确的幸福观，我们追求幸福、努力创造幸福，当幸福演变成一种信仰，变成一种动力时，追求个人幸福最大化的过程，就变成推动社会发展的一种无形力量。

我们要在学习中获取幸福，要在工作中找寻幸福，要在家庭中经营幸福，在奉献中享受幸福……可以说，幸福就在我们身边的每一个角落里，就在我们身边的每一个瞬间。只要你在心里相信你是幸福的，你总能找到幸福的感觉，享受到幸福带来的愉悦。

我们要大声提醒自己：从今天起，做个幸福的人！

复习思考题

1. 这两年有哈佛大学有一门在线公开课程——"幸福"很火，你觉得为什么这门课会有这么大的轰动效应？
2. 你觉得自己幸福吗？可能影响你幸福与否的因素有哪些？
3. 有人认为幸福是需要自己去创造的，有人则认为幸福是别人所给予的，你怎么看？
4. 你觉得"感官的享乐"是不是幸福？
5. 请谈一下如何做一个幸福的人。

第6章
学习：我们如何认知世界？

> 学习和钻研，要注意两个不良，一个是"营养不良"，没有一定的文史基础，没有科学理论上的准备，没有第一手资料的收集，搞出来的东西，不是面黄肌瘦，就是畸形发展；二是"消化不良"，对于书本知识，无论古人今人或某个权威的学说，要深入钻研，过细咀嚼，独立思考，切忌囫囵吞枣，人云亦云，随波逐流，粗枝大叶，浅尝辄止。
>
> ——马寅初

 章节引语

现年43岁的布莱恩·考克斯小时候最想当的是科学家、宇航员，做梦都想去火星。他最大的兴趣爱好是收集天文学卡片，每个周日去曼彻斯特机场看起飞和降落的飞机则是他的另一个爱好。15岁那年，因为一场演唱会，考克斯被朋克和迪斯科的强劲乐风一下子迷住了。他开始向往进入那个看起来光鲜亮丽的流行音乐殿堂。但因为嗓音条件不佳，考克斯去学了键盘。他开始频繁地出入夜总会和各种小型演唱会，还加入了当地的乐队"Dare"。新的生活丰富多彩，可他的学业却是一团糟——他的数学仅仅拿了个D，当年的考克斯看起来似乎和科学无缘。

这支乐队因为队员打架而解散之后，考克斯开始在曼彻斯特大学攻读物理学位。出人意料的是，他在23岁那年便以优秀学生的身份毕业，并且留在曼彻斯特大学攻读物理博士学位。1993年，他意外地加入了拥有一定知名度的"D: Ream"乐队，继续当键盘手。此时的考克斯拥有摇滚乐手和科学研究员的双重身份，白天在实验室，晚上出去演出。1997年，考克斯成功获得了博士学位。

> 人们不禁好奇,从乐手到科学家,是什么让考克斯有如此大的转变?当有人问及科学和音乐之间是否有着某种紧密关联时,他回答说:"我也一直在思考这个问题。科学家对很多事情都感兴趣,所以他们会有很多爱好。"看来,考克斯首先把自己看成一名科学家,然后才是乐手。音乐,是少年时代的考克斯所痴迷的,科学,则是考克斯一生的奋斗目标。但是,考克斯一直反感别人把科学家和书呆子画等号:"科学界一直被老男人统治,我正在努力打破这个偏见,因为它是阻碍人们热爱科学的最大障碍。"而事实上,他正是新生代科学家的典型代表——虽然看起来意气风发,能言善辩,对待科学却仍然如"老男人"般一丝不苟;更重要的是,他将普及科学视为自己的使命。
>
> 2010年,考克斯将自己新生代科学家风貌带进了BBC的系列纪录片《太阳系的奇迹》,每周300万观众的收视率堪称科学纪录片的收视奇迹,观众们显然折服于这位兼具智慧和帅气的科学家。今年,考克斯又推出了一档全新的全国巡演节目《挣脱牢笼的猿类》,内容从黑洞到倭黑猩猩,无所不包。
>
> 考克斯曾在《人物》杂志的"年度百大性感男人"中排名上榜,位列70,只比英国哈里王子低一名,但他似乎并没有因此特别激动。对于现在的考克斯而言,只有科学才是他所在乎的,而让人们明白科学的重要性,激发起人们学习科学的热情,才是他的头等大事。
>
> ——资料整理自 Danny Scott:《从摇滚乐手到物理学家》,《你可以不平凡》,中国华侨出版社2012年版,第135—140页。

你想成为科学家吗?你是否觉得科学遥不可及,或者科学家都是天才?你是否有想到物理学家和摇滚乐手之间能有联系吗?物理学家也能主持大型演出节目吗?如果你曾经疑惑过的话?那么上面的这位英国著名物理学家布莱恩·考克斯教授或许让你眼界大开吧。

作为摇滚乐手,考克斯及其乐队诠释的音乐可以登上流行音乐榜;作为科学家,考克斯当选过《人物》杂志年度百大性感男士;作为节目主持人,考克斯只想告诉观众:科学真的很有趣;作为科学普及人士,考克斯能用各种图表、独白和笑话来轻松解释最复杂和最基本的科学真理,他曾用儿童的吹泡泡器来阐述原子如何结合。我们在羡慕之余,必然要寻思"这样专业的多面手是如何炼成的?"

我想,我们可以从摇滚物理学家布莱恩·考克斯教授的故事中能够找寻到这样几个看似简单却很难做到的事情:首先,学习的核心在于提出各种有趣的问题。也就是说,你根本不必是什么天才,你需要做的最基本的事情就是产生兴趣。其次,你要找出这些问题的答案。你可以将理想设计成建造航天飞机、去火星探测外星生命的科学家,但是你不能只是想,你还需要去找到问题的答案。只有你知道要研究的内容,知道它通往何方,才能知道如何开展研究并掌控它。第三,只要是下决心做的事,你一定能做到。很显然,你不能躺在理想上度过每一天,你需要的是认真了那个目标就往前冲,除非前面是一个死胡同,即便是个死胡同,有时我们也能破墙而入。对了,请不要忘了还有一点很关键,你要享受你的学习过程及结果,不管是学习做键盘手,还是学习物理学专业知识,享受学习才是认识世界并改造世界的"九阴真经"。

第一节 学习能力:知识经济的呼唤

一、知识

说起知识(knowledge),我相信大家都会脱口而出"知识就是力量",这是弗兰西斯·培根(Francis Bacon)的名言。但是这很抽象!到底什么是知识呢?这似乎和"什么是人"一样,让我们很难说清楚,尽管自有人类社会以来,人们对知识的渴求一刻也没有停止过。

作为一个被广泛使用的词,知识的内涵和外延因使用者不同而异。根据韦伯斯特(Webster)大词典的定义,知识是通过实践、研究、联系或调查获得的关于事物的事实和状态的认识,是对科学、艺术或技术的理解,是人类获得的关于真理和原理的认识的总和。或者说,知识是人类积累的关于自然和社会的认识和经验的总和。经济合作与发展组织(OECD),将广义的知识按内容分为如下四种:关于"知道是什么"的知识,记载事实的数据;关于"知道为什么"的知识,记载自然和社会的原理与规律方面的理论;关于"知道怎样做"的知识,指某类工作的实际技巧和经验;关于"知道是谁"的知识,指谁知道是什么,谁知道为什么和谁知道怎么做的信息。

抽象一点地说呢,知识是一种有价值的智慧结晶,可以通过信息、经验心得、抽象的观念、标准作业程序、系统化的文件、具体的技术等方式呈现。它存在于任何地方,在人的头脑中,在企业和周围的环境中,并被连续地从一个人或实体传播给另外的人或实体。这也决定了知识是一个非常复杂的概念,具有复杂的内涵和表现形式。迈克尔·波兰尼(Michael Polanyi)根据知识能否清晰地表述和有效地转移,将知识分为两大类:显性知识(explicit knowledge)和隐性知识(tacit knowledge)。并将隐性知识定义为"在于个人头脑中的、存在于某个特定环境下的、难以正规化、难以沟通的知识,是知识创新的关键部分"。换句话说,隐性知识是那些知道但却难以表述的知识,是需要依靠拥有此类知识的个体自己理解和描述的"只可意会,不便言传"的知识。彼得·德鲁克(Peter F. Drucker)认为,隐性知识是不可用语言来解释的,它只能被演示证明它是存在的,主要来源于经验和技能,学习的唯一方法是领悟和练习。波兰尼指出,这类个体的解释给隐性知识赋予了个性化的特质,需要通过交流而得以传播。作为对比,波兰尼定义了显性知识,就是能够被人类以一定符号系统加以完整表述的知识,或者说是可完全编码化以被传播的知识。

野中郁次郎(Ikujiro Nonaka)等人认为不管是人的学习成长,还是知识的创新,都是处在社会交往的群体与情境中来实现和完成的,而且隐性知识与显性知识之间是可以互动转化的,并提出SECI模型知识转化的四种模式,如图6-1所示①。(1)群化:这是个体通过交流经验而分享隐性知识的社会化过程,是通过个体的观察、模仿和亲身实践等形式来进行的,是一个"潜移默化"的过程。(2)外化:指个体可以在一定程度上将隐性知识转化为显性知识,并将之传授给他人,这是一个"外部明示"的过程。知识的发展过程正是隐性知识不断向显性知识转化和新的显性知识不断生成的过程。该过程常需要使用一定的技术来帮助个体将自己观点和思想外化成为词语、概念、形象化语言(如比喻、类比或描述)或者图像。(3)融合:这是把零碎的显性知识进一步系统化和复杂化的知识扩散过程,也就是"汇总组合"的过程。个人获取和融合知识的方式是通过文献、会议、电话交谈等媒体,或计算机通信网络来实现。(4)内化:这是把显性知识应用为隐性知识的过程,意味着新创造的显性知识又转化或创造为组织中各成员的新的隐性知识,是一个"内部升华"的过程。该SECI模式互为一体、相互转化,共同构成企业组织知识创新与积累的机制,从而形成了一个不断成长的知识螺旋。

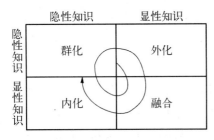

图6-1 知识转化的SECI模型

二、学习

在我国古代,"学"与"习"两个字并非像今天这样并列在一起的,一般是分开使用的。古代表达获取知识、提高认识的含义时多用"学"或"知",主要指各种直接与间接经验的获得,有时还兼有"思"的含义;表达熟悉和掌握技能、修炼德行等带有实践意义的行为时则用"习",指巩固知识、技能,含有温习、实习、练习之意,有时兼有"行"的意思。

在我国古代典籍中,最早将"学"与"习"联系起来,并探讨两者关系的是《论语》。其中有我们耳熟能详的"学而时习之,不亦说乎!"但是我们注意到,这里的"学"和"习"尚未直接联在一起组成一个复合词,但它却揭示和强调了"学"与"习"的内在联系:"学"是"习"的基础与前提,"习"是"学"的巩固与深化。至此稍后,《礼记·月令》中出现了"鹰乃学习",指小鸟反复学飞。这是最早把学习这两个字接连在一起使用的记述,也是"学习"一词的来由。

其实我们的意思是说,中国传统文化中的"学习"包含"学"与"习"两个环节,"学"是指人的认识活动,而"习"则是指人的实践活动,这也是中国传统文化中受到长期探

---

① 南旭长、周开贤:《隐性知识的转移及溢出:基于知识可得性的分析》《科技及经济》2009年第5期。

讨的一个重大理论问题——知与行的关系,把两者统一起来才构成完整的学习概念。实际上,学习是学、思、习、行的总称,而且中国古代更强调"习"。这一方面反映了当时人类科学知识尚不发达,人们的学习活动主要表现为在生产和生活中获取直接经验;另一方面也反映了我国文化传统中将知行关系的立足点放在"行"而不是放在"知"上的务实精神。

其实,我们谈学习,谈学习能力,就不能不说"人"。人是什么?从古至今,在"认识你自己"的追问下,不知有多少位思想家给予了探索与回答。我们在这里基于分析的需要,不展开详细的论述,但是正如德国哲学家雅斯贝斯(Karl Jaspers)所说:"人作为一个整体就像世界作为一个整体一样,是不能成为探索的对象的。每当他被认识时,是他的某些外观被认识,而不是他本身。"

人具有一种超越的本能,他能够有效地摆脱自己的生物学限制,有意识地支配自己的生命活动,并通过自己的创造性实践打破生命本能和现实规定性的种种束缚与桎梏。其实,人之所以能够不断地成为自己,不断地超越和提升自己,靠的就是惊人的持续不断的学习。学习是人不断超越自己、提升自己的过程。学习不仅是人对外部世界的认识与了解,更是人自身的自我发现与提升。人通过对外部世界的认识、体认而更好地认识自己、发现自己内心的愿望,全身心地投入到创造自我的活动之中,以最终实现对自己的超越。历史地看,人之所以能够九天揽月、五洋捉鳖,也唯有学习才能帮助人类实现这些目标。

学习是一个非常错综复杂的过程,包括学习的主体(学习者)、客体(知识)、环境以及不同主体之间的互动等,其间进行着各种有意识或者无意识的过程。个体学习指的是个体为使自己的行为更有效而获取知识与技能的过程。它包括两个方面:一是行为学习,即达到特定状况的能力;二是概念学习,或称知其所以然(know-why),指的是对经验的理解或形成见识。

人类个体的学习,与带有明显反应性质的动物学习不同,具有分析的特征,并且可以依靠一些十分抽象和精细的观念,对几种反应进行选择。抽象概念和分析能力只出现在人类的高级学习形式之中,它们为人类提供了理解和运用微妙关系的能力。这种能力足以使人类学习更多的事物,使丰富的观念成为可能。

通过获得信息、澄清、归类、积蓄、理解、学习进而创造的过程,人类可以完成最精细的、复杂的和理性的学习。这已远远超越了某种渴望或一般本性,而是有思维、有意识的完整心智活动。学习的体验使人类继续增加了获得大量的观念的能力,美国心理学家和哲学家威廉·詹姆斯(William James)曾说"学习是在极端黑暗中缓缓聚集起来的曙光"。

三、学习能力

人不仅应该学习,而且应该善于学习。尤其在知识激增、社会变化加快的今天,人的学习能力成为制约人的发展的关键因素。因此,人的学习能力就成了一个备受关注的问题。

在开始阐释什么是"学习能力"之前,我们先来回过头去看看前面谈到的摇滚物理学家考克斯的例子。由于他这在学习和工作中具有独立意识,显现出来的素质要比他许多同行要独到和优秀,这一方面是因为他的独立意识,促成了他一次次的阶段性成功,促成了他在不同身份间的华丽的转型。在他小时候,他的理想是做个科学家,所以他最大的兴趣爱好是收集天文学卡片,甚至也培养了每个周日去曼彻斯特机场看起飞和降落的飞机这么一个爱好。当他受到了感动,对摇滚音乐来了电之后,他依然学习键盘,并且还借此获得了小小的成功。及至后来攻读物理学博士学位,也是基于他的执著和独立。另一方面,是因为他的同行或竞争对手的在某些方面能力有限,反衬了他的卓尔不群。他可以做到"在物理学家中是摇滚最好的,在摇滚乐中是物理能力最好的",这是因为他对音乐的热爱并没有偏废了物理,对物理的探索也没有挤扁了摇滚乐。他可以做到主持创造收视率堪称科学纪录片的收视奇迹的大型表演节目,就是在内心想让人们明白科学的重要性,激发起人们学习科学的热情,这也正是他在不同方面的优势积累。所有的一切,都源自考克斯的学习能力。

学习能力是人认识、适应与改造自然、社会的本领,也是人自身发展的能力,是由智力因素、非智力因素和学习策略等方面所组成。它具有这样的性质:(1)人的学习能是人的一种生存、发展能力,是人生命力量的源泉,也是人的多种能力混合的能力。(2)人的学习能力不仅包括人的感知、思维、想象等认知能力,也包括人学习的坚韧性、主动性与积极性等情感因素,还包括人学习时的记忆、整理加工等学习策略。(3)人的学习能力是以学习活动为基础,通过学习活动得以形成、提高的能力。但仅有学习活动本身,若没有学习者本人的主观努力与自觉的省察,学习能力也难以形成、提高。(4)人的学习能力是以自主学习能力为核心的。有统计资料表明,人的一生中,上学期间所得的知识量在整个一生中仅占25%,而在工作和生活中不断学习和补充的知识占整个知识总量的75%。(5)人的学习能力是由多种能力要素所组成的系统,多种能力要素综合起来构成人的学习能力结构,体现为人的"基本学习能力"(如"信息加工能力""知识理解能力""实践观察能力"等)、"拓展学习能力"(如"知识鉴赏能力""方法反思能力""学习管理能力""合作学习能力"等)和"创造性学习能力"(如"知识批判能力""创造发明能力""原始创新能力"等)。

学习能力具有怎样的结构或者哪些成分呢？追溯到我国古代,孔子就把学习过程分为学、思、习、行四个阶段,而且在《中庸》里用"博学之,审问之,慎思之,明辨之,笃行之"表达了类似的观点。在这里,根据认知和转化的过程,我们认为学习能力应该有五个成分:(1)知识力。学习能力的首要成分是知识力,主要是指对知识进行加工操作的能力,是学习能力的基础表现。(2)解析力。学习能力的第二个主要成分是解析力,是指运用已有的知识经验库,在从未学过(未见过)的材料中,发现、汲取、整理具有学习价值的信息,并由此形成相应认识的一种能力。(3)生成力。生成力主要是指人们在理解知觉事物的意义基础上,与他们先前的经验相结合,形成的新的认知结构的过程,或者是一个新结构的建构过程。(4)迁移力。迁移力是指已经学得的图式用之于新情境解决问题的能力。迁移力的作用是使习得的经验概括化、系统化,形成一种稳定的整合的心理结构,便于在新情境中解决问题。(5)执行力。执行力是学习能力的重要成分之一,表征了学习者把学习落实到具体学习活动上的能力,就是以系统的方式,让学习者能一直持续地采取学习行动,完成任务的过程。(6)强化力。强化力是对一种行为的肯定或否定的后果,是学习的动力所在,是学习能力的动力成分。强化力的功效就是使转化为学习能力的活动延续不断,使知识转化为学习能力的转化过程能够持续进行,也就是学习能力持续成长的机制所在。

人类的历史进入21世纪之后,信息社会科学技术日新月异,知识更新不断加快,新事物、新问题层出不穷,学习已成为个人与组织的生存方式,学习型政府、学习型企业、学习型社会应运而生,"学会学习"和"终生学习"已成为现代人必须具备的能力。

一方面,以知识或信息为基础的"知识经济"(knowledge-based economy)催生着学习型社会的建设。在学习型社会里,学习对于个体和社会发展的重要性将获得大幅度地提升,人的学习潜能将被极大地激发出来,学习将从一种单纯谋生的手段转变为个体的一种基本生活方式。人的学习能力的大小、强弱与优劣将直接影响着人的发展。

另一方面,随着信息科技的发展和知识的爆炸式增长,人类的知识更新速度越来越快,刺激着终生学习体系的建立。欧洲学习促进会将终生学习定义为:"终生学习是21世纪的生存概念。终生学习是通过一个不断的支持过程来发挥人类的潜能,它激励并使人们有权力去获得他们终身所需要的全部知识、价值、技能与理解,并在任何任务、情况和环境中有信心、有创造性和愉快地应用它们。"人的学习能力的高低也必然影响着社会经济的发展。

总之,在学习型社会里,在终生教育环境下,唯有提高人的各种学习能力,并使这些学习能力取得相对平衡的能力结构,个体才能经由终生教育和终生学习的途径取得生活和事业上的成功,社会也才能经由全民学习和终生学习的途径获得和谐的发展。

第二节 信息素养:新时代的强力装备

一、信息及信息化

对于什么是信息(information)又是一个难题,就像什么是知识一样。1948年,美国数学家、信息论的创始人香农(Claude E. Shannon)在题为《通信的数学理论》的论文中指出:"信息是用来消除随机不定性的东西"。1948年,美国著名数学家、控制论的创始人诺伯特·维纳(Norbert Wiener)在《控制论》一书中,指出:"信息就是信息,既非物质,也非能量。"怎么听起来都让我们迷惑,甚至越看越模糊。有没有稍微具体点的理解呢?其实,从狭义上讲,信息就是一种消息、资料或数据。从广义上讲,信息是物质的一种基本属性,是物质存在方式、规律与特点的表现形式,包括自然信息、生物信息和社会信息。它反映了物质客体及其相互作用、相互联系过程中表现出来的种种状态和特征。例如,事物发出的消息、信号及信号中的指令,就可通过一定的物质形式(声波、电磁波)传送给人或动物某种信息。不同的事物,具有不同的状态和特征,因此会产生出各种不同的信息,人类就是由大脑经感觉器官来接受自然界和社会中的种种信息以区别各种事物,从而认识世界和改造世界的。

在我国1997年召开的首届全国信息化工作会议上,对信息化做了定义:"信息化是指培育、发展以智能化工具为代表的新的生产力并使之造福于社会的历史过程。基于此,所谓信息化,也就是指培养、发展以计算机为主的智能化工具为代表的新生产力,并使之造福于社会的历史过程。"我国于2006年5月发布的《2006—2020年国家信息化发展战略》明确指出:信息化是充分利用信息技术,开发利用信息资源,促进信息交流和知识共享,提高经济增长质量,推动经济社会发展转型的历史进程。与此相适应的是信息化的生产工具,它一般必须具备信息获取、信息传递、信息处理、信息再生、信息利用的功能。智能化生产工具与过去生产力中的生产工具不一样的是,它不是一件孤立分散的东西,而是一个具有庞大规模的、自上而下的、有组织的信息网络体系。这种网络性生产工具将改变人们的生产方式、工作方式、学习方式、交往方式、生活方式、思维方式等,将使人类社会发生极其深刻的变化。

我们所熟知的学习型社会就是以信息化为基础的,网络把人们联系起来,通过网络这个知识流通和信息共享的平台进行新学习。在这个社会里,信息等学习资源的获取就尤为重要。美国图书馆联合会(American Library Association)认为,为了适应日益变化的环境,人们不仅需要多种知识,更需要掌握探究知识的能力,并能把不同的知识融会贯通,实际运用。可以说,信息素养是新世纪人生存和发展的必备素质。

根据我国《2006—2020年国家信息化发展战略》,我国信息化战略的目标为:到2020年,综合信息基础设施基本普及,信息技术自主创新能力显著增强,信息产业结构全面优化,国家信息安全保障水平大幅提高,国民经济和社会信息化取得明显成效,新型工业化发展模式初步确立,国家信息化发展的制度环境和政策体系基本完善,国民信息技术应用能力显著提高,为迈向信息社会奠定坚实基础。

该信息战略目标不仅是对国家信息化发展的要求,也是对提高国民信息意识、信息知识、信息能力、信息道德等的要求。为了有效地适应日益变化的信息环境,人们不仅需要获取多种信息,更需要掌握组织和解释各种信息的技能,从而把不同的信息融会贯通,并加以实际的运用、交流和处理。就我国目前国民的素质来说,这方面的知识与技能还很薄弱,亟待培养与提高,这实际是培养与提高人们的信息素养。

二、信息素养

信息素养,其对应的英文为 information literacy,是由美国信息工业协会的会长保罗·泽考斯基(Paul Zurkowski)于 1974 年首次提出的。他给出了这样的定义"信息素养就是利用大量的信息工具及主要信息资源使问题得到解答的技术和技能。"信息素养,是一种对目前任务需要什么样的信息、在何处获取信息、如何获取信息、如何加工信息、如何传播信息的意识和能力。这种素养——其实就是能够熟练运用计算机获取、传递和处理信息——已日渐成为未来从业者必备的素质。1992 年,在《信息素养全美论坛的终结报告》中给信息素养下的定义是:一个有信息素养的人,他能够认识到精确和完整的信息是作出合理决策的基础;能够确定信息需求,形成基于信息需求的问题,确定潜在的信息源,制定成功的检索方案,从包括基于计算机的和其他的信息源获取信息,评价信息,组织信息用于实际的应用,将新信息与原有的知识体系进行融合以及在批判思考和问题解决的过程中使用信息。

现在,我们一般可以将信息素养理解为在信息社会中个体成员所具有的各种信息品质,包括信息意识、信息知识、信息能力、信息道德等几方面,是涵盖面较广,以获取、评估、利用信息为特征,传统与现代文化素养相结合的科学文化素养。

1. 信息意识

信息意识指的是个体对信息的敏感度,体现在对信息价值的自觉认识及敏锐的判断力和分析力上。信息意识是指对信息和信息工作的感觉、知觉、情感和意志等。人们的信息意识对其信息行为必然起着控制性作用。一个人认识到信息的价值,就能形成自觉的信息意识,化成自身的自觉行动,使其面对浩如烟海的信息,敏锐地发现有价值的信息。信息意识的强弱将直接影响到学习者信息行为的效果。

信息意识一般可分为纵向的层次结构和横向的内容结构。层次结构是由信息认知、信息情感和信息行为倾向三个层面组成的;内容结构是由信息心理状态和信息素养组成的对信息意识的控制,实际上就是对信息意识的操作,也就是通过教育、学习和训练等手段来完善信息意识的内容结构,并进而控制信息意识的层次结构[①]。

具有良好信息素养的人,非常明确获取信息的重要性。他们在研究、解决问题时总是想方设法获取有关信息(有目的地经常上网搜寻信息或阅读有关纸质媒体、电视媒体、电子读物信息),对信息源了解相对较多,且解读信息的能力很强,能从一般人不易觉察之处发现那些隐含的信息,对信息有一定的分析评价能力。

2. 信息知识

信息知识是人们在利用信息技术工具、拓展信息传播途径、提高信息交流效率中所积累的认识和经验的总和,是构成信息素质的基础。在信息时代,必须具备快速阅

---

① 童世骏:《意识形态新论》,上海人民出版社 2006 年版,第 7 页。

读的能力，这样才能有效地在各种各样、成千上万的信息中获取有价值的信息。还需要了解计算机基本工作原理和网络基本知识，了解各类信息技术工具的原理和知识，了解信息技术的原理和知识，掌握某一领域或方面的设计、开发、利用、管理和评价的知识以及信息的基本知识，包括信息的理论知识，对信息、信息化的性质、信息化社会及其对人类影响的认识和理解，信息的方法与原则（如信息分析综合法、系统整体优化法等）。

为具备信息知识，同时也为了更好地获取和利用信息，要积极努力学习现代教育技术与现代信息技术。具体包括计算机原理及体系结构、程序设计与数据库原理、计算机网络与通信、网络信息资源开发与管理、多媒体网络教学课件的设计与应用、信息系统设计等。利用现代网络化、数字化技术手段对信息的存在形式作必要的合理的转换，使信息具有不同的时空表现特征，从而更容易为使用者所识别和利用，且努力地将其整合到自己的学习和教育教学策略之中，学以致用。在当今社会，还需精通外语。网络信息的普及，使得接收网上信息的人越来越多，而网上有80%多的信息是英语，此外还有其他语种。要了解国外的信息，要适应国际文化交流的需要，就要掌握外语，提高我们的外语水平。

3. 信息能力

信息能力是人们运用信息知识、操作信息活动的能力。信息能力是整个信息素养的核心。从狭义上来说，指的是个体对信息系统的使用以及获取、分析、加工、评价信息并创造新信息以及传递信息的能力；从广义上来讲，除了上述能力以外，还应该包括语言能力、思维能力、观察能力、判断能力等间接能力。学生学习计划的完成过程在信息学意义上就是信息的搜集加工和使用的过程，即信息实践能力的培养过程，同时也是学生智能发展和创新人才的培养过程。信息是一种无形资源。信息的产生在时空上表现出较大的随机性和离散性，具有不易认知和难以把握的特点。当今社会，在纷繁复杂的信息海洋中，要求人们具有一定的对信息资源价值进行认知与把握的能力，以此提高自己的判断力、洞察力、创新力和对信息的加工处理能力。同时，信息是一种再生性资源，可反复利用与共享。人们要使信息资源深入、广泛和持续开发利用，必须具备相关的知识和技能，如信息利用方式和效果的分析评价、信息的开发与利用等；熟练地使用网上资源，学会获取、传输、处理、利用信息的基本方法；能充分利用信息技术为自己的学习、生活、工作服务，具有信息的分析、加工、评价、创新能力，具有设计和开发新的信息系统的能力，由此才能保障信息资源的充分有效利用，达到信息资源的共享和有效的再利用。

4. 信息道德

信息道德是指人们在获取、利用、加工和传播信息的过程中必须遵守的一定的伦理规范，不得危害社会或侵犯他人的合法权益。信息道德左右着信息素养的方向，主要内容包括：信息交流与社会整体目标协调一致；遵循信息法律法规，抵制违法信息行为；尊敬他人知识产权；正确处理信息开发、传播、使用三者之间的关系等。如人们在学习与工作中遇到的信息引用、复制、咨询等知识产权问题以及出版发行教学出版物所应承担的权利与义务问题、网络信息规范化管理与应用问题等,这些都需要人们具有规范化管理的信息道德意识。因此,无论一个人的信息意识如何强烈,信息知识如何丰富,信息能力如何强,如果他将其才能用在违法犯罪上,那么他的信息素养是非常低下的。

信息化社会里要求人们应自觉遵守信息道德准则,以此规范自己的行为与活动。现在的互联网生活中出现了一个新词,就做"人肉搜索",之所以以"人肉"命名,是因为它与百度、谷歌等利用机器搜索技术不同,它更多的利用人工参与来提纯搜索引擎提供的信息。遗憾的是,人肉搜索利用不当的话,就会造成"最恐怖的社会搜索"。"网络通缉令"时常有发错的时候,比如在前段时间的一起"网络通缉令"事件中,其不幸者就由于被网友误当作被通缉者,他的手机和家庭住址等私人信息都被公布在网络上,甚至连8岁女儿是领养的隐私也被人公布。受害者更是因此接到大量骚扰电话,生活受到了极大干扰,需要通过法律途径解决。虽然人肉搜索的力量大,有时其效率之高可能不亚于警方的办案速度,但整体来看,其现实的结果弊大于利,甚至产生违反法律的行为。

三、信息源及信息媒体

信息源,顾名思义,就是获取信息的来源。联合国教科文组织(UNESCO)出版的《文献术语》对其定义为:组织或个人为满足其信息需要而获得信息的来源,称为"信息源"。严格来讲,只有信息产生的"源头",才能称为信息源。但实际上信息源是一个相对的概念,凡能产生、拥有和传递信息的所有物质皆谓信息源。由此看来信息源内涵丰富,它不仅包括各种信息载体,也包括各种信息储存、传递、生产机构。在图书情报学界则认为:人类科研活动、生产经营活动和其他一切活动中所产生的成果和各种原始记录,以及对这些成果和原始记录加工整理得到的产品都可称为信息源。因此,又有口头型信息源、实物型信息源和文献型信息源之说。

信息媒体,就是指信息传播的介质、信息表示的载体,也称为信息媒介或信息载体。这些信息媒体可以是文字、图形、图像、动画、声音、视频等信息表示形式,也可以是扬声器、磁盘阵列服务器、电视机等信息的展示设备,还可以是传递信息的光纤、电缆、电磁波等中介媒质,以及存储信息的缩微胶卷、磁盘、光盘、磁带等存储实体。而在图书情报学界则从文献型信息源的研究视角出发,将信息媒体大致划分为传统文献信息媒体和电子文献信息媒体两大类。前者是将人类知识用文字、图形、符号、声频、视频等手段在物质载体上记录下来的用于交流传播的信息载体。后者是指以数字编码的形式,把文字、图像、动画、声音、视频等信息存贮在磁光等介质上,通过计算机和其他辅助设备阅读使用的一种新型文献信息媒体,实质是一种机读型信息媒体。该类电子文献信息媒体是信息技术发展的产物,它的产生、发展和应用给人们展示了一个全新的虚拟世界。

基于本书的初衷,我们不打算向读者详细地介绍信息源以及信息媒体的分类,有兴趣的朋友请参考其他信息检索类读物。在这里，本书有必要介绍一下电子文献信息媒体中的网络信息媒体，它是指借助计算机网络（互联网）进行传递的文本、数值、声频与视频等各种信息媒体的总合。网络信息媒体范围甚广，诸如搜索引擎、主题网关、经济、医学、教育、科研、军事、商业、新闻、企业公司的网站网页、网络书刊、报纸、专利、标准、电影、音乐、博客、RSS、网上论坛、新闻组等，它是目前世界上最大的文献信息媒体，使用方便快捷、免费信息居多，颇受用户喜爱。

随着互联网的发展，信息媒体在时间和空间上将得到了极大的拓展，而且种类繁多。而且，正是由于互联网的快速发展和良好的交互性，该类网络信息资源鱼龙混杂，好坏同存。所以，我们在通过互联网获取信息时，信息的来源渠道是至关重要的。这时用户应以信誉度高的信息媒体为主，也必须对其他相关信息媒体进行考查，以识别信息的真伪。

四、信息检索

曾几何时，文献检索、信息检索还是陌生词汇。如今，随着互联网的普及，人们已经普遍意识到信息检索是人们有效参与信息社会的一个先决条件，是终生学习的一种基本人权，是实现创新能力的基础。信息检索的起源是图书馆的参考咨询和文摘索引工作，从19世纪下半叶首先开始发展，至20世纪40年代，索引和检索已成为图书馆独立的工具和用户服务项目。现在，信息检索已经成为我们生活、工作、学习中不可或缺的组成部分。

人类社会进入20世纪之后，信息与物质、能量成了构成现代社会的三大资源，成为社会发展的巨大推动力。在信息化高度发展的今天，信息匮乏的日子一去不复返，但信息泛滥又使我们陷入另一种尴尬的境地。在尽可能短的时间内全、快、准地查找所需的信息，这是时代赋予信息检索的职责。《论语·卫灵公》有言"工欲善其事，必先利其器"。抓住信息检索这把利器，可以帮助我们从茫茫的信息海洋中去除糟粕、找出精华，更可以让我们的工作如虎添翼。

随着1946年世界上第一台电子计算机问世，计算机技术逐步走进信息检索领域，并与信息检索理论紧密结合起来；脱机批量情报检索系统、联机实时情报检索系统相继研制成功并商业化，20世纪60年代到80年代，在信息处理技术、通信技术、计算机和数据库技术的推动下，信息检索在教育、军事和商业等各领域高速发展，得到了广泛的应用。

以教育为例，信息技术在欧洲和美国的教育中已经成为教育变革的推动力。课堂教学中，老师不再仅仅手持粉笔和板擦，而是运用电脑、视听器材以及各式IT设备，将学习信息以多种形式呈现在学生面前，并运用信息技术搜集、整理、加工、制作教学信息。美国中小学生的很多作业都是在电脑上完成的。像社会学科、历史学科这些人文社科类的作业，学生或独立，或以小组形式，借助网络强大的搜索信息的功能，查阅、搜集、整理、加工所需要的信息，并最终完成电子报告，通过学校网页发布或发送到老师的电子信箱；即使是理科类的作业，也有很多是以这种方式完成。学校和公共的图书馆里，你所见到的不再仅仅是一排排落满灰尘的书籍，随处可见的则是大量的利用 IT 来进行学习的各种资料、各种视听材料以及无数的计算机软件。在图书馆里，电脑甚至取代了书籍，成为最重要的教育、教学资源。这种巨变就如同一个当今战场上的现代化士兵，由高科技设施全副武装。

再来看一个例子。20 世纪 70 年代，美国核专家泰勒收到一份题为《制造核弹的方法》的报告，他被报告精湛的技术设计所吸引，惊叹地说："至今我看到的报告中，它是最详细、最全面的一份。"但使他更为惊异的是，这份报告竟出于哈佛大学经济专业的青年学生之手，而这个 400 多页的技术报告的全部信息来源又都是从图书馆那些极为平常的、完全公开的图书资料中所获得的。由此可见，信息检索作为可获取、需处理的信息内容管理的核心支撑技术，随着内容管理的发展和普及，亦将应用到各个领域，成为人们日常工作生活的密切伙伴。

表 6-1 介绍了中外一些常见的检索数据库系统，也可以称为数字图书馆，它是相对传统图书馆而言的。众所周知，传统图书馆是一个人们看得见、摸得着、拥有一定数量馆藏和管理人员的一个物理建筑，是一个集收集、整理、保存、传递文献信息于一体的社会文化教育机构。在传统图书馆中，可通过以手工操作为主的工作人员，利用馆内的各种文献信息，为一定范围的读者提供服务，如外借服务、阅读服务、参考咨询、文献检索等。随着信息技术的发展，图书馆收集信息的载体也发生了变化，由单一的印刷型发展成缩微型、机读型、声像型等几种形式并存，因此有人称其为电子图书馆。而网络技术的发展又使得图书馆打破了地域和时间的限制，使人们无论何时、何地都可以访问图书馆的信息，因而又有人称其为没有围墙的图书馆[①]。鉴于这种图书馆是在网上访问的，而非现实当中存在的真实物理建筑实体，于是又有人称其为虚拟图书馆，由于其信息都是以计算机能识别的二进制的形式存储，因而又出现了数字图书馆的概念。

表 6-1　部分常用的检索数据库系统

中文数据库	超星数字图书馆、书生之家数字图书馆、读秀学术搜索、中国学术期刊全文数据库、中文科技期刊全文数据库、中国博士学位论文全文数据库、中国优秀硕士学位论文全文数据库、万方中国学位论文全文数据库、万方数据资源系统会议论文、中国社会科学引文数据库、人大复印报刊资料全文数据库、中国资讯行、中经网统计数据库、新华在线—道琼斯财经咨询教育平台
外文数据库	EBSCO 全文数据库、Elsevier 电子期刊数据库、ACS 期刊全文库、Springer 电子期刊数据库、ISI Proceedings、Ei Vllage2、PQDD 博硕论文库、CALIS 文献传递、CASHL 文献传递、NSTL 文献传递

注：本文在此不一一列出这些数据库的互联网地址，如果需要进入这些数据库系统查看，请利用百度或者谷歌搜索其地址即可。

---

① 靳小青编：《医学文献检索》，人民邮电出版社 2010 年版，第 22 页。

所谓信息检索(information retrieval),就是将信息按一定的方式组织和存储起来,形成各种"信息库",并根据用户的需要,按照一定的程序,从"信息库"中找出符合用户需要的信息的过程。

广义的信息检索包括信息的存贮与检索两个过程。信息存贮过程,是解决如何建立检索系统,编制、标引检索工具或数据库,这主要由专业信息标引人员、图书情报部门的专职人员依据检索语言进行编制、标引。一般图书情报部门都把这部分编制、标引出的"信息库",放在图书馆的检索系统或图书馆的服务器中。信息检索过程,则是根据已知的检索工具和检索库,按照一定的检索规则(检索语言)将所需的文献资料查找出来的过程。

狭义的信息检索就是上面所提及的广义信息检索过程的后半部分,即从信息集合中找出所需要的信息的过程,也就是我们常说的信息查询。因此,本书要向各位介绍的信息检索就主要是指怎样利用检索工具和检索库查找信息资料。当然随着因特网的发展,网络信息空间得到了极大的拓展,在信息检索中也占有很重要的位置。

我们在检索信息时,无非就是两类检索——手工检索(简称"手检")和机器检索(简称"机检")。手检是靠"手翻、眼看、大脑判断"完成检索任务,它检准率高,但检索速度慢、效率低。机检则是通过"选词、制定检索策略、机器匹配"来执行检索,包括光盘检索、联机检索、网络检索。鉴于实际需要,本书在此不向各位介绍印刷型检索工具——比如《全国报刊索引》——的使用。下面我们将简要地以中国学术期刊网络出版总库(China Academic Journal Network Publishing Database,CAJD)为例向大家介绍电子数据库的检索。

目前,EI(工程索引)与SCI(科学引文索引)、ISTP(科学技术会议录索引)被列为世界著名的三大综合科技类检索刊物,许多单位都对这三大检索刊物收录论文的情况做统计排名,以此作为衡量学术水平的一个重要参考指标。这些数据库的使用都有专门的资料介绍,大家可以利用百度和谷歌去查找,这也是一种检索的能力,不是吗?下面我们将以中国学术期刊网络出版总库(CAJD)为例简要地抛砖引玉向大家介绍一下电子数据库的检索。

中国学术期刊网络出版总库是专门针对期刊检索而言的,是中国知网,即中国国家知识基础设施工程(China National Knowledge Infrastructure,CNKI)的系列数据库之一,是国家"知识资源数据库"出版工程的重要组成部分。中国国家知识基础设施工程(CNKI)的概念,首先由世界银行于1998年提出,后由清华大学光盘国家工程研究中心、清华同方光盘股份有限公司等单位发起,于1999年6月开始实施。目前CNKI已建成了十几个系列知识数据库,而中国学术期刊网络出版总库是目前世界上最大的连续动态更新的中国学术期刊全文数据库(如图6-2所示)。

截至2012年10月,中国学术期刊网络出版总库(CAJD)收录我国自1915年以来国内出版的7 900余种学术期刊,全文文献总量3 200多万篇。内容涵盖十大专辑:基础科学、工程科技Ⅰ、工程科技Ⅱ、农业科技、医药卫生科技、哲学与人文科学、社会

图 6-2 中国知网的主界面

科学Ⅰ、社会科学Ⅱ、信息科技、经济与管理科学。十大专辑下分为 168 个专题。该库既有浏览功能又有检索功能,还有引文链接功能,及对个人、机构、论文、期刊等方面的计量与评价功能,并能共享 CNKI 系列数据库的各种服务功能。

CAJD 的最大创新就是推出了引文网络,也就是知网节。知网节是一条知识链接的纽带,通过这条纽带,研究人员可找到一批相似文献、相关机构、相关作者。借助参考文献、二级参考文献可追溯课题的发展历史、研究背景,借助共引文献、同被引文献可了解课题的研究现状、目前进展,借助引证文献、二级引证文献可展望课题的发展方向、后继研究。

下面我们看看中国学术期刊网络出版总库的一些检索页面。在图 6-2 中的检索项下,有全文、主题、篇名、作者、单位、关键词、摘要、参考文献、中图分类号、文献来源等项目可供选择(如图 6-3 所示)。你可以选择你需要的,然后在后面一栏中输入你的检索词,点击"检索"即可。

当我们以"作者"为检索项,输入关键词"南旭光"检索之后,就会发现,在"检索"按钮之后还有"结果中检索""高级检索"等项目。比如我们要进一步缩小对作者"南旭光"发表文章的范围,为了进一步限定,我们要求作者单位为"重庆",点击"结果中检索"。那么检索的结果就如图 6-4 所示。

该检索结果中部显示了检索的记录"共有记录 76 条",而且可以根据需要按照相关度、发表时间、被引频次、下载频次进行排序显示。该检索结果下部则显示了该作者

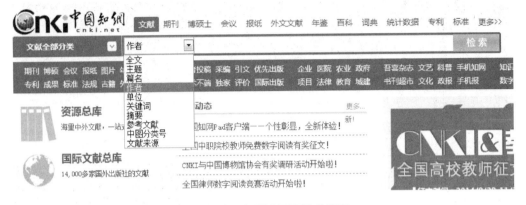

图 6-3　中国知网主页面的检索项

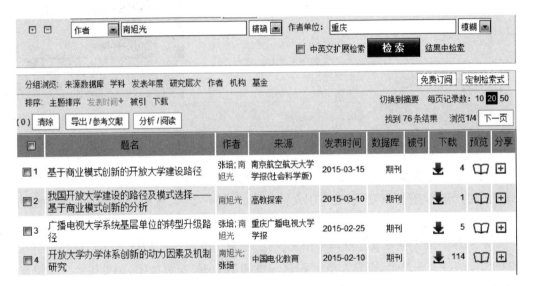

图 6-4　中国知网学术文献标准检索结果界面举例

发表的全部文章的基本信息,包括题名、文献来源、发表时间、被引频次、下载频次等。如果你想查看某篇文章的具体内容,那么就请你点击结果中显示的"题名"链接,就进入"节点文献"区。在此页面你可以看到 CAJD 中文献资源的全文显示格式有 CAJ 和 PDF 两种,第一次阅读全文必须下载安装 CAJ 或 PDF 全文浏览器,否则无法阅读全文。

好了,现在我们已经介绍了中国知网的文献检索基本情况,其他数据库——如维普资讯、万方数据知识服务平台等的使用大同小异,相信你一定可以举一反三,全面掌握各种数据库的检索技能。

第三节 创新能力：插上起飞的翅膀

一、创新

在中文里，顾名思义，创新（innovation）就是创造新的事物。我国古代典籍中很早就有创新一词，如《魏书》有"革弊创新"，《周书》中有"创新改旧"，也就是推陈出新的意思。但是把"创新"带入现代世界的是美国经济学家熊彼特（Joseph A. Schumpeter）。他在1912年出版的《经济发展概论》中最初提出了"创新"的概念：创新是指把一种新的生产要素和生产条件的"新结合"引入生产体系。熊彼特指出创新包括五种情况：引入一种新产品；引入一种新的生产方法；开辟一个新的市场；获得原材料或半成品的一种新的供应来源；实现一种工业的新的组织。熊彼特的创新概念包含的范围很广，如涉及技术性变化的创新及非技术性变化的组织创新。此后，随着新技术革命的迅猛发展，各个学科领域的学者都对创新问题作了深入的研究。进入21世纪后，在信息技术推动下的知识社会的形成及其对技术创新的影响进一步被认识，科学界进一步反思对创新的认识。

广义上讲，创新活动是一种系统性的活动，是指人类在认识和改造客观世界和主观世界的实践过程中获得新知识、新方法的过程与结果，主要包括科学发现和创造、技术发明和商业价值实现等一系列活动。我们放眼世界，创新遍布人类的方方面面，如观念、知识、技术的创新，政治、经济、商业、艺术的创新，工作、生活、学习、娱乐、衣、食、住、行、通信等领域的创造创新，而不仅仅是技术领域的事情。当然，技术创新对人类的生产生活有决定性意义。

创新的主体肯定是人了，也就是创新者。当然，创新者获得创新具有不同的类型。著名作家柯契托夫在《青春常在》一书中写道："人类中有三种创造者：第一种人是不断地、顽强地劳动，集中意志和力量，长年累月，突破一点而达到伟大的目标；第二种人是靠天才的火花；第三种人是两者兼而有之，或者通过顽强的劳动而获得令人耀眼的天才火花，或者用天才的火花推动创造者去顽强劳动，常年探索，照亮他的发明创造的道路。"可见，这三种创造者，第一种最为普遍，第二种较少，第三种是创新的典型代表。在开始你的创新活动之前，先想一下，你是哪一类人呢？

二、知识创新

有专业的学者认为，创新可以分成三种类型：知识创新、技术创新和制度创新。这里我们仅就知识创新作简单介绍。知识创新，就是通过科学研究，包括基础研究和应用研究，获得新的基础科学和技术科学知识的过程。知识创新的目的是追求新发现、探索新规律、创立新学说、创造新方法、积累新知识，也因此为人类认识世界、改造世界提供新理论和新方法，为人类文明进步和社会发展提供不竭动力。

如果按照人类认知活动的性质，我们可以将知识创新活动可分为五种不同的层次和类型。（1）基础研究，为获得新知识而进行的独创性研究，其目的是揭示所观察现象和事实的基本原理和规律，而不以任何特定的实际应用为目的。（2）应用研究，针对某一特定的实际应用目的，或为了确定基础研究成果或知识的可能用途，而进行的独创性研究。（3）试验发展，利用从研究或实际经验获得的知识，为产生新的材料、产品和装置，建立和改进新的工艺和系统，而进行的系统性工作。（4）研究与试验发展成果应用，为解决研究与试验发展阶段产生的新产品、新装置、新工艺、新技术、新方法、新系统和服务等的生产和应用问题所进行的系统性活动，一般不具有创新成分。（5）推广示范与科技服务，与科学研究与试验发展有关并有助于科学技术知识的产生、传播和应用的活动，包括：为扩大科技成果的使用而进行的示范推广工作；为用户提供科技信息和文献服务工作；为用户提供技术咨询、技术论证等科技服务工作；自然现象的观测和监测，资源的考察和勘探；有关社会、人文、经济资料的收集与分析；为社会和公众提供测试、计量、计算、质量控制和专利服务等。

在知识创新领域，我们可以看到，但凡知识创新型人才，他们对新事物都反应敏锐、学术思想活跃，对新学科的产生比较敏感，善于捕捉新的生长点，往往成为交叉学科、边缘学科和横断学科的开拓者。你是不是呢？努力吧朋友，多给自己一些鼓励，也多一些行动吧！

三、创新思维

我们大家应该熟知"苹果"吧。乔布斯和苹果公司凭借 iPod 和 iPhone 系列，一举囊括了若干杰出企业家和最具创新公司的奖项，还重新塑造了苹果公司的股票市值。苹果不是个人电脑的发明者，却是个人电脑革命的引爆者；苹果也不是数字音乐播放器的发明者，却是数字播放器一统江湖的领先者。互联网推倒了公司的围墙，形成了一片生机勃勃的新大陆。"苹果"的成功告诉我们：唯有灵动地去捕捉创新灵感，并且把它迅速地复制成为一种一时难以撼动的强势，才有可能稳居市场的顶端。我们不免感慨：一个新的发现或创意，就可能颠覆整个世界。

可是你要做到创新，要能够推陈出新，你要拥有什么呢？那必定是创新思维无疑了。创新思维又被称作创造性思维，是指产生新思想的思维活动，俗称"点子"。创新思维能突破常规和传统，以新颖、独特的方式解决新的问题。在创造性思维中，敏锐的洞察力、丰富的想象力、渊博的科学知识等智力因素，正确的动机、浓厚的兴趣、热烈的情感、坚定的意志和独立自主的创造性性格等非智力因素，都起着重要的作用。据说，"苹果"的许多颠覆性的想法，大多是在乔布斯睡觉前产生。乔布斯本人曾说过，一些网友癫狂般的设想,给了他无尽的启迪。

创新思维不仅是技术创新和产品创新的源泉,也是组织创新、营销创新、制度创新、商业模式创新等管理创新的源泉。也正是基于此,很多企业不惜重金,聘请专家学者对企业员工开展创新思维训练的讲座。都希望自己的员工能够像牛顿从苹果落地发现了万有引力,瓦特看见炉子上烧水的壶盖被水汽顶起而受到启发从而发明了蒸汽机一样创意出各种神奇的方案或产品。

很显然,类似于万有引力、蒸汽机这样的创新不是每个人都可以实现的,我们也因此认为这类活动是"天才"的活动。但是果真如此吗?难道不能后天培养吗?千万不要气馁!因为:首先,思维作为创新主体的个人,其创新思维能力受到思维定式、价值观、感觉和个人形象障碍等思维因素的影响,必须克服这些思维障碍,才能激发创新思维的活动。其次,创新思维是多种思维方式的综合运用。在人类的思维小,单纯的演绎法、单纯的归纳法都不可能产生创新性思维。只有将演绎与归纳、分析与综合、抽象与概括、逻辑方法与历史方法等许许多多逻辑思维方法结合起来,辩证地运用,才可能产生创新性思维。

有了一些创新思维,你就具备了基本的创新素质了。所谓创新素质,概括地说,就是创造发明的能力。具体地说,就是创新意识和创新能力的统一。

记着,你是最棒的,只要你行动,你就能行。

四、创新能力

我国学者何道谊曾经提出了一个有意思的生产力公式,即生产力＝(学习能力 + 创新能力)×仿复能力。其中的学习能力,我们在前面已经做了介绍。其中的仿复能力,是指仿照一定的模式进行复制、复做的能力。我想,如果你想想我们国家出现的大量的"山寨"产品,就该明白这个词的意义了,在此不多言。那么还有一个很关键的变量,就是创新能力了。

创新能力是人们运用知识和理论,在科技和实践活动中除旧立新、创造具有经济价值、社会价值的新思想、新理论、新方法和各种新发明的能力。创新能力一般都有发现问题、分析问题、提出假设、论证假设、解决问题的过程,对事物勇于批判、敢于质疑。创新能力构成的基本要素有创新意识、创新智能、科技素质和创新环境等。

正如创新思维可以后天培养和提高一样,创新能力也是可以培养的。许多事实说明,按照适当的方法进行训练,创新能力可以提高数倍甚至数十倍以上。除了前面说的你要不断形成并提高你的创新思维,培养创新能力还需要这么做:(1)学会关注。我们的头脑每时每刻都在进行着交谈以及拥有各式各样的意识流,这些令人分散注意力的想法,使人难以集中精力干好工作。因而必须注意清除头脑中分散注意力的想法。使思维完全进入当前的工作状态,把注意力高度集中在应该做的事情上,这样久而久之,创新能力自然就会形成。(2)善于提出问题。任何创造都是从提出问题开始的。提高创造性思维能力，必须努力培养善于思考和发现问题的能力。提高发现问题的能力，主要是要勤于和善于思考。疑问是通过思考产生的，脑子里经常装几个问题，深入思考，独立思考，就可能有所建树。提出问题还要讲究技巧，如探究法、逻辑法、比较法、反问法、变化法、极端法、变换角色法等。(3) 抓住灵感。灵感是人在创造过程中达到高潮阶段出现的一种最富创造性的复杂的心理现象，是创造者在坚持探索的过程中，在受到外界某件事、某个人和某种物的刺激、诱发和暗示下找到解决问题的办法。灵感往往是在那些有准备的头脑中产生的；灵感来自长期的追求和探索；灵感来自独立的思考；灵感来自勇敢的探求；灵感来自渊博的知识。(4) 善于管理创意。创意是思想的果实，也是创新的前提。但是，人的创意一般很微弱，如不进行适当的管理，就会稍纵即逝或毫无价值。要注意随时记下创意，一想到什么，就立刻记下来，以免错失了自己的思想结晶；要定期复习创意，在其间进行筛选，把有价值的东西保留下来，在此基础上深入思考研究，不断完善，没有意义的则及时扔掉；要增加创意的深度和广度，把相关的事物联结起来，一旦时机成熟，就把它应用到创新活动上去。

总之，提高创新能力，是一个不断激励创新精神、培育创新素质、提高创新本领的艰苦细致的系统工程。那么，你还等什么呢？现在就上路出发吧！

总结性述评

我们来回顾一下本章的主要内容吧，这里围绕学习能力、信息素养和创新能力，阐释并分析了与此有关的基本认识和基本问题，向大家展示了在现代社会中生存竞争的基本素质和能力要求。

知识是创新能力的基础，是打开创新之门的钥匙。而学习则是掌握知识的必备过程。国际竞争日趋激烈，培养和造就高素质的创新型人才势在必行。创新型人才的培养和造就，要靠社会的关注、教育的改革，更要靠每一个人的创造性学习。学习活动能否增加创造性的意义，学习过程能否增加推陈出新的成分，学习者能否有创造性的动机，学习者能否通过学习获得创造性的人格，进而加快发展为创造性人才，等等，成为时代赋予我们的崭新课题。学会制定适合自身特点的学习策略，也是知识时代必备的一项技能，更是在知识社会生存和成功的必要条件。

信息通信技术的融合与发展推动了社会形态的变革，催生了知识社会，使得传统的实验室边界逐步"融化"，进一步推动了科技创新模式的嬗变。信息素养便在此间成为人们有效参与信息社会的一个先决条件，是终生教育和终生学习的一种基本人权。信息素养教育主要是培养我们主动获取各种信息的意识，掌握信息获取和利用的能力，提升了我们学习的效率，促使我们恪守信息道德，构建终生学习环境和氛围，树立起终生学习的观念，并让我们学会更好地学习，为创新能力的培养夯实基础，这样才能不被时代抛弃，顺应未来社会的发展。

总之,我们该如何认知这个纷繁复杂的世界?这是一个很严肃的命题,也是一个很难说清楚的问题。那么,请记住:我们要先用知识武装自己的头脑,要用信息素养为自己装备好利器,要用学习扩展和巩固自己的知识储备体系,要用创新为自己探索和改造世界插上起飞的翅膀。

复习思考题

1. 请解释一下知识转化的 SECI 模型。
2. 什么是学习能力?它具有什么性质?
3. 国务院总理李克强在 2015 年政府工作报告中提到"全民创业、万众创新",你认为"让人人成为创新的主人,让全民创新成为一种风气"有什么意义?
4. 结合工作和学习,请你谈一下如何提升自己的信息素养。
5. 在互联网上也要遵循道德规范,不能侵害别人的合法权益,你认为这属于信息素养吗?

第7章
竞合：我们如何适应社会？

盖人之所以为人者，以其能群也。第深思其所以能群，则其理见矣。虽然，天之生物，以群立者不独斯人已也。试略举之，则禽之有群者，如雁如乌；兽之有群者，如鹿如象，如米利坚之犎，阿非利加之獬，其尤著者也；昆虫之有群者，如蚁如蜂。凡此皆因其有群，以自完于物竞之际者也。……一群之民，宜通力而合作。

——赫胥黎（Thomas H. Huxley），严复译《天演论》

章节引语

  2014年9月4日，中国国资委发布公告称可能合并国内最大的两家轨道交通设备制造企业——中国北车和中国南车。10月27日，中国北车和中国南车以及两者旗下A、H上市公司纷纷停牌。有消息称，"两车"停牌的原因是由于涉及南北车合并等相关事宜。而此时，适逢中国北车登陆美国、中国南车进军墨西哥获得成功后不到一周。

  早先，这两家公司原本就是一家。经过对中国铁路机车车辆工业总公司进行资产重组，北车和南车分别于2000年和2002年成立，当时目的是为市场引入竞争机制。

  2014年12月31日，中国北车和中国南车发布重组合并预案。有一篇文章引述了持这两种观点的分析师的话，一方认为合并将"结束北车和南车之间你死我活的争夺"，另一方的看法是，"消除重叠产品和多余研发支出可以降低成本"。但是外界普遍认为，两家公司进行合并的主要原因是为了避免开拓国际市场时兄弟之间竞相压价，导致见量不见利。

> 2015年4月10日,被称为"中国高铁超级推销员"的国务院总理李克强到中国北车长春轨道客车股份有限公司考察。李克强希望中国南车北车合并后组成"联合舰队"抱团出海,打造世界一流装备企业。
>
> 分析人士指出,南北车合并后,将实现技术融合、成本降低、质量提升,减少内部带来的竞争损耗,在海外的竞争力将大幅提升。同时,出海收购海外先进企业更具谈判主导权,有利于两车推进国际化布局。
>
> ——资料整理自王敏:《南车北车的"前世今生"》,《中国企业报》,2014年月11月7日,第22版。

在上面这个案例中,我们可以发现,在世界和社会飞速发展的时代背景下,在一个国企改革破除垄断的大背景下,被分拆出了中国南车和中国北车。但从这么多年实际运行的效果来看,当初的分拆达到了两强并立的局面,提高了竞争力。特别是在高铁出现之后,南车和北车争先恐后走向世界,取得世人瞩目的成绩。但是,也产生了兄弟之间的同业相残、竞相压价,结果是在某种程度上损害了更高层面的利益。这也就引发了再一次重组,中国南车与中国北车从并立走到合并。

毫无疑问,现代社会是一个充满竞争的社会,缺乏良好竞争意识和能力的人是无法适应这个社会的。一个能进入21世纪主流社会的人必定是一个能不断增加自己竞争力的人。另一方面,合作也是社会兴旺发达的标志和可靠保证。一个缺乏合作精神的人不仅事业上难有建树,也难在激烈的竞争中立于不败之地。从某种意义上讲,人类社会发展的历史就是一部竞争与合作的历史。

在本章开头,我们引用了严复先生翻译赫胥黎(Thomas H. Huxley)的《天演论》(*Evolution and Ethics*)中的几句话,其中不仅明确了"物竞天择、适者生存",也指出"一群之民,宜通力而合作"。事实上,纯粹的竞争或者纯粹的合作都不是人际交往的全部。生活在当今时代的我们每一个人,都必须面对合作的同时也要面对竞争,必须既会合作,也要会竞争,必须要在合作中竞争,也在竞争中合作。

那么,我们要如何正确认识竞争与合作呢?如何有效地培养竞争与合作的意识和能力呢?本书不敢妄称能行此大事,但愿可抛砖引玉,以为读者树立竞合思维、提升竞合能力而竭尽所能。

第一节 竞争:不能回避的生存模式

一、竞争阐释

在我国古代典籍中,"竞争"一词语出现在《庄子·齐物论》中,该文中有"有竞有争"之说。其后有郭象(西晋时期玄学家)加注:"并逐曰竞,对辩曰争。"可见,在古汉语中,"竞"和"争"原本是两个单音节词,两个词含义相近,但也有区别:"竞"重在行为,"争"则重在言辞。后来,随着历史和文化的演进,"竞"和"争"才逐渐变成一个词——竞争。唐朝著名诗人元稹在为裴某所写的《墓志铭》中就有"冬曹晋阳,宠备幽岁,而又勤尽让,不为竞争"。

在古希腊,"竞争"一词最早出现在亚里士多德的《政治学》一书,其中就使用了"竞争"和"垄断"这一对词。在讨论正义时,他还提到"优胜劣汰的规律"。不过,在西方直到亚当·斯密的《国富论》(《国民财富的性质和原因的研究》)和达尔文的《物种起源》出版后,竞争的本质和作用才为越来越多的人所认识。当亚当·斯密在1776年将经济学变成一门综合的科学时,他对于竞争已经有了一个轮廓性的概念。竞争也就成为经济学研究的重要内容。

竞争,简而言之,就是指一种发生在个人(或团体或国家)间的争胜行为。只要合两个或两个以上的不同利益团体在为某种大家暂时都达不到的目标而奋斗,就会有竞争。所以,可以说,竞争与人类历史一样古老。另一方面,竞争也不限于人类,达尔文就曾将其推广到物种,这集中反映在他在伟大的著作《物种起源》中所揭示的自然界和物种间"物竞天择,适者生存"的自然规律和演化规则。严复先生翻译的《天演论》中曾提到:

> 以天演为体,而其用有二:曰物竞,曰天择。此万物莫不然,而于有生之类为尤著。物竞者,物争自存也,以一物以与物物争,或存或亡,而其效则归于天择。天择者,物争焉而独存。则其存也,必有其所以存,必其所得于天之分,自致一己之能,与其所遭值之时与地,及凡周身以外之物力,有其相谋相剂者焉。

由于研究的不同着眼点,关于竞争的概念各不相同。比如经济学上的竞争是指经济主体在市场上为实现自身的经济利益和既定目标而不断进行的角逐过程。生物学中竞争,是指有限的生存资源数量不能满足需要时,生物种群或个体间所发生的争夺现象。生物学的研究表明,竞争几乎存在于每一类生物之中,其原因在于,生物体生存的唯一目的就在于使自身的基因得到保存和繁衍,因此,一切生物体的行为都是自我中心主义和利己主义的,正是这种自我中心主义和利己主义,决定了生物体在面临稀缺资源时的竞争的行为特性。从这个意义上可以说,竞争是一切生物体的本性。《现代汉语词典》对竞争的定义则是"为了自己方面的利益而跟人争胜"。

由于本书的立意不在某一学科,不是经济学,亦非生物学,我们只是基于读者素质提升的需要,在此,本书将竞争一词定义为:所谓竞争,就是行为人为了胜负或优劣而进行的争斗现象。

二、竞争的特征

竞争是个人或者企业组织的一种市场行为,但它归根结底体现了人与人之间在一定环境下的互动关系,其目的在于控制和消除竞争。一般而言,我们对于一切社会经济行为的分析都是以"理性人"为假设前提的,那么理性的人在面对随着环境演进而变化了的环境和条件时,决不会呆板到不修正自己选择的地步。因此,竞争也就具有以下特征,互动的竞争、演进的竞争、对抗的竞争、有道的竞争。

1. 互动性

竞争是具体的互动行为。竞争首先表现为行为主体之间具体的互动行为。尽管社会学家或经济学家们喜欢谈论竞争机制、把竞争看作社会活动主体之间的一种关系存在,但这种关系却首先表现为行为主体之间具体的互动行为,即竞争首先是具体的而非抽象的,或者说抽象的机制是建立在具体的行为之上,并通过行为来发挥作用。这种意义上的竞争,我们称为竞争行为或竞争策略,反映的是行为主体在面临环境或其他行为主体的挑战时的应对行动。比如引言中提到的两个企业——中国南车和中国北车,它们实际上就因为业务领域重合而引发了竞争。

2. 演进性

竞争是动态的过程。竞争还表现为具有动态过程的性质,即竞争不是凝固不变的,而是处于不断的变化之中。对于竞争的这种动态特性,不同的学科的学者从不同层面进行了描述。如我们在第六章中谈到的熊彼特就从创新的角度来看待竞争的变化。他认为,为了获得或保持市场优势地位,竞争参与者要不断改变他们的行为变量,例如降低价格、改进质量、加强广告宣传、改变销售方式、完善售后服务,等等。哈耶克(Friedrich A. Hayek)则认为,竞争参与者总是在不断地寻找和利用不为人们所熟知的市场机会,开拓新的生产要素组合方式,提供新的产品。

3. 对抗性

竞争必须发生在两个或两个以上的有对抗性的行为主体之间。如果在特定的环境里只有一个行为主体想参与竞争,则不能成其为竞争。在特定的环境里虽然有两个或两个以上行为主体可以参与竞争,但如果由于其中一个行为主体实力过强,其他行为主体无法与之匹敌,则该行为主体就具有绝对优势或者绝对强势地位,也难于开展竞争。只有在特定的环境里,两个或两个以上的行为主体具有可以开展对抗活动的条件时,他们之间才能形成竞争关系。

4. 有道性

竞争需要合理、有序的规则来调控,需要一个相对公平、公正和公开的道德环境。不讲究道德的竞争,有时虽然能获得短暂的成功,但是最终等待他们的必然是失败的泥坑。平时我们讲凡事皆有两面,竞争亦如此。过度的竞争或者不择手段的竞争,都会带来严重的不良后果,会给小到企业组织的发展,大到社会经济的发展带来不容忽视的负面效应,譬如,竞争者追求利润最大化的本能,往往造成不顾国家宏观经济整体利益而给市场带来盲目性;优胜劣汰的竞争压力,也导致一些商品生产经营者铤而走险,采取不正当的竞争手段,出现损害国家、集体和他人利益的消极现象,给市场带来无序竞争,等等。竞争给社会经济带来的负面效应,我们只有借助于道德规范以及政府行政干预及制定法律等制度手段加以解决了。

三、合作竞争

在论及合作竞争时,我们需要认识一点,没有竞争者是否是一件值得庆幸的事?实际上,对于那些以对抗的眼光看待竞争的社会主体来说,他们首先关心的是自身怎样获得与竞争对手对抗的能力和优势,以及怎样防止竞争者的再次进入。按照这种思路,竞争者是敌人,一定要消灭,竞争的目的之一就是要消灭竞争,使自己成为这场竞赛中的唯一。因此,我们就可常听到一些社会经济主体——个人也好,企业也罢——以非常自豪的口吻谈论自己在特定环境里并没有竞争对手。当然,在某些情况下,这样的说法可能是真的,尤其是一些新开辟的或者是非常专门的市场、新创立的高科技企业等。不过,在一般情况下,这种看法显得过于乐观了。同时,问题的本质还不仅仅在于对自己在特定环境中绝对优势地位的乐观认识,更反映他们在看待竞争者的存在方面所表现出的不成熟一面。

那么,没有竞争者果真是一件值得庆幸的事吗?答案是否定的。这种说法代表了一种错误的价值观,认为"没有竞争对手"就是一件好事。有些人夸耀自己没有遇到竞争对手,并且认为这代表了灿烂的景象,实际上,它没有认识到这样一个问题:如果一个特定环境足够健康,它一定会吸引竞争者加入。因此,除了在特殊情况下的市场之外,如果你果真不会遇到一个竞争对手,那首先应该反省的是你自己。比如,在一个单位里,你没有竞争对手,那么你是否考虑过,你鹤立鸡群的优势是否浪费了呢?你是否不适合在这个单位发展呢?你是否因为过于孤僻,而没人愿意和你产生一些关系呢?因此,没有竞争者并不一定就是一件好事。

事实上,如果我们仅从竞争的方面去认识人类和人类社会,我们就完全无法理解人类何以能超越自然界其他物种并发展出高度的文明社会。实际上,人类所以能够取得今天的成就并不是由于他与其他动物一样具有竞争的本性,而是与之相反,在于人类与其他动物不同的特点——高度的群体合作能力。正是这一特点,才使人类战胜了自然界一切物种而成为地球上的主人。

20世纪90年代中期,耶鲁管理学院内勒巴夫(Barry J. Nalebuff)和哈佛商学院布兰登勃格(Adam M. Brandenburger)提出了"竞合"的概念。他们认为:"创造价值是一个合作过程,而攫取价值自然要通过竞争,这一过程不能孤军奋战,必须要相互依靠。"简单讲,"竞合"就是:竞争中求合作,合作中有竞争。竞争与合作是不可分割的整体,通过合作中的竞争、竞争中的合作,实现共存共荣,一起发展,这是社会经济主体竞争所追求的最高境界。

人类的社会竞争只是意味着一些个体或群体希望从社会合作的成果中分得更大利益,但任何竞争都必须以不破坏社会合作为前提。合作竞争是一种高层次的竞争,合作竞争并不是意味着消灭了竞争,它只是从社会经济主体自身发展的角度和社会资源优化配置的角度出发,促使社会经济主体间的关系发生新的调整,从单纯的对抗竞争走向了一定程度的合作。

虽然人类是竞争性动物,人类社会充满着竞争,但作为个体的人却是没有任何竞争能力的。无论是为了生存或是竞争,人类个体都必须结成群体,依赖和利用群体合作的力量来提高生存能力和竞争能力。在早期人类社会,群体合作的方式是集生产、政治和军事为一体的氏族和部落等。在近现代人类社会,由于社会和劳动分工的发展,群体合作的方式则是一定的生产组织、政治组织、军事组织等,如企业、政党和军队等。但这里必须指出的是,同早期人类的社会组织一样,近现代人类社会中产生的各种形形色色的社会组织,其首要目的并不是为了竞争,而是为了提高人类个体的生产能力和生存能力。例如,建立企业的首要目的是为了通过组织内部的分工合作来整合个体力量、改进生产工艺、提高生产效率、充分利用资源和创造更多的物质财富,而不是为了打垮或消灭竞争对手,也不是为了将不同个体凑到一起,以使他们能相互竞争。虽然企业在其外部环境和内部环境中都存在着竞争,这是企业不可避免的生存条件,但是一个企业在面临外部的竞争环境时,为了更好地生存和取得竞争优势,就必须谋求内部更好的合作,并尽可能地缓和组织内部的竞争,以免因内部成员间的激烈竞争而削弱组织凝聚力,从而降低其生产能力、生存能力和组织的竞争能力。因此,对于任何企业来说,其根本宗旨都是如何在组织内部进行有效合作,而不是在组织内部开展激烈竞争。没有组织内部的有效合作,一个企业就没有任何竞争能力。

尽管我们一再强调,对于团队成员之间而言,合作是必需的,并且合作理应成为一种常态。然而,合作与竞争总是结伴而行,但竞争却常常为一种"隐常态"。为什么这样说呢?就是因为在很多企业里,竞争体现为一种无序化、不规则竞争,并且不是立足于团队整体目标蓝图下的良性竞争,而是基于部门或员工私利基础上的内部冲突与消耗,进而部分或局部地割裂了员工个体目标与团队整体目标之间的一致性。这就是我们必须要注意的问题了,也就是说,我们谈到了,竞争需有道。

四、职场竞争

前面我们谈了竞争,明确了有关竞争的一些问题,但是作为素质教育读本,在这里,我们向各位讲一下有关职场竞争的问题,并且我们将主要谈及职场道德。

随着社会的发展,人类对人性化的渴求与日俱增。在这个优胜劣汰的时代中人们更加关注自我的发展、自我的命运。所以,职业道德问题也就越发突显。我们来看看以下两个场景。

场景一

有一个新材料公司公开招聘新产品开发部经理。经过层层筛选,最后留下两个候选人。总经理最后分别请两人吃饭、聊天,权当最后面试。其中一位是刚参加工作的博士,没有管理经验而另一个不仅担任着部门经理职务,同时是目前单位的技术骨干。经理的天平慢慢倾向后者,于是吃了晚饭后和这位应聘者又到办公室聊上了。应聘者也明显感受到老总对自己的偏爱,一时兴起,表示如果自己被录用,可以把在原来公司工作时的一项发明带过来。话出口后,他觉察到这样说很不妥,忙做声明:那项发明是自己在下班后完成的,老板并不知道。

应该说新发明对应聘公司是求之不得的。但是,这位老总不是一个只看眼前利益的商人,他想的是公司的长远。所以还是决定弃用他,他说:"你缺乏最基本的处世准则和最起码的职业道德,如果我雇用你,谁又能保证你以后不把业余工作成果变成向新公司讨好的贡品呢?"

场景二

一家新成立的三资企业要招聘一名女出纳员。小杜一路过关斩将进入终选。但是因结果还没出来,她只好在原单位呆着。一天,小杜和同事小李正在吃饭,突然有一名陌生男子来到她办公室门前,笑着说:"请问二位小姐是在这办公室吗?"小杜说:"这跟你有什么关系?你找谁啊?"男子赶忙解释:"我来你们单位办事,在你们办公室门口捡到一百块钱,不知道是你们哪位丢的?"小李拿眼一扫:"不是我的。我今天出门没带那么多钱。哎,小杜,是不是你刚才付外卖钱丢的啊?"男子把百元大票递给小杜,说:"那一定是这位小姐丢的啦。"小杜心想:这男人捡钱是咋回事?怎么会有这么傻的人,发了财还在这儿等失主?既然小李不承认丢钱,只要我默认,钱就属于我了。想到这,她故作迟疑地说:"是我丢的吗?"小李则提醒她:"你数一数兜里的钱呀!"小杜双手一摊说:"我的钱又没数。"百元大票最后归了小杜。为了表示礼貌和感谢,她请男子进屋坐,并微笑着给男子沏茶。等小李出去刷碗的时候,男子平静地对小杜说:"杜小姐,其实我是你应聘那家企业的职员,今天是奉命对你进行最后一次测试的。可我们的测试已结束了。我十分遗憾地通知,你不够录用条件。"男子站起来告辞。小杜一下子明白过来,刚才那张百元大票是最后一块试金石!她沮丧地掏出那张钱,还给男子:"你们这种考核方法含有某种欺骗性和污辱性,我兜里的钱的确没有数。""不会的。"男子摇摇头,"您在以前的测试中表现突出,尤其记忆力惊人。您不会不清楚自己兜里有多少钱,何况其误差达百元之多,您更不可能忘记自己有没有这样一张被严重污染过的钞票。"男子又转身向刚刷碗回来的小李说:"作为出纳员,首要的是面对金钱的态度。如果您有兴趣的话,可到我公司一试。"

这里，我们不再多举其他例子了，相信大家一定可以从中知道：竞争，不管是什么竞争，比如职场竞争，肯定需要一定的道德规范。职业道德是一般道德在职业行为中的反映，是社会分工的产物。所谓职业道德，就是人们在进行职业活动过程中，一切符合职业要求的心理意识、行为准则和行为规范的总和。它是一种内在的、非强制性的约束机制。是用来调整职业个人、职业主体和社会成员之间关系的行为准则和行为规范。

随着社会经济的飞速发展，职场的竞争越来越激烈，人们为了获得好的职位和职业，拼命充电，都希望得到高级的专业资格认证，增加自己的职场竞争力。然而人性本身的东西有时比能力素质更重要。如：人品、道德、爱心、善良等所具有的职场竞争力，绝不逊色于专业知识。因此，在提高专业能力的同时，自身修养的迅速提高也势在必行。在职场上千万不要忘记：职场的竞争，往往不仅是在业务上，更体现在人品上，一定要让自己的人性光辉闪亮。

第二节　合作：获取共赢的基本能力

我们先来看看下面这则寓言故事。

小猴和小鹿在河边散步，看到河对岸有一棵结满果实的桃树。小猴说："我先看到桃树的，桃子应该归我。"说着就要过河，但小猴个矮，走到河中间，被水冲到下游的礁石上去了。小鹿说："是我先看到的，应该归我。"说着就过河去了。小鹿到了桃树下，不会爬树，怎么也够不着桃子，只得回来了。

这时身边的柳树对小鹿和小猴说："你们要改掉自私的坏毛病，团结起来才能吃到桃子。"于是，小鹿帮助小猴过了河，来到桃树下。小猴爬上桃树，摘了许多桃子，自己一半，分给小鹿一半。他俩吃得饱饱的，高高兴兴地回家了。

一、合作

在上面的故事中，小猴子与小鹿，就其个体而言，尽管都有着自己的特长，但是如果"单枪匹马"的话，他们都是摘不到桃子的。然而，一旦他们组成了一个相互协作的团队后，也就是说他们开展了合作的话，就出现了取长补短的奇迹——轻而易举地摘到了桃子。

所以，我们可以得到这样一个定义：合作（collaboration）就是个人与个人、群体与群体之间为达到共同目的，彼此相互配合的一种联合行动、方式。"合作"是源于以集体主义为哲学基础的"让会人"假设,合作博弈所强调的就是集体主义、团体理性。

其实,众所周知,"和合"思想是中国传统文化的精髓。"和"原指声音相应,"合"原指上下唇合拢。后来,"和"演化为和谐、和睦、和平、和善、祥和、中和等义,"合"演化出汇合、联合、融合、组合、合作等义,两者都有不同事物之间的联系组合的意思。其后的文化也多是倡导大家各展所长、共同发展。强调和为贵,主张人与人之间相互尊重、相互信任、相互帮助、和睦相处,与人为善、推己及人,反对相互敌视、相互欺诈、相互对抗,形成我为人人、人人为我的社会风尚。这便包含了合作思想的内涵和外延。我们再来看看下面这则故事。

有一天,有位传教士找到上帝说:"为什么有些人心胸那么狭窄,宁愿自己受到损失,也不让他人得到好处?为什么有些人只看重自身的利益,相互斤斤计较,哪怕别人多得一点点好处也会耿耿于怀?为什么有些人单个是条龙,几个人到一起时就变成了一条虫?请您为我指点迷津!"上帝听后点点头,不无感慨地说:"这个嘛,我也不便言传,还是带你去看看天堂和地狱吧。"上帝带着传教士先来到地狱。传教士发现地狱里的人个个都瘦骨嶙峋。他们手执一个特制的勺子,勺子的柄特别长,且只能握在柄的末端,否则手就会被灼伤,勺子的头很小,舀出的粥都洒在了地上,无法将粥送到自己嘴里,最后桶里没粥了,大家就互相埋怨,互相责骂,进而大打出手。传教士见此,愤愤不平地议论说,"实在是太悲惨了,他们怎么可以这样对待这些人呢?给他们食物的诱惑,却不给他们合适的用具"。"你真觉得很悲惨吗?我再带你到天堂看看。"教士发现天堂里的人个个满脸红光,精神焕发,笑逐颜开。他们用的是同样的勺子,吃的是同样的粥,只是他们是把粥舀出来喂别人,你喂我,我喂你,结果大家都吃得很饱,笑声朗朗,幸福而快乐。

故事讲完了,也许你早已听说过了,那么请问,您从天堂和地狱的不同景象中,得到什么启示?

所以,在一个大集体里,干好一项工作,占主导地位的往往不是一个人的能力,关键是各成员间的团结协作配合。团结大家就是提升自己,因为别人会心甘情愿地教会你很多有用的东西。毕业生刚从校园里出来,不可能独自承担一个项目,特别是在程序化、标准化极强的行业里,每个人只能完成一部分的工作,团队合作在很大程度上关系着企业发展的命脉。无法想象,一个只会自己工作,平时独来独往的人能给一个企业或者组织带来什么。

在与同事之间的关系处理上,是处处要胜人一头,还是合作互助?实际上这不单是人际关系,而是道德修养问题。同事之间关系和睦融洽,办公室氛围健康向上,对你个人来说,是莫大的好事,对企业或组织的运转和创益也会产生良性影响。

有位企业家曾说："我们和竞争对手不是一种你死我活的竞争关系,而变成一种竞争合作的关系。因为这个时代,你的对手太多了,你打不过来。你把这个对手掐死了,另外一个对手还在,你不可能把他们都打死。所以说,一个企业如果有一天在市场上被淘汰出局,并不是被你的对手所淘汰,一定是被你的用户所抛弃的。"因此,在市场经济条件下,企业竞争无法避免,但合作也是一种趋势。合作能形成合力,能给社会带来亲和力和稳定感。合作会形成一种互相尊重、平等相处、同心协力的和谐局面。

所以,我们所强调的合作,是竞争中的合作,是得到竞争补充、与竞争实现了某种平衡的合作,因此该命题丝毫没有否认竞争在市场经济中的作用。我们深知缺乏竞争的合作没有动力,只有竞争与合作并存,才能使竞争双方扬长避短,共同提高。竞争必须与合作相伴,合作必须与竞争同行,两者相结合,才能优势互补,相得益彰。

二、共赢

两个人下棋,你赢一局,对方必然输一局,对弈双方一胜一负,其相加结果永远为零。这就是博弈论的"零和"游戏。市场竞争中优胜劣汰是一个客观规律。所以,市场经济中的商家为了在竞争中取胜,必须击败竞争对手,这也属于一种"零和"现象。随着市场经济的发展,"零和"游戏观念正逐渐被双赢观念所取代。人们越来越认识到合作的前景是广阔的。合作可使"零和"现象转变为"双赢"的新格局。在竞争中相互学习,在竞争中合作,最终实现优势互补,获得"双赢"或"多赢"、共同发展的事例比比皆是。

好了,说到这里,那么何谓共赢呢?对于双赢,其实已经是我们很熟悉的一个概念,它来自于英文:"win-win",即交往双方都能获得利益。共赢是双赢的扩展,它要求在处理双边和多边关系、内部系统与外部环境关系时,在不损省公共利益、不牺牲生态环境的前提下,使各方均获得较满意的结果。共赢不仅仅局限于经济利益方面,还包括环境效益、社会效益以及主体能力和素质、主体生活质量和幸福指数的提高等。

合作共赢(win-win cooperation)就是指交易双方或共事双方或多方在完成一项交易活动或共担一项任务的过程中互惠互利、相得益彰,能够实现双方或多方的共同收益。人的生存与发展需要合作共赢,因为合作共赢能够促进经济、政治、文化的发展,更重要的是它能够促进和谐的人际氛围的形成、促进人的全面发展。人是社会的主体,只有人发展了,才能推动社会各项事业进步发展。

合作共赢可以克服个人实践和个人能力的有限性。人的全面发展是建立在人的社会实践的基础上的,人的实践是人类存在的基础。实践首先是个人的实践,个人为了自己的生存与发展,去努力地适应、探索、改造世界,这便是个人实践的原动力;而个人因为受到时间、空间及实践条件的限制,其实践活动的范围、深度等都是有限的。个人实践的有限性,使得个人的能力也具有有限性。为此,个人必须与他人合作,否则就无法更好地生存与发展。通过合作,人们可以相互交流其个体实践的经验教训,丰富个人的知识、经验，可以相互取长补短，弥补个人经验能力的不足。通过合作，能形成最佳的协同效应，创造最好的绩效。

合作共赢可以克服个人发展环境的有限性。人的发展离不开环境。一方面，人能够改造环境，使环境适合人的需要；另一方面，环境也能够改造人，使人的生理、心理结构发生变化。人与环境是相互影响、相互作用、相互制约的。因此，人的全面发展，就需要有一个良好的发展环境。通过合作，人能跨越时间和空间的障碍，延长个人实践的时间，拓展个人实践的空间、领域，从而了解更多的信息，掌握更多的资源。良好的合作氛围，不仅易于出成果，而且还使人们在彼此的关爱中享受生命的快乐。

合作共赢能最大化发挥个人潜力。在当今的信息化社会里，每个人都不可避免地与他人之间发生着联系，若主动走向合作，就能实现资源共享。资源共享是成功释放团队成员潜能的良好机制。当许多个人的潜能被释放出来并且综合在一起的时候，产生的群体智慧将远远高于个体智慧，创造出的成绩会远远超过他们各自能力之和。也就是说，在合作双赢的基础上同舟共济，能使个人的潜能发挥出最大的作用。

三、社会惰化

你听过"一个和尚挑水喝，两个和尚抬水喝，三个和尚没水喝"这个故事吧。那么你从中想到了什么呢？因为三个和尚属同一种心态，同一种思想境界，都不想出力，想依赖别人，在取水的问题上互相推诿。结果谁也不去取水，以致大家都没水喝。

无独有偶，在 20 世纪 30 年代，德国心理学家森格尔曼（Singlemann）曾做过一项"拔河研究"，要求被试者个人或者组成 3—8 人的群体进行拔河比赛。他测量了在个人和群体情况下每个人出力的大小，结果发现，参加拉的人越多，每个人出的力就越小。在个人拉时，被试者平均出力 63 公斤，3 人一组时平均每人出力 53.5 公斤，而在 8 人群体中平均每人出力仅为 31 公斤。那你想想，你在以往参加学校或者单位组织的拔河比赛时，你是否使足了自己的力气？

通常，我们会比较关注群体中的 1+1＞2 的现象。而事实上，以上例子中发生的群体中的另外一种现象也是相当普遍的，这就是我要引出的社会惰化（social loafing）现象。

社会惰化，是指个人与群体其他成员一起完成某种工作时，或个人活动时有他人在场，往往个人所付出的努力比单独时偏少，不如单干时出力多，出现个人的活动积极性与效率下降的现象，也称社会懈怠。社会惰化一般发生在多个个体为了一个共同的目标而合作，自己的工作成绩又不能单独计算的情况下。

为什么会出现这种现象呢？因素可能很多，我们这里简要介绍以下因素，请大家思考。

组织中成员的责任转嫁或扩散心态是首要的因素。在群体活动中，如果成员没有明确的责任，就容易出现成员不参与群体活动，逃避工作的"责任扩散"现象。比如，曾提出团体力学理论的库尔特·卢因(Kurt Lewin)认为社会惰化与团队规模和个人努力的可衡量性有关。也就是说，团队的规模越大，个人努力的可衡量性越模糊，个人的协作意愿越低，社会惰化现象越严重，反之亦然。正是由于这种社会心理效应，在缺乏明确的个人责任时，小组就会蜕变为逃避工作或者学习责任的"避风港"。"三个和尚没水吃"也就是因为每个人都期望依赖别人而自己不承担责任，即缺乏明确的个人责任所致。也就是说，因为群体活动的结果不能归结为具体某个人的作用时，个人投入与群体产出之间的关系就变得很模糊了。在这种情况下，个人就会降低群体的努力，而且人越多，责任分散得越严重，个人的责任感越低；而减少人数，会增强责任感。显然，为了防范小组因"责任扩散"而出现社会惰化作用，我们的应对策略就是在小组中明确个人责任。

组织中成员的畏难心态也是很重要的因素。群体在工作中会遇到各种困难，例如外界舆论的压力，工作环境的不适应，或者是工作条件的简陋以及工作的高难度。而畏难心态是人的一种本性，从刚学会走路的婴儿到年近古稀的老人，在困难面前都会有一种本能的退缩心理。这种心态往往表现为直接退却或是极度的紧张，导致工作绩效下降。在个体工作的情况下，工作是硬性的，没有可替代者，人们只能去克服这种心态。而在群体情况下，全体成员共同完成一份工作，个体可以借助群体来回避这种情况，降低努力程度或是由群体中的其他成员来完成其工作。这种回避也导致了群体惰化的产生。管理者在实施管理的过程中要重视员工情感的满足，要培育他们克服困难的勇气，注重成员集体主义理念的培养，利用集体的力量来激发员工的积极性。让员工感觉到群体的巨大归属感，把群体的事当作自己的事来完成，必然会付出十分的努力。

组织成员的平均主义心态也是一个因素。在我国，有着几千年小农历史传统，人们的行为受到了传统文化的极大影响，小农意识根深蒂固，强调极端的个人主义和平均主义。受这种文化的熏陶，人们的行为就表现为保持努力程度的一致性。"木秀于林，风必摧之"。对于偏离者，群体倾向于厌恶、拒绝和制裁。因此，更努力的人往往会被认为是出风头，在领导面前邀功，将会被排斥到群体之外。为在平均主义大环境下生存，人们就会主动控制自己的努力程度。从心理学角度看这是一种严重的、导致人们的绩效降低的从众心态。所以只要群体中有惰化因子存在，就必然会蔓延开来。群体可以通过提高福利待遇、设立竞争制度等形式，让员工从生活和工作中感受到组织的关怀及竞争的可接受性。

此外，社会惰化现象与文化背景有密切的关系，在个人主义至上的社会中，社会惰化现象比较突出；而在个人主要受团体目标激励的集体主义社会中，这种结论就不一定适用了。

社会惰化作为一种不可忽视的群体作用力，已经严重影响了群体的绩效，使群体力量受到削弱。在实际工作中，作为管理者，你要时刻对其进行关注、分析，通过合理的方法对其进行控制，减少社会惰化。作为组织中的一般成员，你要克服出现惰化的心态,积极地承担组织的工作,发挥自己最大的作用,实现人生的价值。

第三节 团队精神:塑造高效的组织

一、组织

1. 组织的含义

组织(organization),一般有两种含义,一种是动词,就是有目的、有系统集合起来,如组织群众,这种组织是管理的一种职能;另一种是名词,指按照一定的宗旨和目标建立起来的集体,如工厂、机关、学校、医院、各级政府部门、各个层次的经济实体、各个党派和政治团体等,这些都是组织。从名词上说的组织可以按狭义和广义划分。

从狭义的角度看,组织是指人们为着实现一定的目标,互相协作结合而成的集体或团体,如党团组织、工会组织、企业、军事组织等。在现代社会生活中,人们已普遍认识到组织是人们按照一定的目的、任务和形式编制起来的社会集团,组织不仅是社会的细胞、社会的基本单元,而且可以说是社会的基础。

从广义上说,组织是指由诸多要素按照一定方式相互联系起来的系统。在这个定义中包含有生物学中有机体的组织,在西方原义来源于器官,因为器官是自成系统的,如皮下组织、肌肉组织等出自细胞组成的活组织;动物的群体组织,如一窝蜜蜂就是一个以蜂王为核心、秩序井然、纪律严明的群体。

2. 组织的类型

组织有不同的分类,这里我们简单介绍两种分类。

(1)从组织的规模程度去分类,可分为小型的组织、中型的组织和大型的组织。比如,同是企业组织,就有小型企业、中型企业和大型企业;同是医院组织,就有个人诊所、小型医院和大型医院;同是行政组织,就有小单位、中等单位和大单位。按这个标准进行分类是具有普遍性的,不论何类组织都可以作这种划分。以组织规模划分组织类型,是对组织现象的表面的认识。

(2)按组织内部是否有正式分工关系分类,可分为正式组织和非正式组织。如果一个社会组织内部存在着正式的组织任务分工、组织人员分工和正式的组织制度,那么它就属于正式组织。政府机关、军队、学校、工商企业等都属于正式组织。正式组织是社会中主要的组织形式,是人们研究和关注的重点;而如果一个社会组织的内部既没有确定的机构分工和任务分工,没有固定的成员,也没有正式的组织制度等,这种组织就属于非正式组织。非正式组织可以是一个独立的团体,比如学术沙龙、文化沙龙、业余俱乐部等,也可以是一种存在于正式组织之中的无名而有实的团体。这是一种事实上存在的社会组织,这种组织现在正日益受到重视。值得一提的是,在一个正式组织的管理活动中,应特别注意非正式组织的影响作用。对这种组织现象的处理,将会影响到组织任务的完成和组织运行的效率。

二、团队

团队(team)是指一种为了实现某一目标而由相互协作的个体所组成的正式群体。是由员工和管理层组成的一个共同体,它合理利用每一个成员的知识和技能协同工作,解决问题,达到共同的目标。

团队的构成要素总结为5P,即分别为目标(purpose)、人员(people)、定位(place)、权限(power)、计划(plan)。首先,目标:团队应该有一个既定的目标,为团队成员导航,知道要向何处去,没有目标这个团队就没有存在的价值。其次,人员:目标是通过人员具体实现的,所以人员的选择是团队中非常重要的一个部分。第三,定位:团队在组织中处于什么位置,由谁选择和决定团队的成员,团队最终应对谁负责,团队采取什么方式激励下属?第四,权限:整个团队在组织中拥有什么样的决定权?团队内的成员的权力如何分工?第五,计划:团队的活动需要一系列具体的行动方案,从而最终实现目标。

说到这儿,你是否觉得还有一个词——群体——与此有很大的关系呢?我们先来看看群体的含义:群体(groups)是指在共同目标的基础上,由两个以上的人所组成的相互依存、相互作用的有机组合体。群体这个词在日文中叫"集团",在我国,更多的说法是"群体",也有的叫"团体",有时还称之为"集体"。虽然名称不一,但从实质上来看,其所包含的内容大致是相同的。群体并不是个体的简单集合,几个人偶然坐在火车上的邻近的座位上,几十个人在海滨游泳戏水,都不能称为群体。也就是说,团队和群体有着根本性的一些区别,但是群体可以向团队过渡,具体方法如下。(1)在领导方面。作为群体应该有明确的领导人;团队可能就不一样,尤其团队发展到成熟阶段,成员共享决策权。(2)目标方面。群体的目标必须跟组织保持一致,但团队中除了这点之外,还可以产生自己的目标。(3)协作方面。协作性是群体和团队最根本的差异,群体的协作性可能是中等程度的,有时成员还有些消极,有些对立;但团队中是一种齐心协力的气氛。(4)责任方面。群体的领导者要负很大责任,而团队中除了领导者要负责之外,每一个团队的成员也要负责,甚至要一起相互作用,共同负责。(5)技能方面。群体成员的技能可能是不同的,也可能是相同的,而团队成员的技能是相互补充的,把不同知识、技能和经验的人综合在一起,形成角色互补,从而达到整个团队的有效组合。(6)结果方面。群体的绩效是每一个个体的绩效相加之和,团队的结果或绩效是由大家共同合作完成的产品。

有四类小团体,龙舟队、旅行团、足球队、候机旅客,你认为哪些是群体,哪些是团队呢?实际上,龙舟队和足球队是真正意义上的团队;而旅行团是由来自五湖四海的人组成的,它只是一个群体;那么候机室的旅客呢?鉴于群体要建立在有一个共同目标的基础上，由两个以上的人所组成的相互依存、相互作用的有机组合体，那么候机室的旅客也只能勉强算是一个群体。

三、高效的团队

毋庸置疑的是，团队具有巨大的潜力，无数管理实践表明，以团队为基础的工作方式取得了比任何人所预言的都要深远的效果，团队工作提高了成员的道德水平，团队精神激活了僵化的组织。

也正因如此，在今天，团队似乎随处可见，而人们也早已泛滥地使用这个词汇了。可如果我们深究：什么样的团队才能够使工作做得最出色？什么样的团队管理才能够真正提高团队的效率？什么样的团队才能称之为高效的团队？我们认为，高效的团队一般应该具有以下特征。

1. 清晰的目标

高效的团队对所要达到的目标有清楚的了解，并坚信这一目标包含着重大的意义和价值。而且，这种目标的重要性还激励着团队成员把个人目标升华到群体目标中去。在有效的团队中，成员愿意为团队目标做出承诺，清楚地知道希望他们做什么工作，以及他们怎样共同工作最后完成任务。

2. 相关的技能

高效的团队是由一群有能力的成员组成的，并且他们具备实现理想目标所必需的技术和能力，相互之间有良好合作的个性品质，从而能够出色完成任务。后者尤其重要，但却常常被人们忽视。有精湛技术能力的人并不一定就有处理群体内关系的高超技巧，高效团队的成员则往往兼而有之。

3. 相互的信任

成员间相互信任是有效团队的显著特征，也就是说，每个成员对其他人的品行和能力都确信不疑。我们在日常的人际关系中都能体会到，信任这种东西是相当脆弱的，它需要花大量的时间去培养而又很容易被破坏。而且，只有信任他人才能换来被他人的信任，不信任他人只能导致他人的不信任。当然，组织文化和管理层的行为对形成相互信任的群体内氛围很有影响。

4. 一致的承诺

高效的团队成员对团队表现出高度的忠诚和承诺，为了能使群体获得成功，他们愿意去做道德与法律规范之内的任何事情。我们把这种忠诚和奉献称为一致的承诺。对成功团队的研究发现，团队成员对他们的群体具有认同感，他们把自己属于该群体的身份看作是自我的一个重要方面。因此，承诺一致的特征表现为对群体目标的奉献精神，愿意为实现这一目标而调动和发挥自己的最大潜能。

5. 良好的沟通

毋庸置疑，沟通顺畅是高效团队一个必不可少的特点。群体成员通过畅通的渠道交流信息，包括各种言语和非言语信息。此外，管理层与团队成员之间健康的信息反馈也是良好沟通的重要特征，它有助于管理者指导团队成员的行动，消除误解。就像一对已经共同生活多年、感情深厚的夫妇那样，高效团队中的成员能迅速而准确地了解彼此的想法和情感。

四、团队精神

前面，我们曾经提到"三个和尚"的故事，现在再请你想一下我们还有一句话叫"一个好汉三个帮"吧，这又是说明了什么呢？我们在此不再多言，只想向你说一句：如果你真的想成就一番事业，那么还是赶快将自己融进团队中去吧。这是因为团队具有一大特色：团队成员一定是在才能上互补的。共同完成目标任务的保证就在于发挥每个人的特长，并注重流程，使之产生协同效应。

曾担任微软公司全球副总裁、谷歌公司全球副总裁兼大中华区总裁的现创新工场董事长兼首席执行官李开复先生在一次演讲中说："团队精神非常重要。公司做任何一个项目的时候，都不是一个人去做的。不论是研究开发还是合作的项目，都是多位同事一起想办法，如果这个时候大家彼此竞争，自己做自己的而不告诉别人自己做什么，这样也许会有很多结果出现，但最后对公司一点用处都没有。团队的成功才是我们的成功，个人的成功不算是最终的成功。"

究竟什么是团队精神（team spirit）呢？我们可以这样来判断，就是说你要看在组织里是否有这样一种氛围，比如：能够不断地释放团队成员潜在的才能和技巧；能够让员工深感被尊重和被重视；鼓励坦诚交流，避免恶性竞争；能用岗位设置找到最佳的协作方式；能为了一个统一的目标，让大家自觉地认同必须担负的责任和愿意为此而共同奉献。其实说到底，团队精神就是一种团队的向心力、团队的凝聚力，一种团队的协作精神和服务精神。如果说得抽象一点，团队精神就是一种团队工作方式，所以在英文中也就有另外一个词与之对应，那就是 teamwork。

一个团队是个有机的整体。作为个人，是完全渴望加入这个有机整体的。曾经有位学者说："人的价值，除了具有独立完成工作的能力外，更重要的是富有和他人共同完成工作的能力。"也就是说，我们始终不能忘记团队的根本功能或作用是在于提高组织整体的业务表现。不管是强化个人的工作标准也好，还是帮助每一个组织成员更好地实现成就也好，其目的都是为了使团队的工作业绩超过成员个人的业绩，让团队业绩由各部分组成而又大于各部分之和。

团队精神具有什么作用和意义呢？其实就是"1＋1＞2"，就是在组织内形成协同、提高、优化等作用。对于一个优秀的团队来说，其影响力是深远的。首先，凝聚向心功能。它让团队通常具有很强的凝聚力，而这绝对是一个企业成败的关键。个体在团队中受到的凝聚力和向心力影响，往往能发挥超出个体原本的能力，这种影响不是上级与下级一对一的互动所能够替代的。而且，通过引导团队成员产生共同的使命感、归属感和认同感,反过来又会逐渐强化团队精神。第二,目标导向功能。它使每个团队成员的期望值保持高度一致,使他们齐心协力,拧成一股绳,而这个高度一致的期望值正是这个团队所要达成的目标。第三,沟通协调功能。它能让团队内个体间互助并共享信息,能这直接影响这个团队,也就是说影响一个企业内部的沟通和协调,从而对一个企业的工作效率起到深远的影响。第四,约束控制功能。它能够对团体内个体的行为产生约束和影响,逐渐形成自身的行为及行事规范。这种规范同时也表现出了这个团队的行为风格与准则。来自团队精神的控制不是自上而下的硬性强制力量,而是由硬性控制向软性内化控制,而且这种控制更为持久有意义,而且容易深入人心。

五、打造高效团队

想想前面我们说到的"三个和尚"的故事,那么假如你是该寺庙的主持,那么请问你会怎么解决"没水吃"的境况呢?你是否能依靠你的经营管理才能,改变这种结果,甚至形成"三个和尚水多得吃不完"的愿望呢?下面就是一个演绎的现代版的"三个和尚"的故事。

有三个庙,这三个庙都离河边比较远。怎么解决吃水问题呢?

第一个庙,和尚挑水的路比较长,一天挑一缸水就累了,不干了。于是三个和尚商量,咱们接力赛吧,每人挑一段。第一个和尚从河边挑到半路,停下来休息。第二个和尚继续挑,又转给第三个和尚,挑到庙里倒进缸去,挑空桶回来再接着挑。这样一搞接力赛,就从早到晚不停地挑,大家都不累,水很快就挑满了。这是团结协作的办法,可以叫做"机制创新"。

第二个庙,老和尚把三个徒弟叫来,宣布他们立下了新的庙规,引进竞争机制。三个和尚都去挑水,谁挑得水多,晚上吃饭加一道菜;谁挑得水少,吃干饭,没菜。三个和尚拼命去挑,一会儿水就满了。这个办法叫做"管理创新"。

第三个庙,三个小和尚商量,天天挑水太累,咱们想办法。山上有竹子,把竹子砍下来连在一起,竹子中心是空的,然后买一个轱辘。第一个和尚把一桶水摇上去,第二个和尚专管倒水,第三个和尚休息。三个人轮流接班,一会儿水就灌满了。这叫做"技术创新"。

你看,三个和尚要喝水,要协作,要引进新的机制,要采取办法,搞机制创新、管理创新、技术创新。办法在变,观念也在转变。一定要发挥协作精神,组织内部要协作,组织之间也要协作。这个故事使我们看到了团队精神的独特魅力。

通过前面的讲解,我们知道"没有完美的个人,只有完美的团队"。也就是说,我们不能仅仅着眼于个人,一定要放眼于团队,所有的工作就要思考如何带动并激励团队来干活。那么,如何形成一个优秀的团队呢?

1. 确立共同目标

确立共同目标、共同期望是形成一个团队的首要条件,而这也正是组织文化的重要组成部分。组织文化是组织中一整套共享的观念、信念、价值和行为规则,以至得以促成一种共同的行为模式。共同的目标、共同的期望也是达成员工对一个团队、一个组织的忠诚的重要方式。影响员工忠诚奉献的关键问题有如下几个:员工是否了解企业的发展目标?他们能否直接影响企业的成功?能否明确他们的职责?在创新制胜的知识经济时代,你是否意识到员工的忠诚奉献已经成为组织求发展的关键?传统的命令加控制模式对确保组织成功已显得苍白无力,因为你的关键资源就存在于你员工的头脑中。唯有切实了解员工的期望和需求,发展新型的员工与组织关系,才能让员工释放出,而不是被挤出自己的能量。只有这样,一个团队、一个组织才能够茁壮成长,不断地从一个胜利走向另一个更伟大的胜利。

2. 建立学习型、创新型组织

建立学习型、创新型组织是打造高效团队的必要基础。为了在知识经济时代取胜,要不断对员工进行终身培训,建立一种"学习型组织",从而产生最大的创新效益。学习型组织是通过培养整个组织的学习气氛,充分发挥成员的创造性思维能力,从而建立起一种有机的、高度柔性的、横向网络式的、符合人性的、能持续发展的组织。创新型组织就是把创新精神制度化而创造出一种创新的习惯,所以创新力的形成必须透过组织与个人的共同努力,但是组织也可营造适当的文化来激励企业内部的创新活动,而组织文化正是激励企业内创新活动的主要动力。在创新型组织中,组织文化不仅激励和支持创新活动,而且本身将创新作为其核心内容,形成了一种崭新的创新文化。

3. 设立有效的团队激励机制

设立有效的团队激励机制是打造高效团队的重要条件。为实现组织和团队目标,对团队成员实现了既定的业绩标准时就要给予相应的奖酬。团队行为更加强调集体性,力求通过调动个人的积极性,实现团队整体工作效能的最大化。所谓好的激励机制,就是组织或者团队的管理者依据法律法规、价值取向和文化环境等,对团队成员的行为从物质、精神等方面进行激发和鼓励以使其行为继续发展的机制。激励机制一旦形成,它就会内在地作用于组织系统本身,使组织机能处于一定的状态,并进一步影响着组织的生存和发展。当然,团队激励必须辅以一定的考评,因为激励与考评相辅相成。没有激励的评估是苍白的,没有考评的激励是软弱无效的。考评和激励要最大限度地避开人的非理性因素,做到全面、公正、科学。

4. 构建有效的沟通机制

构建有效的沟通机制是打造高效团队的重要前提。曾经有心理学家做过这样一个测试:将十几个人排成一排,心理学家将一条信息悄悄地告诉给第一个人。说完后让这个人再悄悄传达给下一个人,这十几人逐个将信息向下悄悄传达,等传到最后一位,心理学家问最后一个人:"前面那个人跟你说了什么?"这个人复述出的内容已经与心理学家告诉给第一个人的信息已经完全变了样,几乎完全没了原意。这就说明,团队没有交流沟通,就不可能达成共识;没有共识,就不可能协调一致,就不可有默契;没有默契,就不能发挥团队绩效,也就失去了建立团队的基础;也就达不到预期的效益,甚至可能造成负效益的情况。内部沟通机制要确保有效,还必须保证沟通方法的可靠性。

除了以上介绍的四个方面的问题或者途径以外,要打造一支高效的团队,还必须注意团队领导及领导方式、团队管理中出现的冲突的协调与解决等,这里面还有一个重要问题越来越凸显,就是团队成员间的多元文化团队管理问题,我们在此不再赘言。

总结性述评

本章围绕竞争、合作和团队等问题,阐释并分析了竞争及其特征、合作竞争,分析了合作、共赢以及社会惰化,分析了组织、团队、团队精神以及如何打造一支高效的团队等问题。希望读者能透过对这一章的认识,逐步去培养出适合现代社会竞争与合作的基本素质和能力。

竞争是人类的天性,是人类社会不可避免的现象。竞争为人类社会带来了创造力和活力,推动了社会发展。但是,人和人类社会生存的最重要条件则是合作而不是竞争。并且,推动人和人类社会发展和进步的最重要因素也是合作而不是竞争。人类的生存和竞争都依赖于合作,合作也有利于人的社会竞争。但是,盲目或过度的竞争却会破坏人类合作,从而破坏人类的生存条件。无节制的竞争具有破坏性,无原则的合作也难以为继,两种能力间应保持一种必要的平衡。这种平衡可使合作与竞争形成两种全新的形式:合作性竞争和竞争性合作。因此,在人类社会生活和社会组织的活动中,我们应当更多地强调和提倡合作而不是竞争。

竞争与合作的意识与能力既是我们这个时代的人学习和成长的需要,更是其日后生存和发展的必备素质。它们同属于人类的基本社会互动形式,广泛存在于人类社会生活的各个层面。我们要把具有刺激作用的竞争、具有促进作用的合作和具有联合作用的团结三个方面协调起来。除了个人努力学习,还应自觉确立团结协作的观念,发扬集体主义精神,互相尊重、通力合作。

越来越深化的经济发展模式,越来越细化的专业分工,这就决定了我们每一个人都不能脱离组织和团队,都不能单打独斗,否则将一事无成。换句话说,个人的能力再强、工作做得再出色,也不能离开团队这个大的氛围。故而,对于我们这些属于某一个团队的成员来说,不仅要有个人能力,更需要有在不同的位置上各尽所能、与其他成员协调合作的能力,这就是团队精神。

我们每一个人，无论是在学校里学习，还是在职场里打拼，都要学会生活中的竞争与合作，都要适应团队的生存方式和竞争方式，也就必须在特定的环境中用心去体验生动具体的竞争与合作过程，用心融入团队的协作中去。这样才是正确的适应社会的方式和路径。

你明白了吗？如果你还没有做到，那就试着开始改变自己吧。

复习思考题

1. 竞争具有哪些特性？
2. 为什么竞争也需要合作？
3. 社会惰性和组织归属感之间有关系吗？
4. 什么是共赢？通过共赢模式，个人能够克服哪些困难？
5. 高效团队具有什么特征？如何打造高效团队呢？

第 8 章
管理：我们如何把握全局

> 管理是一种器官，是赋予机构以生命的、能动的、动态的器官。没有机构（如工商企业），就不会有管理。但是，如果没有管理，那也就只会有一群乌合之众，而不会有一个机构。机构本身又是社会的一个器官，它之所以存在，只是为了给社会、经济和个人提供所需的成果。
>
> ——彼得·德鲁克（Peter F. Drucker）

章节引语

在中国企业界，及至全球企业界，多年以来，任正非每次对企业管理所作的思考，及其所领导的华为的每次变革，都会成为当年的热点话题。

1987年，43岁的任正非和合作伙伴一起举债2万元人民币创办了深圳华为技术有限公司，主营电信设备。而今天，据最新的2011年美国《财富》杂志公布的世界500强数据，华为排名第351位，营业收入273.56亿美元。华为的产品和解决方案已经应用于全球140多个国家，服务全球运营商50强中的45家及全球1/3的人口。但备受业界关注甚至是疑惑的是，华为乃500强中唯一一家没有上市的公司。

要了解是什么促使任正非领导的华为创造了如此优异的业绩，就不得不说任正非本人。任正非作为改革开放第一代创业者，他的人生道路并非一帆风顺。他于1949年出生在贵州省安顺市的一个山村，是他家七子女中的长子。他的父亲在贵州少数民族地区任少数民族中学校长，他的母亲也是那个学校的教师，但生活并不轻松。尤其长子任正非受尽贫穷的折磨，切身体会到了"生活就是战斗"这个道理。

任正非非常重视管理,他曾经说过,华为取得既往成功的关键因素,除了技术、人才、资本,更有管理与服务。人才、资金、技术都不是生死攸关的问题,这些都是可以引进来的,而管理与服务是不可照搬引进的,只有依靠全体员工共同努力去确认先进的管理与服务理论,并与自身的实践紧密结合起来,形成我们自己有效的管理与服务体系。管理的进步远远比技术进步重要,因为没有管理,人才、技术和资金就形不成合力。

1998年起,华为开始了从"游击队"向"正规军"转变的管理变革。无论是建立产品开发管理机制、运营管理机制,还是人力资源管理机制,都可以清晰地看到任正非对企业发展规律理解的持续深化。期间,任正非创立和提出了国际化框架下的独特的企业文化和管理思想,如"小胜在智,大胜在德""进了华为就是进了坟墓""满足客户需求是华为存在的唯一理由""群体接班""静水潜流的企业文化"等,其中不少引起理论界和实务界的争议甚至是非议,还有人将他称为"狼性企业家",当然这也深刻地影响着中国企业界。经过10多年不断的改进,目前华为的管理体系已经初步与国际接轨,从而承受住了公司业务持续高速增长和国际化带来的严峻考验。

华为经营上的成功,也使其成为中国企业的学习标杆。学习华为管理理念,模仿华为管理模式,复制出各自行业的"华为",成为中国企业家们最大的梦想。现在,华为之于中国,无异于丰田之于日本,通用之于美国。同样,华为管理模式也如丰田模式和通用模式一样,成为影响中国管理的一面旗帜。

——资料整理自冠良:《任正非谈管理》,海天出版社2009年版;
深圳华为技术有限公司官方网站。

但凡真正的企业家,首先应该是个思想家,对企业的宏观战略有清晰的认识,以自己独特的思想认识、影响和指导企业的发展。华为之所以成为中国民营企业的标杆,不仅仅因为它用10年时间将资产扩张了1 000多倍,不仅仅因为它在技术上从模仿到跟进又到领先,而是因为华为独特的管理模式,这种管理模式的背后则是任正非穿透企业纷繁复杂表象的深邃的思想力。

《任正非谈管理》中提到,曾经在一次华为公司总裁办公会上,任正非问:"毛泽东会打枪吗?谁见过毛泽东打枪?他要打枪恐怕要打到自己的脚趾头上。但是毛泽东会运动群众,会运动干部。"无疑,这道出了管理的真谛:管理者是通过调动别人以及其他资源来完成工作,你的下属的成功决定你的成功。

现在坊间和业界都有人热议,"海尔模式""联想模式""比亚迪模式""华为模式"……谁最能代表中国管理模式?其实,这个问题并没有答案。我们也无需探讨这样的话题,因为任何管理都有其适用性,最好的管理模式就是解决企业或者组织的问题,提升绩效。严格意义上讲,管理不能是一门科学,而应该是一门艺术。既然如此,艺术的欣赏视角不同,其所呈现出来的结果就不同。那么,不管你现在是管理者还是被管理者,请你阅读本章,来了解有关管理的一些问题吧。

第一节 管理:一门你可以学会的艺术

管理是我们这个现代社会里各种组织机构的一种普遍的职能。不仅在企业,还包括政府机关、社会团体、公益组织,管理的身影无处不在。管理赋予组织以生命,没有管理,资源始终只是零散的要素,无法形成合力。在激烈竞争的今天,一个组织能否保持长久的活力,完全依赖于管理者的素质和能力,这也是组织唯一的竞争优势。

一、管理与管理者

首先让我们来回答第一个问题:什么是管理?

简单来讲,管理就是管理者做的工作。看看你身边的管理者们,他们每天都忙些什么?是不是制订工作计划,奖励成绩突出的下属,惩罚违反规定的下属,监督下属的工作进度,思考组织未来的发展等?那么,究竟什么叫做管理?更准确的定义应该是,管理是通过协调和监督他人的活动,有效率和有效果地完成工作。

接下来,我们看看,谁是管理者?

管理者是不是那些拥有漂亮头衔,坐在大办公室里工作的人?又或者是拥有众多下属的领导?

在任何组织中,你都会发现有些人总是告诉别人该做什么以及怎样去做。而有些人则是直接从事一项具体的工作,并且没有人向他们报告。这是一种简单的区分管理者与雇员的方法,但是并不准确。

究竟应该怎样定义管理者呢?其实,管理者就像一个乐队的指挥,通过他的努力,让整支乐队演奏出和谐、美妙的乐曲。对,管理者就是这样的人,他们通过协调和监督他人的活动来实现组织的目标。他们的工作不是为了自己取得更大的成就,而是帮助别人完成任务。或者说,他们的成就正是在于通过监督、协调、帮助别人达成目标,从而最终实现组织的目标。

通用董事长杰克·韦尔奇(Jack Welch)曾说:"担任领导之后,你需要彻底转变你的思维方式,你不能再总想着'我怎样才能与众不同',而应想着'怎样才能让下属把工作做得更好'。有时候,这种思维方式要求你放弃你二三十年来拼搏进取的精神支柱!毕竟,在你的前半生,从小学一直到你的前一个职位,你一直是在为自己竞争,你举起手说出正确答案的时候,就算是赢了。但是,现在的情况是,你之所以被提升到领导位置上,很可能是因为上面的某位领导看中了你的组织才能,使你可以实现从明星队员到称职教练的成功跨越。"

管理者按照级别划分,可以分为高、中、低三个层次。高层管理者通常是一个公司的行政总裁、一家医院的副院长、一所学校的校长之类的人物,他们的工作不是处理具体的事务,而是承担着制定组织决策、目标和计划的责任。中层管理者处于基层管理者和高层管理者之间,他们通常是区域经理、处长、项目主管等,他们管理着基层管理者。基层管理者是组织中最底层的管理人员,他们通常被称为主管、科长等,他们管理着普通雇员的工作。

二、如何成为一名优秀的管理者

很多管理学方面的著作都研究过管理者应该具备怎样的素质或者个性。很多人认为,一个优秀的管理者应该外向开朗、能言善辩、处事果断、极富个人魅力,等等。事实上,优秀的管理者可以脾气秉性不同,能力不同,做事的方式不同,个性、知识乃至兴趣爱好都不相同。

另外一些管理学的书籍则将管理者描述的无所不能,认为他们应该具有非凡的决策能力和分析能力,有聪明的头脑,精通数学、经济、法律以及外语。总之,他们必须是文武全才。但是事实上,这样的人肯定少之又少,大部分的人只能在某一项能力上比较优秀,其他的能力不免平平。这只能说明我们对于优秀管理者的要求有失偏颇,我们不能指望有那么多的天才来完成工作。

那么,优秀的管理者究竟是怎样的一群人?通过观察我们发现,不论他们性格如何,才能怎样,也不管他们是在企业内、医院内,还是政府机关内,优秀的管理者都有一些共通之处,那就是拥有良好的习惯。事实是,管理者的素质和能力不是天生的,是可以通过后天培养得到的。普通人通过长期的训练,也能胜任管理工作。当然,如果要做到卓越不凡仍然需要一定的天赋。那么,我们应该怎样把自己培养成为一名优秀的管理者呢?

1. 学会掌控自己的时间

事实上,作为管理者,自己可以掌控的时间非常有限。让我们先来看看下面的例子。

近期,天津卫视职场真人秀——《非你莫属》播出了沈东军对战四百年祖传武林高手的节目,让观众惊呼一贯温文尔雅的沈东军竟然漂亮地打赢了"武林高手"求职者。沈东军又展示出他"神奇"的一面。

"技多不压身"这句老话用在沈东军身上再合适不过——通灵珠宝总裁,法国葡萄酒酒庄庄主,《非你莫属》BOSS团特邀嘉宾,曾任多所高校研究生导师,管理类书籍作家,专业级摄影师……而这期《非你莫属》又展现出他在运动、搏击方面也颇具实力。一个企业家打理公司已是忙碌,沈东军如何在把公司管理得井井有条时,又兼顾了"多重身份"呢?

他没有严格的8小时之分,似乎每小时都注入着充分精力。平时忙于公司发展规划及大小事物、高层会议经常持续到下班;每月5天、每天10小时左右的时间用于录制电视节目,与主持人、嘉宾、求职者巧妙地周旋直至深夜,连90后助理都有些吃不消,沈东军却神采奕奕;长期往来于中国、法国、比利时三地,各种事物缠身,沈东军并不感到分身乏术,秘诀就是沈东军的"不要浪费自己"的时间管理准则。

从上面这个例子我们可以看出,身为管理者,要学会妥善进行时间管理。那应该怎么做?

首先是诊断自己的时间都用到了哪里。记录下时间的实际耗用情况。连续记录一个月,一年之内记录三到四个月。有了这样的样本就可以自行检讨,方法是试问自己三个问题:有什么事根本不必做;有什么事可以由别人代为参加而不影响效果;自己有没有做什么事是浪费了别人的时间。然后,消除浪费时间的活动。最后,将他能自由支配的时间集中成一整块,用来处理真正重大的事务。

上个例子中,沈东军的时间管理准则如下。

(1) 5小时睡眠+运动=健康生活。"我每天的睡眠时间只有五个小时,多余的时间用来运动,这样给我了绝佳的精神状态。"

(2) 想要看起来精力充沛,就必须加倍努力。

(3) 把握时间的主动性,才能合理统筹繁杂的工作。

(4) 积极进取的心态是活力的源泉。

2. 学会用人所长

三国时期,人才辈出,而一代枭雄曹操手下,猛将如云,谋臣如雨,成就了一代霸业。制胜法宝除了其"精于谋略"外,更重要的是其知人善用、唯才是举、惜才如命、爱才如子、用人不疑、疑人不用。自古以来,善用人者能成大事。若万物皆尽其用,人人各尽其才,社会必将更加和谐美好,繁荣昌盛!

管理者用人,不在于如何克服人的短处,而在于如何发挥人的长处。如果用人时只想避免短处,那么选到的这个人必然是平庸之辈。林肯(Abraham Lincoln)曾说:"我的生活经验使我深信,没有缺点的人,往往优点也很少。"因此,管理者应该明白,他们之所以用人,是用人来做事,而不是投其所好。他们知道,如果一位金牌销售人员能帮助公司完成销售任务,那么他发发脾气也没有什么关系。也许这位管理者之所以被聘用,就是为了承受他的坏脾气,或者为了调节这位坏脾气的销售人员与其他同事之间的关系。优秀的管理者从来不会考虑聘用的人是否跟他合得来,他也不会问人家不能做什么,而是想知道能做什么。有些管理者在做考核的时候,喜欢挑别人的毛病,用放大镜找别人的缺点,这个思路是不对的。

才能越强的人,缺点往往越多,完美的人是不存在的。优秀的管理者知道,他所任用的是能做事的人,而不是在各方面都过得去的人。因此,真正优秀的管理者,会首先考察一个人最擅长做什么事,再根据他的长处来安排工作。

美国南北战争时期,南方的李将军手下有一位将领常常不按命令行事,使得李将军不得不经常改变行动计划。李将军屡次都忍了,但是有一次他实在忍无可忍,大发雷霆。事后平静下来,参谋问他为何不将其法办,李将军回答说,将他法办了,谁来替我打胜仗呢?

事实上,好的组织设置应该有一种功能,它既可以使人的长处得到淋漓尽致的发挥,又可以尽量避免人的短处带来的不利影响。

一位优秀的建筑师,自己经营企业时可能会因为不善于与人打交道而受挫。但是在一个组织中,可以为他单独设立一间办公室,不跟其他人接触。这样,他的长处得到了发挥,而短处也不会妨碍组织运转。

3. 学会要事优先

19世纪末,意大利经济学家帕累托(Vilfredo Pareto)曾经提出一个有趣的理论,叫80/20法则,其核心内容是生活中80%的结果几乎源于20%的活动。比如,企业20%的客户带来了80%的业绩,世界上20%的人是掌握着80%的财富,公司20%的产品创造了80%的利润,等等。因此,工作中应避免将时间花在琐碎的80%无关紧要的问题上,因为就算你花了80%的时间,你也只能取得20%的成效,出色地完成无关紧要的工作是最浪费时间的。你应该将时间花于重要的20%的问题上,因为掌握了这些重要的问题,你只花20%的时间,即可取得80%的成效。这20%的问题,就是我们所说的要事。因此,优秀的管理者应该学会把注意力放在这20%关键性的问题上,并且坚持把它们放在最前面先做,而且每次只做好一件事。根据这一原则,我们可以将事情分为以下四个类型。

(1) 重要而且紧急的事情,比如影响公司士气的突发性事件,这类事情必须立刻处理。

(2) 紧急但是不重要的事情,比如一些不重要的应酬活动,这类事情很容易让我们产生"这件事情很重要"的错觉,实际上,拖一拖,或者直接交给下属去办,也无关大局。

(3) 重要但是不紧急的事情,比如制订公司发展的下一个五年规划,这类事情虽然目前看来没有压力,但是应该当成紧急的事情去处理,而不是拖延。

(4) 既不重要也不紧急的事情,比如休闲娱乐等事情,这类事情等到有了闲工夫再去也不迟。

事实上,真正优秀的管理者不会经常忙得四脚朝天,他们只需要集中精力完成第二类事情,因为第一类事情犹如救火,第二类事情犹如防火,防火做好了,就不需要常常救火。

  曾经有过省部级高官到华为拜访,在门口苦等任正非的故事。显然华为认为政府来人,这个事情不是要事,而有的企业却相反。其实这里无所谓对错,关键是不同企业的文化。华为凭本事吃饭,默默无闻地、低调地开拓全国,乃至全球市场,所以认为一个政府官员的到访不是什么要事。要是整日忙于接待政府官员,任正非哪里有时间从事战略研究,华为也无法取得今日的成就。

  当然,优先处理的事情并不是一成不变的,管理者每完成一件事情之后,都应根据情况的变化,再决定下一步的优先事项。

  4. 善于作出有效的决策

  管理者的任务繁多,做决策是其中一项。一个优秀的管理者往往能作出有效的决策。他们知道什么时候应该依据原则作决策,什么时候需要依据实际情况作决策。他们知道作决策只是第一步,决策的推行更加关键。如果决策无法落实,那最多只是一种良好的愿望。如何能作出有效的决策呢?

  首先,要明辨问题的性质,是一再发生的还是偶然发生的。如果是经常性的问题,那么应该建立机制原则来解决,如果是偶然发生的例外,则只需要按情况个别处理。我们经常犯的错误是将经常性的问题视为偶然发生的。也就是说,没有找到问题的症结所在,其结果自然是失败。因此,优秀的管理者应该首先假设碰到的问题都是经常性问题,找出出现这种问题的根本性原因,然后从最高层次的观念去寻找解决问题的方法。什么叫"最高层次的观念"呢? 比如,公司的主管们都非常能干,但是不听指挥,管理者不应该首先想到杀鸡给猴看,而是应该建立一种制度来约束他们。

 "朋友圈"面膜遇信任危机 微商生死决策①

  90后"网红"周梦晗积累了10万粉丝并向她们售卖三无面膜,直至一些买家差点毁容并网上讨伐声日盛后,号称年收入已达8位数的她便销声匿迹。这是一起颇具代表性的朋友圈销售事件,朋友圈买卖的风险呈现无遗:售前无监管,售后无保障,到头来连人都找不到,更别说花出去的钱,和被毁了的脸。

  这并非否定微商,而是说,众多微商注定要在这场混战中分出胜负,也必须要在这场混战中建立起比感情更可靠的商业秩序。我们现在都热衷谈论"互联网+",所

---

① 资料整理自曾茜:《"朋友圈"面膜遇信任危机 互联网"加减法"决定微商生死》,2015年5月5日,新华网,http://news.xinhuanet.com/fortune/2015-05/05/c_1115182548.htm,最后浏览日期:2015年6月4日。

有的行业也都在经历着"互联网+"的洗礼。站在加法的角度,被互联网"+"过的未来商业秩序理当有别于传统商业。人们为什么能忍受微商刷屏,因为微商如唐僧般碎碎念,几乎将采购、生产乃至私生活全程直播……这种营销模式极大地满足了消费者在传统商业中对信息对等的渴求,哪怕这里面有一些不那么道德的窥私欲,但其实都在帮助消费者完成对卖家仿佛了如指掌的"幻想",以此强化信任。

重建信任,即使是"互联网+"的未来商业模式,也必须要由此奠基。但仅有"互联网"是不够的,这个世界不能全部只是互联网公司,卖菜的仍需种好菜,卖机器的仍需做好机器,"+"后面的内容才是决定企业成功的关键。否则就只能是"互联网一"。周梦晗只是一个骗子,有远见的商人必须要更重视踏踏实实的线下生产,线下产品质量和线上服务配套的完美结合,才是未来的趋势。

微商的例子提醒我们在决策时一定要辨别问题的本质。用实实在在的创新与投入来增加产品关注度与销量,而不是用其他花哨的,甚至不正当手段来获得巨大收益。

其次,管理者要明确列出决策要实现的目标和限制条件。另外,有些决策虽然一开始是正确的,但是在执行的过程中外在条件发生了变化,如果不随之调整决策的话,必然导致失败。因此,管理者要牢记决策的限制条件。一旦情况发生改变,应该迅速寻找新的方法。

第三,找到"正确的"决策,而不是"能被接受的"决策。换句话说,人们总是习惯于找到折中的方法来解决问题,殊不知,很多时候折中之后的决策是错误的。

第四,化决策为行动。这是最费时的一步。如果要将决策变为行动,就要明确:谁应该了解这项决策?应该采取什么行动?谁采取行动?这些行动如何进行才能使执行的人有所遵循?

三、管理是一门艺术

管理究竟是科学还是艺术?

什么是科学?科学是可以被重复验证的东西。比如,1+1=2,切开的苹果在空气中会氧化。但是,艺术,存在太多不确定性。对艺术来说,1加1可能等于2,也可能不等于2。比如,一部电影,有的人看得泪流满面,有的人看得哈欠连天,这就是艺术。艺术是不能重复和模仿的东西。差之毫厘,则谬以千里。从这个意义上说,管理更像艺术。具体来讲,我们认为管理是艺术的理由有如下几点。

首先,我们看到,大部分优秀的企业家都不是学管理出身的。比如通用电气前CEO杰克·韦尔奇是学化学工程的,万科地产的王石是学给排水专业的,阿里巴巴集团创始人马云是学外语的,华为的创始人任正非是学暖通的。而那些从事科学职业的人,比如医生、工程师、药剂师等,没有一个不是受过专业训练的。因此,医生、工程师、药剂师所从事的专业应该属于科学范畴,而管理则不是。

其二，合格的医生在哪一家医院都可以看病，合格的工程师在不同的公司都可以任职，但是管理者却不行。昨天成功的管理者，不能保证今天也同样成功；这家公司伟大的管理者，可能会把别家公司搞得一团糟。管理是一个知识、经验和技术都无法完全复制的或者重复验证的专业，比如，尽管丰田汽车向竞争对手打开大门，虽然丰田的生产方式从理论到方法都非常简单，可是作为汽车鼻祖的美国汽车行业，用了30年时间硬是学不会。所以，这样的专业当然不可能是科学，因为科学必须是能够重复验证的东西。

其三，管理工作是世界上最复杂的工作，因为它的工作对象主要是人——如何能让各种各样的人齐心协力，来实现共同的目标。而人，是这个世界上最复杂的生物。他们性格各异，观念不同，出身、背景、家庭教育、受教育程度千差万别，这使得管理工作具有很大的不确定性，它不能像执行电脑程序一样精准。因此，优秀的管理者不仅要能够理解工作本身的复杂性——如何把一个项目从概念阶段一路推进到完成阶段，更要理解人的复杂性，人善变的情绪、态度，以及这些因素对个人和团队绩效所产生的影响。

我们的确已经找到了一些重要的规律或者原则，可以帮助所有管理者把事情做好。但是，我们发现的差异比共同点更多。没有什么单纯的法则可以让管理变得简单有序，管理没有秘诀，也没有捷径可走，因此管理更像一门艺术。然而，我们确信，最好的管理者必定永远保持着好奇心，他们钻研那些原理和实践、窍门和战略，以及那些互相矛盾的理论。他们积极地尝试新的管理方法，并且发展最适合自己所在组织环境的技能和知识。

第二节　领导力：将每一个人的潜能发挥到极致

关于什么是领导，历来有不同的解释。传统的管理学理论认为，领导是组织赋予一个人的职位和权力，以率领其部属实现组织目标的活动。但是，多数行为科学家认为领导是一种行为和影响力，这种行为和影响力可以引导和激励人们去实现组织目标，是在一定条件下实现组织目标的行动过程。

领导与管理不同。首先，领导具有超脱性，管理更重可操作性。领导是从根本上、宏观上把握活动过程，而管理却必须注意细节问题，要通过对人、财、物的安排达到目标。其次，领导具有全局性，管理具有局限性。也就是说，领导重战略，管理重战术。

领导者用人，关键在于以下两个问题：一是要善于识人断人。一位优秀的领导者必定对"人性"有着自己独到的见解，知道什么人能胜任什么工作。二是要善于激发人的潜能。领导者要能准确地判断出下属在每个时期有什么需求，然后通过满足他的需求来激发其积极性。

一、领导的艺术——识人

如何能够识人断人？中国古代的先贤早就给出了答案。《庄子·列御寇》介绍了九种孔子所提鉴别人才的方法："故君子远使之而观其忠，近使之而观其敬，烦使之而观其能，卒然问焉而观其知，急与之期而观其信，委之以财而观其仁，告之以危而观其节，醉之以酒而观其侧，杂之以处而观其色。九征至，不肖人得矣。"这是什么意思呢？

远使之而观其忠。有的人，在领导身边工作时表现得非常积极，但是如果委托他远离领导独立办一件事时，就表现得骄横跋扈、为所欲为。因此，一个人对事业是否热爱，对组织是否忠诚，往往是在远离领导，独立工作，并掌握一定权力的时候才能看得清楚。

近使之而观其敬。有的人，刚到领导身边工作的时候表现得兢兢业业、任劳任怨，但是时间一长，还没有得到升迁，对工作就不再像当初一样敬业，对领导也不再像当初一样尊重。因此，一个人是否把全部精力放在工作上，只有在身边才看得真切。

烦使之而观其能。这句话的意思是，加大工作量往往能够检验出一个人的才能。有本事的人能够在相同的时限内完成一般人无法完成的工作。

卒然问焉而观其知。这句话是说，领导临时找某人问话，比有所准备的情况下更能了解一个人的能力和智慧。

急与之期而观其信。有时候，领导要求下属在一个较短的时间内完成一件工作，来考察下属的办事效率和责任心。

委之以财而观其仁。领导要考察一个人是否清廉，可以将钱财交给他管理。

告之以危而观其节。告诉一个人有危急情况，就可以观察他是否有气节。

醉之以酒而观其侧。让一个人喝得酩酊大醉，就可以看出他是否遵守规矩。

杂之以处而观其色。让一个人在男女混杂处居留，就可以观察他是否好色。

只要掌握了这九种知人之法，就一定能够洞察人们心灵的秘密，分辨出谁好谁坏和谁是谁非。

识人断人最好的例子是西汉的建立者刘邦。众所周知，刘邦既无文才，又无武略，然而他却在与西楚霸王项羽逐鹿中原的过程中夺取了天下，原因正是在于刘邦善于用人。他曾经说过："运筹帷幄之中，决胜千里之外，吾不如子房（即张良）；镇国家，抚百姓，给饷馈，不绝粮道，吾不如萧何；连百万之众，战必胜，攻必取，吾不如韩信。三人皆人杰，吾能用之，此吾所以取天下也。项羽有一范增而不能用，此所以为我所擒也。"

与之类似的还有诸葛亮著名的"七观法"：问之以是非而观其志，穷之以辞辩而观其变，咨之以计谋而观其识，告之以祸难而观其勇，醉之以酒而观其性，临之以利而观其廉，期之以事而观其信。

下面，我们介绍一些有趣的识人技巧。

（1）边说边笑：这种人与你交谈时你会觉得非常轻松愉快。他们大都性格开朗，对生活要求从不苛刻,很注意"知足常乐",富有人情味。感情专一,对友情、亲情特别珍惜。人缘较好,喜爱平静的生活。

(2) 掰手指节:这种人习惯于把自己的手指掰得咯嗒咯嗒地响。他们通常精力旺盛,非常健谈,喜欢钻"牛角尖"。对事业、工作环境比较挑剔,如果是他喜欢干的事,他会不计任何代价而踏实努力地去干。

(3) 腿脚抖动:这类人总是喜欢用脚或脚尖使整个腿部抖动;最明显的表现是自私,很少考虑别人,凡事从利己出发,对别人很吝啬,对自己却很知足。但是,很善于思考,能经常提出一些意想不到的问题。

(4) 拍打头部:这个动作是表示懊悔和自我谴责。这种人对人苛刻,但对事业有一种开拓进取的精神。他们一般心直口快,为人真诚,富有同情心,愿意帮助他人,但守不住秘密。

(5) 摆弄饰物:这种人多为女性,一般都比较内向,不轻易使感情外露。她们的另一个特点是做事认真踏实,大凡有座谈会、晚会或舞会,人们都散了,但最后收拾打扫会场的总是她们。

(6) 耸肩摊手:这种动作是表示自己无所谓。这类人大都为人热情,而且诚恳,富有想象力,会创造生活,也会享受生活,他们追求的最大幸福是生活在和睦、舒畅的环境中。

(7) 抹嘴捏鼻:习惯于抹嘴捏鼻的人,大都喜欢捉弄别人,却又不敢"敢作敢当",爱好哗众取宠。这种人最终是被人支配的人,别人要他做什么,他就可能做什么,购物时常拿不定主意。

(8) 常常低头:慎重派。讨厌过分激烈、轻浮的事,孜孜勤劳,交朋友也很慎重。

(9) 托腮:服务精神旺盛,讨厌错误的事情,工作时对松懈型的合作对象会很反感。

(10) 两手腕交叉:对事情保持着独特的看法,常给人冷漠的感觉,属于易吃亏型的人,稍微有些自我主义。

(11) 摸弄头发:这是一个情绪化的,常常感到郁闷焦躁的人物。对流行很敏感,但忽冷忽热。

(12) 把手放在嘴上:属于敏感型,是秘密主义者,常常嘴上逞强,但内心却很温柔。

(13) 手握着手臂:保守派非理性的人,因为不太拒绝别人的要求,有招致吃亏的可能。

(14) 靠着某样物体:冷酷的性格,有责任感和韧性,属独自奋斗型。

(15) 到处张望:具有社交性格的乐天派,有顺应性,对什么事都有兴趣,对人有明显的好恶感。

(16) 摇头晃脑:这种人特别自信,以至于唯我独尊。他们在社交场合很会表现自己,对事业一往无前的精神常受人赞叹。

二、领导的艺术——用人

每一位领导都有自己的驭人之术,古今中外的理论虽然不同,但是都有一些共通之处。下面,我们来讨论一下领导者的用人原则。

原则一:领导者应该把主要精力放在求贤用人上。前面我们讲过,领导的主要精力应该集中在战略层面的问题上,而不是处理日常程序化的事务,这其中就包括人才的选拔和任用。让我们看看唐太宗是如何求贤用人的吧!

唐太宗把主要官员的第一职责定为选拔人才,足见他管理国家的良苦用心。有一天,唐太宗发现左右仆射房玄龄、杜如晦整天陷在事务堆里,一天之内要阅读处理几百件公文,根本没有时间考虑选拔人才等大事,就生气地批评他们说:"你们身为仆射,应当为我分忧,协助我操劳国家大事,要耳听得远,眼看得宽,拓宽识人渠道,为国家察访贤能智慧之士。你们现在整天陷在事务堆里,哪有时间帮助我选拔贤能之士呢?"于是,唐太宗下了一道诏书给各尚书省:凡是琐碎的事务都交给左右丞处理,只有疑难重大的事务,才交给左右仆射处理。把房玄龄和杜如晦二人从繁忙的事务堆里解脱了出来,让他们主要考虑国家大事,特别是考虑如何为国家选拔德才兼备的人才问题。

通用电气总裁杰克·韦尔奇有"经理中的经理人"之称,是20世纪最伟大的CEO之一。他认为,挑选最好的人才是领导者最重要的职责。他说:"领导者的工作,就是每天把全世界各地最优秀的人才延揽过来。"与很多CEO不同,杰克·韦尔奇把50%以上的工作时间花在了人事上,他将自己的成功归于自己正确地选择了企业最需要的人才。他说:"我们所能做的是把赌注压在我们所选择的人身上。因此,我的全部工作就是选择适当的人。"

原则二:任用下属要看其主要方面。俗话说,金无足赤,人无完人,每个人都有缺点。领导用人,要多看人才的优点,对一些小过错不宜过多追究,这样才能把人才团结在自己周围。

原则三:乐于选用一些比自己更强的人来为自己工作。同时,对那些能力很强的下属,如果他能独立完成任务,最好不要轻易干预。

美国钢铁大王安德鲁·卡内基(Andrew Carnegie)在他的墓碑上镌刻了这样一句墓志铭:"一个知道选用比自己更强的人来为他工作的人安息于此。"这句话非常形象地刻画出了领导用人的最高境界。

原则四：用人要取人之所长。唐太宗李世民《帝范·审官》篇中说："智者取其谋，愚者取其力，勇者取其威，怯者取其慎。"就是说，对聪明的人，要用其计谋；对愚钝的人，要用其力气；对勇猛的人，要用其威势；对胆小的人，要用其谨慎。这就是说，无不可用之人，只是看领导者会不会用而已。这是一种非常重要的领导理念。

我们发现，平庸的管理者下跳棋，优秀的管理者下象棋。跳棋的棋子都一模一样，走法相同，可以彼此替换，象棋的棋子走法各异。管理者要做的不是试图把炮变成车，而是尽量发挥炮和车的长处。能够了解并且重视员工的独特之处，知道如何整合他们协同作战是优秀管理者的必修课。

王勇和吴明同在一家公司任职，分别担任不同部门的经理。有一次，两个人凑在一起交流管理经验和心得。王勇谈到他手下的三个职员时非常恼怒，发誓要把他们通通炒掉。

吴明好奇地问："他们到底有什么错？"

王勇愤愤地回答："这三个人都不成材。一个成天吹毛求疵，四处抱怨；一个胆小如鼠，怕这怕那，每天都杞人忧天，总担心公司会出问题；还有一个总爱在外面闲逛，不忠于职守。"

吴明听后，略加思索，说："我来替你解决这个问题吧，你把这三个人都安排到我那里去吧。"

吴明为那三个人重新分配了工作：让那个整天吹毛求疵的人担任质检工作；让那个胆小如鼠的人负责安全保卫；让那个成天在外面闲逛的人主管产品的宣传和推销。这样一来，三个人都找到了符合自己性格特点的工作，于是他们信心满满地投入到新工作中去了。五个月后，吴明的部门在产品质量、安全保障、产品策划和销售方面都有了长足的进展，赢利颇丰。

原则五：学会合理授权。最优秀的领导者并不需要大包大揽，事必躬亲，其关键作用在于如何把人员合理地进行统筹安排。思科公司的总裁约翰·钱伯斯（John Chambers）就是善于在放权、授权中掌权的领导人，他曾说过一句很精辟的话："很久以前我就学会了如何放手管理。你不能让自我成为障碍，成为一个高增长公司的唯一办法就是聘用在各自的专业领域里比你更好、更聪明的人，使他们熟悉他们要做的事情，要随时接近他们，以便让他们不断听到你为他们设定的方向，然后，你就可以走开了。"

诸葛亮大概是中国历史上最聪明的人,但这最聪明的人在用人问题上却做得很不聪明,他最大的不聪明就是不懂得合理授权,最后终于积劳成疾、累死在阵前。在蜀国前中期,刘备集团可谓是人才云集,孔明其实大可不必"事无巨细、事必躬亲"。在行军打仗方面,他有魏延和李严可用,两人均有多年作战的经验,又有计谋,这时他本该在成都辅佐刘禅政务,让两人主军务,但他均不用之,后来甚至废李严为民,七擒孟获、六出祁山,诸葛在军务上费尽一生心血。为了解决运粮事宜,他耗费了大量精力,最后是搞出了"木牛流马",但也搞垮了自己。士兵中有些松懈,确需整顿军纪,这本应授权众将管理部属,可孔明却是罚棍二十以上,皆亲自处理,忙得没日没夜。不善授权,终将累及自我,连司马懿都断言:"亮将死矣",果不其然,孔明终于累死在五丈原,时年仅54岁。

　　下面,我们介绍一些有趣的用人技巧。

　　(1) 性格特别刚强却粗心的员工。这类人的特点是不能深入细致地探求道理,因此他在分辨细微的道理时就显得粗略疏忽,但在论述大道理时就显得广博高远。此种人可委托其做大事。

　　(2) 性格倔强的员工。这类人不懂变通,不能屈服退让,处事时显得乖张顽固,与他人格格不入。但他们在谈论法规与职责时,能约束自己并做到公正。此种人可委托其立规章。

　　(3) 性格坚定、有韧劲的员工。这类人在涉及大道理时,论述过于直接单薄,但喜欢实事求是,能把细微的道理揭示得明白透彻。此种人可让他办具体的事务。

　　(4) 能言善辩的员工。这类人一旦涉及根本问题,就说不周全,容易遗漏,但辞令丰富、反应敏锐,在推究人事情况时,见解精妙而深刻。此种人可让他做谋略之事。

　　(5) 随波逐流的员工。这类人在核实精微道理时,反复犹豫没有把握,不能提出深刻的问题,在听别人辩论时,思考的深度有限,他很容易满足。这种人不可大用。

　　(6) 宽宏大量的员工。这类人思维不敏捷,行动迟缓,很难紧跟形势,但谈论精神道德时知识广博、谈吐文雅、仪态悠闲。这种人可用他去带动下属的行为举止。

　　(7) 温柔和顺的员工。这类人缺乏强盛的气势,在分析疑难问题时喜欢拖泥带水,一点也不干净利索。但是他们在体会和研究道理时,会非常顺利通畅。这种人可委托他执行上级意图办事。

　　(8) 喜欢标新立异的员工。这类人潇洒超脱,喜欢追求新奇的东西,办事不合常理又容易遗漏,但在制订锦囊妙计时,就显露出来卓越的能力。这种人可从事开创性工作。

第三节 效率：柔性与刚性之争

一、刚性管理：没有规矩不成方圆

韩非曾说："一民之轨莫如法。"这句话的意思是说，能把人们的思想和行动统一起来的最好的规范就是法律。这是法家的基本思想，同时也体现了刚性管理的精神。所谓刚性管理，就是"以规章制度为中心"，凭借制度约束、纪律监督、奖惩规则等手段对企业员工进行管理。在刚性管理中，制度是它的核心。即便是柔性管理的呼声一日高过一日的今天，刚性管理也强调决不可舍弃法制这一管理思想。我们看到，在今天一些具有很强竞争力的大型跨国公司中，职工的自律性已经很高，但仍然可以看到一些行之有效的制度规范支撑着公司的高效运转。在一个组织中，要使组织成员步调协调一致朝着组织目标奋进，建立一套规范的行为标准及管理程序是必需的，也是有效的。在一个组织中，存在着众多的关系、矛盾，这些关系的处理、矛盾的解决，需要有一定的规范。这些规范，有的可以通过企业文化层面来解决，但更多的还需要通过规章制度、条例、纪律、指令等来解决。如果一个组织没有制度，管理就会无序、行为无法一致、协调，组织必然会迅速崩溃。缺乏必要的制度、程序和量化标准作基础，任何管理都不会起到好的作用。越是复杂多样化的组织活动越是需要周密的组织。可见，刚性管理是组织存在和发展的前提和保障。

刚性管理的先驱和代表是泰罗（Frederick Winslow Taylor）的科学管理。泰罗出生于1856年的美国费城一个富有的律师家庭，19岁时停学进入一家机械厂做学徒，22岁时进入费城米德维尔钢铁公司当技工，后来迅速升为工长、总技师，28岁时已担任总工程师。泰罗在工厂时发现，资本家和管理层凭着感觉和习惯管理而造成生产率低下，看到工人由于缺少训练，没有正确的操作方法和适用工具而大大影响了劳动生产率。为了改进管理，从1880年开始，泰罗和他的追随者们在米德维尔进行了一系列的实验，最终形成了科学管理的理念。泰罗主张用严密的科学调查和知识代替旧的依据经验、习惯和个人判断去处理各项工作的做法。通过实行确定"合理的日工作量"，劳动方法标准化和差别计件工资制度等主张，大幅度提高了劳动生产率。

泰罗等人当时在钢铁公司做了一个搬运生铁的实验最能体现科学管理的思想。当时，钢铁公司有一个75人的生铁搬运小组，每人每天装货约12.5吨，工人的工资是每人每天1.15美元。实验首先是对搬运生铁的具体过程进行观察和记录。在准确测时的基础上，把工作分解成小的基本动作，研究这些动作的最合理、最省力的具体做法，再把各个基本动作所耗费的时间联系起来，求出正常的速率，进而计算出标准定额。另外，还要估算出一天中的休息时间以及必要的延迟、停顿时间。在此基础上，对工人的操作动作进行设计,最终设计出最合理的标准工作程序。

为了推行这种标准工作程序,还得找一些适当的工人。例如,泰罗等人最初找来了一个名叫斯密特的工人。这个人干活很卖力,脑子不是很机灵,但据说爱钱如命,"把一个铜板看得比车轮还大"。他们要求斯密特严格按照指示来工作,由一名拿着秒表的管理者掌握斯密特工作中的动作、程序和间隔休息时间。这样,在不增加疲劳强度的情况下,斯密特一天内完成了 47.5 吨生铁的搬运工作,其工资也由过去的 1.15 美元增加到了 1.85 美元。可见泰罗的这套思路是能够解决问题的。

二、柔性管理:以柔克刚

柔性管理是相对于刚性管理提出来的,它指的是"以人为中心",依据企业的共同价值观、文化和精神氛围进行的人格化管理,它是在研究人的心理和行为规律的基础上,采用非强制性方式,在员工心中产生一种潜在的说服力,从而把组织意志变成个人的自觉行动。柔性管理的最大特点在于,它不是依靠外力(比如上级的指令)来推动工作,而是依靠人性解放、权利平等、民主管理,从内心深处来激发每个员工的创造精神,使他们真正做到心甘情愿、不遗余力地为企业发展作出最大的贡献。

索尼公司是世界知名的电子公司,它的"大家庭"理念也非常有名。公司总裁盛田昭夫(Akio Morita)曾谆谆教诲新入职的员工:"索尼是个亲密无间的大家庭,每个家庭成员的幸福都靠自己的双手来创造。"绝大多数索尼员工都要在公司度过一生,公司领导同员工之间始终保持着良好的关系。公司的任何一位管理人员都没有个人办公室,连厂长也不例外,公司要求管理人员要与他的职员一起办公,共同使用办公设备和用品。在车间,领班对工人要表现出真诚的关心和尊重。索尼公司强调家庭式的责任感和协调精神,以激发每个员工的工作热情。

国际知名的化妆品公司玫琳凯同样奉行"一家人"的管理文化。在公司中,人是最重要的,他们以"人员对公司的向心力"为自豪,认为关心别人和追求利润并不矛盾。玫琳凯(Mary Kay Ash)说:"公司的结构是建立在相互帮助的基础上,要想爬上成功的阶梯,非得人人互相合作不可。一个只会想到'我能得到什么'的人是不会成功的。只要你帮助其他人获得他们想要的,你就会得到你想要的。"因此,相信和尊重每一位员工是玫琳凯的经营信条。一位优秀的管理人员应该不断地勉励每一位部属,提高他们的士气,而不是一味地求全责备。

事实上,玫琳凯公司的"一家人"管理思想与索尼公司的"大家庭"管理理念是相通的,都包含着非常深刻的柔性管理思想。

三、刚柔之争

刚柔之争由来已久,究竟孰是孰非?让我们先来看一则案例。

王明是大华公司的老板。他是一个坚持原则的人,如果有人违反了公司的制度,他一定毫不犹豫地按章处罚。但这并不意味着不讲人情,相反,他非常体贴员工的疾苦,总是尽量设身处地地为员工着想。

有一次,一位跟着王明干了十几年的老员工违反了公司的制度,酗酒闹事,迟到早退,还跟上司大吵了一架。按照公司的章程,应该被开除。当经理把这位老员工闹事的材料报上来之后,王明迟疑了一下,还是写下了"立即开除"四个字。

王明与这位员工是患难之交,他本想下班后到这位员工家去了解一下情况,没想到这位员工接到通知后立刻火冒三丈,跑到总经理办公室大吵大闹:"当初公司负债累累的时候,我与你患难与共,半年没有工资都毫无怨言,现在犯了这么一点错,你就要开除我,真是太不讲人情了。"

听完老员工的话,王明平静地说:"你是老员工了,公司的制度更应该带头遵守。公私要分明,谁也不能例外。"接着,王明仔细询问了他闹事的原因。原来这位员工的妻子刚刚去世,留下的孩子还未满月。老员工极度痛苦才借酒浇愁,误了上班。

了解了真相后,王明安慰员工说:"现在你什么都别想,赶快回家料理你夫人的后事,好好照顾孩子。你放心,我不会让你走上绝路的。"说完,从包里拿出一沓钞票塞到他手里。

王明还是继续执行了他的开除命令,在维持公司纪律的同时,将这位员工安排到一位朋友的公司工作。王明这样做,不仅解决了这位员工的后顾之忧,同时赢得了公司其他员工的心。

听了这个故事,你有什么感想?

法约尔(Henri Tayol)说:"在管理方面没有什么死板和绝对的东西,这里全都是尺度问题。"因此在管理上,一定要掌握好"度",既不是越严格越好,也不是越宽松越好。一个企业应该以刚性管理为主还是以柔性管理为主,主要取决于企业员工的素质、企业的文化传统和工作的性质。

刚性管理和柔性管理就像一对孪生姐妹,缺了谁都无法高效率地开展工作。柔性管理弱化了制度的刚性,而这种刚性有时候非常不近情理,极具破坏力;刚性管理淡化了人性化的随意和惰性,有时候这种随意和惰性会像瘟疫一样传染给每个人,使企业的目标和愿景化为泡影。唯有这对孪生姐妹合理分工,通力合作,才能使我们的事业熠熠生辉、光彩照人。

第四节 生活中的管理学

生活中处处充满着管理学的智慧。很多看似深奥的管理理论,恰恰多是来源于生活的体验。管理与生活息息相关,不仅是生活的必要,更是生活品质的保证。许多人视而不见的东西,被学者们上升到理论层面,这就是所谓的管理学理论。这些理论如影随形地跟随着我们,甚至在一定程度上左右着我们的命运。下面,我们就介绍一些有趣的管理学理论。

一、木桶理论

木桶理论形象地描述了一个管理活动定律。木桶是人们常见的盛水的工具,木桶的构造是几片木板用铁丝或者其他东西固定起来,一个木桶盛水的多少是由其中最短的那块木板决定的,水的高度无论如何都无法超越最短的那块木板。这就是所谓的木桶理论。生活中使用木桶盛水是这样,在管理活动中,组织的绩效也是这样。一个组织的绩效往往不是取决于最强的那个部分,而是最差的部分。最短的木板是组织中的关键,如果忽视了它,这块短板会在关键时刻成为你失败的重要因素。同时,它也提醒人们,要注意整个团队或组织建设中的整体情况。

二、酒与污水理论

这个理论是说,当我们用勺子盛了一勺酒倒进装满污水的桶里时,那桶污水还是老样子;但是,如果我们将一勺污水倒入一桶酒里的时候,这桶酒就变成污水了。在组织里面,也经常有类似的情况。一个不管如何高尚能干的人,一旦进入一个混乱的部门,都有可能被影响,甚至被吞噬。而一个无才无德的人,则很有可能让一个高效的部门变成一盘散沙。作为管理者,要学会区分并及时剔除这样的害群之马,保持组织旺盛的生命力。

三、帕金森定律

帕金森定律阐述了机构人员膨胀的原因及后果:一个不称职的官员,可能有三条出路。第一是申请退职,把位子让给能干的人;第二是让一位能干的人来协助自己工作;第三是任用两个水平比自己更低的人当助手。这第一条路是万万走不得的,因为那样会丧失许多权力;第二条路也不能走,因为那个能干的人会成为自己的对手;看来只有第三条路最适宜。于是,两个平庸的助手分担了他的工作,他自己则高高在上发号施令。两个助手既无能,也就上行下效,再为自己找两个无能的助手。如此类推,就形成了一个机构臃肿、人浮于事、相互扯皮、效率低下的领导体系。由此得出结论:在行政管理中,行政机构会像金字塔一样不断增多,行政人员会不断膨胀,每个人都很忙,但组织效率越来越低下。这个定律警示我们,不称职的行政首长一旦占据领导岗位,庞杂的机构和过多的冗员便不可避免,庸人占据着高位的现象也不可避免,整个行政管理系统就会形成恶性膨胀,陷入难以自拔的泥潭。

四、彼得原理

彼得原理是由管理学家劳伦斯·彼得(Laurence J. Peter)提出来的,他认为在一个等级制度中,每个职工趋向于上升到他所不能胜任的地位。彼得指出,每一个职工由于在原有职位上工作成绩表现好,就将被提升到更高一级职位;其后,如果继续胜任则将进一步被提升,直至到达他所不能胜任的职位。由此得出的推论是,每一个职位最终都将被一个不能胜任其工作的职工所占据。层级组织的工作任务多半是由尚未达到不胜任阶层的员工完成的。例如,一个优秀的汽车修理工被提升为工头,但他不会指挥别人只会自己修车,这个人只晋升了一级就不称职了。于是,他就停留在不胜任的工头位置上。一个工程部的员工,由于称职被晋升为领班,他善于交往,在领班的位置上依然称职,所以,工程部主管退休后就接替了主管。但他不善于决策,当主管就不称职,于是就停留在不胜任的主管位置上。某位著名的将军,直率豪爽,不拘细节,曾经率领部队打过很多漂亮的胜仗,后来晋升为陆军总指挥。这时与他打交道的不再是士兵,而是政客与盟军高官,但他不讲礼仪,不会客套,经常与政客们吵架,无计可施时借酒浇愁,表现出不称职,这是到组织顶端才表现出不称职的例子。不管是谁,按照组织的直线晋升规则,即逐级晋升,在正常情况下,总会达到晋升的极限。至于停留在什么地方,很显然,在哪一层级表现出不称职,就停留在哪一级。

从"彼得原理"说起,百度糯米 O2O 更值得期待[①]

随着拉手网被三胞集团收购,CEO周峰随即离职,团购网站"三足鼎立"的形势再无任何争议,美团、大众点评、百度糯米不仅合起来占据了整个团购行业八成以上的市场份额,遍寻市场甚至再找不到第四家有冲击力的网站。

但是,团购网站的硝烟并未就此散尽,更大的"战争"仍在后面,三强之间的巨人博弈看点更多:美团强在交易量,大众点评胜在微信入口和点评信息,百度糯米胜在百度资源和增长速度。

---

① 资料整理自《从"彼得原理"说起,百度糯米 O2O 更值得期待》,2014 年 11 月 5 日,环球网,http://tech.huanqiu.com/news/2014-11/5191977.html,最后浏览日期:2015 年 6 月 4 日。

那么，从竞争犬牙交错的现状中，该如何判断美团、大众点评、百度糯米未来的强弱走势？"彼得原理"的魔咒会如期上演吗？

由于传统团购模式的发展局限性，当前无论是哪家幸存的团购网站都面临转型的刚性需求，出于自身体量和规模的期许，团购三强不约而同地选择了O2O作为目标，但方式各不相同。百度糯米"即插即用"，与百度在各领域强势产品融合之后直接形成了O2O闭环；大众点评谋求微信支援，开建外卖等；而美团则通过外延产品的开发试图自建体系。

仅从团购业务现状来看，美团的交易量在三强中排在前列，但就此推断其将赢得O2O之争，似乎正中让平庸者获得晋升的"彼得原理"魔咒。在三强转型的过程中，美团是唯一一个试图利用现有资源谋求"晋升"的团购网站，难度最大；大众点评所谓依赖微信转型，实则是基于线上流量的合作，其线下拓展仍在布局之中，平行建设尚需时日；百度糯米则是这三强中唯一一个做O2O却无需向上的网站，业界需要用完全不同的眼光审视被百度收购前和收购后的"糯米团购"，当前的百度糯米已是百度整体中的一环，在进行O2O转型时不仅无需像美团那样谋求向上，反而因为扼守入口，整个生态呈现一个"降维"的状态。

以此推论，百度糯米的O2O前景似乎更为可期，大众点评仍待观察，对美团则恐有"无法胜任"的担忧。

五、墨菲法则

墨菲法则源于一名叫墨菲的美国空军上尉工程师的一句玩笑话。他曾参与一项航空航天基地的实验，这个实验的目的是为了测定人类对加速度的承受极限。其中有一个实验项目是将16个火箭加速度计悬空装置在受试者上方，当时有两种方法可以将加速度计固定在支架上，而不可思议的是，竟然有人有条不紊地将16个加速度计全部装在错误的位置。沮丧的墨菲对他的同事们干的蠢事十分恼火，于是脱口而出："要是一件事情有可能被弄糟，让他们去做就一定会弄糟。"很快，这句话就在空军基地流传开了，只要有人把什么事干砸了，别人就会用这句话嘲笑他。为了自己的面子问题，基地的所有人都尽力避免出错，最终圆满完成了试验任务。

在事后的一次记者招待会上，大家把这句话称为"墨菲法则"，赞誉它是试验成功的核心原因，并将其改造成了一种新的形式："如果一件事可能出岔子，它就一定会出岔子。"这句寓意深刻的话立刻吸引了记者们的注意力，从此在美国不胫而走，还扩散到世界各地，并被赋予无穷的创意，演变成了各种各样的形式，其中一个最通行的形式是："如果坏事有可能发生，不管这种可能性多么小，它总会发生，并引起最大可能的损失。"这就是我们现在最常用的"墨菲法则"。墨菲法则虽然是不经意间说出的玩笑，其实却蕴涵着很深刻的道理，因为它揭示了一种独特的社会及自然现象。

事实上，我们许多人都有过这样的经历：东西久久都派不上用场，就可以丢掉，但是东西一旦丢掉,往往就必须要用它;你携伴出游,越不想让人看见,越会遇见熟人;一种产品保证 60 天不会故障,但是到了第 61 天一定就会坏掉;排队的时候另一排总是动得比较快,但是当你换到另一排,你原来站的那一排,就开始动得比较快了,而且你站得越久,越有可能是站错了排;当你赶着去赴一个时间紧迫的约会,准备在街上拦一辆出租车时,你常常会发现街上所有的出租车不是有客就是根本不搭理你;而当你不需要出租车的时候,却发现有很多空车在你周围游弋,只要你一招手,它就立马停在你面前。总而言之,就是,如果你担心某种情况发生,那么它就更有可能发生。

六、马太效应

一位主人将要远行,临走之前,他将仆人们叫到一起,把财产委托给他们保管。

主人根据每个人的才干,分给第一个仆人五个塔伦特(注:古罗马货币单位),分给第二个仆人两个塔伦特,分给第三个仆人一个塔伦特。

拿到五个塔伦特的仆人把它用于经商,并且,赚到了五个塔伦特。

同样,拿到两个塔伦特的仆人也赚到了两个塔伦特。

但是,拿到一个塔伦特的仆人却把主人的钱埋到了土里。过了很长一段时间,主人回来了。他想知道几个仆人是怎么处置他委托给他们的塔伦特的。

拿到五个塔伦特的仆人,带着另外五个塔伦特来到主人面前,说:"主人,你交给我五个塔伦特,我又赚了五个。"

"做得好!你是一个对很多事情充满自信的人,我会让你掌管更多的事情。现在就去享受你的奖赏吧!"同样,拿到两个塔伦特的仆人,带着另外两个塔伦特来了,他说:"主人,你交给我两个塔伦特,我又赚了两个。"

主人说:"做得好!你是一个对一些事情充满自信的人,我会让你掌管很多事情。现在就去享受你的奖赏吧!"最后,拿到一个塔伦特的仆人来了,他说:"主人,我知道你想成为一个强人,收获没有播种的土地,收割没有撒种的土地。但是,我很害怕,于是,便把钱埋在了地下。看,那儿埋着你的钱。"

主人立即斥责他说:"又懒又缺德的人,你既然知道我想收获没有播种的土地,收割没有撒种的土地,那么,你就应该把钱存在银行家那里,待我回来时,连本带利地还给我。"

然后,他转身对其他仆人说:"夺下他的一个塔伦特,交给那个赚了五个塔伦特的人。"

"可是,他已经拥有十个塔伦特了。"

"凡是有的,还要给他,使他更富足;但凡没有的,连他所有的,也要夺走。"

这个故事出自《新约·马太福音》，它的寓意是贫者越贫，富者越富。

20世纪60年代，知名社会学家罗伯特·莫顿（Robert Carhart Merton）首次将"贫者越贫、富者越富"的现象归纳为"马太效应"。"马太效应"无处不在，无时不有。一个突出的现象就是，人类在资源的分配上，《马太福音》所预言的"贫者越贫，富者越富"的现象十分明显：富人享有更多的资源——金钱、荣誉以及地位，穷人却变得一无所有。

日常生活中，这样的例子不胜枚举：朋友多的人，会借助频繁的交往结交更多的朋友，而缺少朋友的人则往往一直孤独；名声在外的人，会有更多抛头露面的机会，因此更加出名；即使投资回报率相同，一个本钱比别人多十倍的人，收益也多十倍；股市里的大庄家可以兴风作浪，而小额投资者往往血本无归；资本雄厚的企业可以尽情使用各种营销手段推广自己的产品，而小企业只能在夹缝中生存……

因此，要想脱颖而出，必须顺应马太效应，找到成功的正确道路，那就是事事领先一步。

七、鲶鱼效应

很久以前，挪威人从深海捕捞的沙丁鱼，总是还没到岸边就已经口吐白沫，渔民们想了无数的办法，想让沙丁鱼活着上岸，但是都失败了。但是，有一条渔船总能装载着活鱼上岸，他们带来的活鱼自然比死鱼的价格贵出好几倍。

这是为什么呢？这条船又有什么秘密呢？

原来，他们在沙丁鱼槽里放进了鲶鱼。鲶鱼是沙丁鱼的天敌，当鱼槽里同时放有沙丁鱼和鲶鱼时，鲶鱼出于天性会不断地追逐沙丁鱼。在鲶鱼的追逐下，沙丁鱼拼命游动，激发了其内部的活力，从而活了下来。

这就是"鲶鱼效应"的由来，"鲶鱼效应"的道理非常简单，无非就是人们通过引入外界的竞争者来激活内部的活力。自从"鲶鱼效应"的秘密被大家知道以后，已经被用到生活的各个方面。

一个公司，如果人员长期固定，彼此太熟悉，就容易产生惰性，削弱组织的活力。这时，如果能从外部招聘个别"鲶鱼"，他们就能以崭新的面貌对原有部门产生强烈的冲击。同时，他们可以很好地刺激其他员工的竞争意识，克服员工安于现状、不思进取的惰性。

所以，有意识地引入一些"鲶鱼"，通过他们挑战性的工作来打破昔日的平静，不仅可以激活整个团体，还能有效地解决原有员工知识不足的缺陷。因此，现代意义的人力资源管理成为"鲶鱼效应"的最大受益者。

八、皮格马利翁效应

皮格马利翁效应的名字源于一则神话故事。

塞浦路斯国王皮格马利翁是位有名的雕塑家。他精心地雕塑出一位美丽可爱的少女,取名叫盖拉蒂。国王深深地爱上了"她",每天拥抱"她"、亲吻"她",可是"她"依然是一尊雕像。皮格马利翁非常绝望,他不愿意再受这种单相思的煎熬,于是,他带着丰盛的祭品去向神灵求助,希望能赐给他一位如盖拉蒂一样优雅、美丽的妻子。他的真诚感动了女神,女神决定帮助他。皮格马利翁回家后,径直走到雕像前,奇迹发生了,雕像的面颊开始慢慢呈现出血色,眼睛也释放出光芒,"她"的嘴唇缓缓张开,露出甜美的微笑。不久,盖拉蒂开始说话了。后来,她就成了皮格马利翁的妻子。

　　人们从皮格马利翁的故事中总结出了"皮格马利翁效应":期望和赞美能产生奇迹。但是对这一效应做出经典证明并使它广泛应用的是美国的心理学家罗森塔尔(Robert Rosenthal),因此,"皮格马利翁效应"又称为"罗森塔尔效应"。

　　1960年,罗森塔尔博士曾经在加州一所学校做过一个著名的实验。校长告诉两位老师:你们是学校里最好的老师,因此,学校挑选了一些最聪明的孩子给你们教,这些孩子的智商都高于常人。你们只需要按照平常的方法教他们就可以了。一学期下来,这两位老师班上的学生果然是全校最优秀的。

　　其实,这些孩子的智商并不比其他学生高。教师也是随机抽取的。但是,正是学校对教师的期待,教师对学生的期待,才使得教师和学生都产生了一种自我完善的动力。这种期盼最终将美好的愿望变成现实,在心理学上被称为"期待效应"。

　　事实上,这样的事情经常发生在生活中。你有过这样的经历吗?本来穿了一件自认为是很漂亮的衣服去上班,结果好几个同事都说不好看,当第一个同事说的时候,你可能还觉得只是她的个人看法,但是说的人多了,你就慢慢开始怀疑自己的判断力和审美眼光了,于是到了下班后,你回家做的第一件事情就是把衣服换下来,并且决定再也不穿它去上班了。其实,这只是心理暗示的作用。

　　在现代企业里,管理者们也经常使用皮格马利翁效应来激励员工,从而提高他们的工作积极性,为企业创造出更高的业绩。

　　生活中的管理学,简单而有趣,生动又活泼,需要我们慢慢学习和体会。其实,只要你仔细观察身边的生活,就会有所领略。生活中的管理之道,对谁都是一笔巨大的财富。

总结性述评

管理是什么？这是理论和实务界普遍关注的问题，即使是管理学家也没有一个统一的定论。管理是一门科学，管理也是一门艺术。或者说，管理就是有着艺术性的科学。本章就围绕日常管理问题讲述了一下管理者需要具备的基本素质和技能。

管理其实并不像我们想象的那样复杂，因为管理强调的是以有效的方法达到目的的具体行为。就像杰克·韦尔奇是用典型的产业视野来管理经营企业一样，这就必然要求在实践中设计一种行得通的解决办法。而这个办法就是：只要我们遵循管理中的一些共同准则，成功就是水到渠成的事。

管理者的管理能力从根本上说就是提高组织效率的能力。管理者要有全面而准确地制定衡量绩效标准的能力，要有对目前工作水平与标准之间的差距的敏锐洞察的能力，要有纠正偏差的能力。那么，作为管理者，要提高这些能力，必须增强与时俱进的学习意识，把学习摆在重要地位，学习是提高管理者知识水平、理论素养的途径。我们在工作中获得的是经验，而理论学习赋予我们的是进一步实践的有力武器。

一个好的管理者，首先必须是一个非常尊重每一位员工的领导者，他不仅具有开放的心胸和良好的沟通能力，还得是一个耐心倾听员工心声的人。一个好的管理者，当团队有好的表现时，他能够同每一个成员分享整体的成功，加强他们的向心力。一个好的管理者，不仅能为团队制定共同的目标，还能鼓励团队共同分析问题、寻求解决之道。

需要我们注意的是，管理要有全局意识。不能够全局思考的领导者常常犯下以偏概全，甚至一叶障目的错误，只看表面现象，不问事情的本质，总是以自己的一己观点来替代市场的要求。作为管理者，你在解决问题时，应该对广阔领域多看一看，这样有助于更好地明了解决问题的出路，包括许多实际存在而我们又尚未察觉的困难。

你觉得你学会管理了吗？你具备基本的管理素质了吗？

复习思考题

1. 为什么说管理是一门艺术？
2. 我们常说没有规矩不成方圆？这句话你是怎么理解的？
3. 什么是皮格马利翁效应？对你有什么启示？
4. 你觉得你有拖延症吗？如何改进呢？
5. 本章中介绍了管理学中一些理论和效应，哪一个对你感触最深？为什么？

第 9 章
创业：打造自己的未来

> 我们知道伟大从来不是天生，而是争取得来的。我们的旅程从来没有走快捷方式，从不退而求其次。这不是胆小者之路，这条路不是给那些喜欢安逸多于工作、只追求名利之乐的人。这条路是给肯冒险的人、做实事的人、创造事物的人的。这些人有些得到颂扬，但多数都是默默耕耘，是他们带领我们通过那漫长崎岖之路，通往繁荣和自由。
>
> ——贝拉克·侯赛因·奥巴马（Barack H. Obama）

 章节引语

在硅谷，可能没有人比史蒂夫·乔布斯（Steve Paul Jobs）更具有传奇色彩了。乔布斯可能是美国工程院唯一一个没有在大学读完一年书的院士。他入选院士的原因是"开创和发展个人电脑工业"。

在入读俄勒冈州波特兰的里德学院六个月后，乔布斯选择了辍学。辍学之后的乔布斯一直梦想有一台自己的计算机。他经常和他的初中同学史蒂夫·沃兹尼艾克（Steve Wozniak）一起，在自家的小车库里琢磨电脑。1976 年，他俩终于拼装成功了一台电脑，这个其貌不扬的东西就是世界上第一台个人电脑。1976 年 4 月 1 日这一天，乔布斯、沃兹尼艾克以及罗恩·韦恩（Ron Wayne，他在苹果正式成立的 12 天之后，就出售了所持的 10% 的苹果股份，仅套现 800 美元，而今天价值 350 亿美元）签订了长达 10 页的合作书，宣布了苹果公司的正式成立，并筹集了创业资金 1 300 美元。1977 年，在美国旧金山举办的西海岸电脑展上，乔布斯推出了凝聚着他的心血的第二代苹果个人电脑（Apple Ⅱ），在展览会上一鸣惊人，数不清的用户拥向展台,观看、试用,订单纷纷而来。公司的产值便迅速突破了100万美元。1年后,成为当时美国发展最快的计算机公司。1980年底,苹果公司首次在华尔街公开发行股票,不满30岁的乔布斯跨入了亿万富翁的行列,成为全美最富有的40位大亨中最年轻的一个。乔布斯为此登上了《时代》周刊的封面。舆论普遍认为,从他一贯的思维活跃、从不满足的行为特征来看,他最大的成功"秘诀"就是不断创新。

但没过多久,两位共同创始人的矛盾就公开化了。苹果公司早期产品的专利权属于共同创办人沃兹尼艾克,沃兹尼艾克的家人都反对他把发明技术交给乔布斯,他们认为:"乔布斯是那种人,觉得自己理当一上来就占据高位,不肯脚踏实地、按部就班地从基础做起。"乔布斯创业早期常被批评为脾气坏、顽固、倔强、喜怒无常。史蒂夫的任性以及这种自我为中心的工作作风得罪了太多的人,让他迅速走向危机。加上他的几次决策失误及由此导致的人事纷争,这让董事会最终做出了一个艰难的决定:掠夺其在苹果公司的一切公职。乔布斯被迫于1984年离开了苹果公司。然而,随着乔布斯的离去,苹果公司缺少了技术创新的领航人,丧失了使其走向成功的创新能力,产品竞争力逐渐下降,股价从1992年的60美元跌落到1996年底的17美元,1996年亏损额达10亿美元,曾一度濒临破产,成了不折不扣的"烂苹果"。

而此时乔布斯却开始了自己的二次独立创业,公司名字就叫Next,1986年乔布斯以1 000万美元收购了Lucasfilm旗下动画工作室,也就是后来著名的Pixar公司,并在1995年以全球第一部3D动画电影《玩具总动员》震撼了整个电影界。此时,束手无策的苹果公司才意识到,苹果公司是离不开乔布斯的,不得不收购乔布斯新创的Next公司和Pixar公司以求新生。苹果抓住了稻草,而乔布斯也抓住了契机。1997年7月,乔布斯临危受命。

乔布斯重掌苹果公司之后,随着苹果公司在1998年8月推出全新改良的iMac G3,其股价便开始上涨并一发不可收。2001年推出iPod,2003年,推出iTunes App Store,2007年推出触摸屏智能手机iPhone,2010年推出了第四代苹果智能手机iPhone4和苹果个人电脑iPad。乔布斯的一系列杰作,不仅快速提高了智能手机业的发展,也更为深层次并且潜移默化地影响了全球电信业和IT行业。

——资料整理自[美]杰弗里·扬、威廉·西蒙:《活着就为改变世界:乔布斯传》,
蒋永军译,中信出版社2010年版。

从上面的故事中,我们可以看到,从早期的创业艰难,到被迫离开苹果公司,再到重返苹果,乔布斯表现出了巨大的变化。也许就像这本书的作者所说的那样,创业的失败使他变得谦逊了,孩子们的出生使他变得温和了,而年龄的增长也使他变得更加成熟了。虽然他还可能刚愎自用,还可能像以前一样只相信自己的判断,但重要的是,他已经意识到工作是大部分人做的,"苹果公司就是一个团队。"

我们从中也可以看到,在重新掌管苹果公司之后的短短10年,在乔布斯"永不满足,不断创新"理念引导下,苹果公司从濒临破产到成为一个庞大的企业帝国。而一个个神奇的"魔法盒"的横空出世,正不断改变着媒体业、音乐界、电子消费品等行业的格局,也彻底改变了人类的生活。

2011年8月24日,乔布斯因为身体健康原因辞去苹果公司CEO一职,2011年10月5日逝世,终年56岁。我们在表示遗憾的同时,也要思考,是什么使得乔布斯在35个年头里缔造了一个属于自己的苹果神话?斯人已逝,但乔布斯留给我们的成功经验——创业经验和精神遗产——创新精神,将是恒久的。其实,创业者与CEO看似只有一步之遥,实则相去甚远。CEO多为按部就班和教育的产物,或许那些卓越的创业家却多是桀骜不驯、不可遏制的天性爆发的结果。我们应该认真审视"我们该如何创业?""什么才是成功的创业?""创业需要我们具备什么素质?"

第一节　把握人生,选择创业

一、打工,创业,还是继续读书?

思路决定出路,行动决定结果,大学生毕业面临多个选择,到底选择哪条路合适自己,能够有好的发展,首先需要对每一条路进行分析。

1. 打工

"打工"一词在20世纪80年代改革开放初期从香港传入内地,最初在广东省流行开来,后来逐渐流行到中国各地。在传统的或者狭义上,我们所说的打工,就是指农村人背井离乡到经济发达地去工作。随着经济的发展,这个词的含义发生了变化。越来越多的非农村人口也要在各类企业单位或者组织中去"打工",就是"受雇于人"。为了泛化,我们不妨将在各类企业或组织中谋求一个职位为他人(也就是企业所有者或者股东,我们一般称之为老板)工作并借此获取劳动报酬的工作活动,都称为打工。那么,无论你是受雇为一个个体户工作,还是受雇作为一个跨国企业集团的CEO,你都是在打工。相信大家都知道唐骏这个人,他从微软(中国)有限公司总裁到盛大网络总裁,再以10亿元的身价加盟到福建一民营企业,三次华丽转身,已经使得他成为亿万富翁,但是他这些履历都是在"打工",所以人称"打工皇帝"。

打工的优点就在于:每月有较稳定收入,不用担心单位财务经营状况、风险度不大,心不累;不承担公司的成败责任,不用像自己创业那样要走钢丝绳;生活有保障,大多数是"朝九晚五",能够享受公共的假期,受劳动法的保护;工作的内容比较单纯,只需要做好局部的工作;失败后可跳槽继续上班获得工资。而打工的缺点则在于:收入有限、钞票少,难有个性化、创新的自由,受老板、公司的诸多限制;时间上也没有自由,起早贪黑;财务上也没有支配权,每一毛钱都要请示批准;本人劳动的剩余价值被老板全部占有,还要看老板的脸色办事。打工的优势与劣势比较具体见表9-1。

表 9-1 打工的优劣势

优势	劣势(面临的挑战)
1. 明确的(固定的)责任	1. 执行上级的命令
2. 稳定的收入	2. 能力难以得到认可
3. 额外的福利	3. 收入有限
4. 固定的工作时间	4. 责任、权力有限
5. 相对确定的未来	5. 难以实现个人的想法
6. 丰富经验、提升能力	6. 依赖于雇主
7. 承担的风险小	

2. 创业

根据杰夫里·提蒙斯(Jeffry A. Timmons)的定义:创业是一种思考、推理结合运气和行为方式,它为运气带来的机会所驱动,需要在方法上全盘考虑并拥有和谐的领导能力。根据现代创业学的观点,创业是指某个人发现某种信息、资源、机会或掌握某种技术,利用或借用相应的平台或载体,将其发现的信息、资源、机会或掌握的技术,以一定的方式,转化、创造成更多的财富、价值,并实现某种追求或目标的过程。

创业的优点就在于:收入可以无限,能获得利益最大化;车、房、国际旅游、子女上贵族学校等可能就不是梦;接触面广、居于领导管理战略决策最高层,因而素质高,进度快;管理别人等自主权远高于打工群,可搞个性化,自主创新,可做自己想做的事,工作时间是自由的;有资金支配权,财务上独立自主;可以把打工群体的巨大剩余价值占为己有,并用于享受。创业的缺点就在于:操心、担心公司的经营状况;承担成败的责任而提心吊胆地过日子;而创业当老板的命运随时可能面临破产的风险;生存没有劳动法规的保障等。创业风险大,新创企业倒闭率高,能创业成功的总是少数。年轻人有闯劲、有活力,不甘于现状想创业,但资源有限。一个人年轻的时候可以允许一次、两次、三次的创业失败,但很难容忍四次、五次的创业失败。创业失败的成本很高,没有了资金,没有了信心,没有了家里的支持,会让人走投无路。创业的优势与劣势比较见表9-2。

表 9-2　创业的优劣势

优势	劣势（面临的挑战）
1. 处于领导地位而不是跟随	1. 不确定的未来
2. 能够实现自己的想法	2. 责任更重大
3. 能发挥自己的创造力	3. 必须承担各种风险
4. 有获得无限收益的可能	4. 收益不稳定甚至没有保障
5. 独立	5. 经常面临人、财、物各种问题
6. 能够掌握主动	6. 时间约束
7. 能够控制生活环境	
8. 能够自己做决策	

打工是靠自己的能力吃饭，创业是靠自己的智慧和思考吃饭；打工是靠别人给自己的平台来展示能力，创业是靠自己的决心和眼光创造一个平台。而作何选择就要根据自己的具体专业和家庭社会背景进行综合考虑，但有个原则是须要考虑的，那就是创业和创业者性格有关，要有闯劲的人才适合；你要看准一个行业一个领域，而你对这个行业要有自己独到的看法和应对措施等其他辅助条件，例如懂得点经营、懂得打交道、适当的启动资金……

很多同学会想毕业就创业的话有原始资金吗？有忠实的伙计吗？有可靠的合作人吗？有信得过的投资人吗？就算一切都是现成的，有足够的经验和把握能使自己的创业走向成功吗？如果都有，就不用犹豫，选择创业，如果没有，也不用犹豫，开始打工，但不要盲目地打工，一边打工一边准备自己有用的东西。因为在打工过程中可以学到很多东西，在单位里多学习工作经验，这也是创业的基础和前提，你如果不擅长一个行业就盲目步入这个行业去创业，那样一般都不会成功的，最好先精通一个行业之后再去创业，你在公司搞好人际关系，等走的时候拉拢一些平日要好、又有能力的朋友，在很大程度上也可以帮助你创业，打工只是创业的铺垫，为了将来也要先取得些创业经验，这是未来成功的筹码。

大学生一毕业就创业可能会遇到资金、经验不足等问题。通过就业，可以学到先进的管理经验，掌握企业运作的一些基本规律，这同时也是一个原始的资金积累过程。只要不损害原来工作企业的利益（如挖走原来的客户），具备良好的职业道德，有意识地先就业后创业这种模式是可行路线之一。大学毕业 22 岁，打工 5 年，积累经验、能力和资金，寻找创业机会。27 岁创业，用 3—5 年的时间去慢慢打拼，30—35 岁的而立之年可以小有成就。

3. 继续读书

打工难找工作，创业风险太大，在打工和创业之外，越来越多的同学选择了另外一条道路，继续深造——读研究生。对于人生的未来规划，是考研还是就业，都不能"一刀切"地看问题,要衡量自己的实力,确立合适的目标。读研意味着在某个领域更深一层的塑造,而工作就意味着经验的积累。正如经济学里所说的,任何比较都是在一定的假设前提下进行的,如果在同一个行业,相同情况下,一个研究生需要的生活费、书本费、学费等直接成本,加上放弃工作的工资等机会成本将高达数万元。而且,研究生毕业时,仅有学历,却无经验,与大学毕业生几乎相差无几。然而,几年之后就能看出两者之间的差异,研究生将会有很大的进步空间。因此进一步学习没有错,可是就怕一些同学将读研当成自己找工作的筹码,结果只是为了获取证书,忽视了能力的培养;还有一些同学一心钻入书本里,变成了读死书,死读书,甚至于书读得多后胆量越来越小,没有了闯劲,毕业后也没有了创业的激情,那样就得不偿失了。要把知识转化为能力和激情。

二、创业的类型

1. 生存型创业和机会型创业

个人参与创业有两个主要原因:一是属于机会型创业,是指创业者通过发现或创造新的市场机会,为追求更大发展空间而选择创业的形态;二是属于生存型创业,是指创业者出于生存目的,为获得个人基本生存条件不得已而选择创业的形态。创业者必须依靠创业为自己的生存和发展谋求出路。

(1) 生存型创业和机会型创业现状。在全球创业观察(Global Entrepreneurship Monitor,GEM)的研究中,37个国家和地区的创业活动按照上述两种创业类型进行了划分。总体上看,全球的创业活动是以机会型创业为主、生存型创业为辅的。

中国的创业活动如果按机会型和生存型划分的话,是以生存型为主的,往往是生活所迫,逼上梁山。这个创业类型的结构与全球创业活动主导类型正好是相反的。中国的生存型全员创业活动指数排在37个国家和地区的第三位。与中国的全员创业活动指数排在第九位的位置相比,中国的生存型创业活动处于创业活动类型的主导地位。中国与智利、巴西和阿根廷都属于生存型为主的创业活动国家,这四个国家明显高出紧排其后的印度、韩国等国家。在生存型创业方面,中国在所有亚洲的参与国家和地区中是排在第一位的。法国、西班牙等国甚至没有生存型的创业者,37个国家和地区中有17个生存型创业水平低于1%,6个低于0.5%,即每200个劳动力中有1个人是为了生存而创业。然而,在中国有60%的创业者是为了生存而创业的。

这是一种不利状况。我们知道,新的产业出现都是大的市场被创造出来的结果。如果创业活动集中在现有市场只能是加剧现有产业的竞争程度,除非是现有产业的发展还不能满足消费需求。然而,机会型创业和生存型创业不是创业者的主观选择结果,而是创业者面临的环境和能力决定的。创业环境需要有意识和有计划的改善,而创业能力,特别是开创新市场的能力可以通过教育来提高。例如,只有具备开发新技术的能力,才有可能建立开创新市场的科技基础,从而为进入新市场创造基础。

（2）由生存型创业向机会型创业的转变。生存型创业者大多为下岗工人失去土地或因为种种原因不愿困守乡村的农民，以及刚刚毕业找不到工作的大学生。这是中国数量最大的一拨创业人群。清华大学的一份调查报告支持我们的观点。该调查报告说，生存型创业者，占中国创业者总数的90%，其中许多人是被逼上梁山，为了谋生混口饭吃。一般创业范围均局限于商业贸易，少量从事实业，也基本是小打小闹的加工业。也有因为机遇成长为大中型企业的，但数量极少。因为现在国内市场已经不像20多年前——刘永好兄弟、鲁冠球、南存辉他们那个创业时代——物资短缺，机制混乱，机遇遍地。如今这个时代，多的是每天一睁眼就满世界找钱的主儿，少的是赚钱的机会。用句俗话来说，就是狼多肉少。仅仅想依靠机遇成就大业，早已经是不切实际的幻想了。所以我们应该积极主动地从生存型创业向机会型创业的转变。机会是什么？不是你守株待兔地等待着，然后兔子来了，你抓住了，于是就成功了，而是要靠自身的努力，努力提高自身素质，努力抓住一切磨炼自己、锻炼自己的机会，抓住学习、提高的机会，必然也会有更多成功的机会。这世界从来就没有免费的午餐，也没有天上掉馅饼的事。可见，机会不是别人给的，而是在于自己。只有抓住了机会，才有可能取得成功，整天只是在抱怨环境不好、命运不公的人是永远也不能抵达成功的彼岸的。记住，天上不会掉馅饼，与其抱怨，不如行动起来，命运掌握在自己手中。

下面是一位同学的真实经历。

我今年刚毕业，大学学的专业是食品这个万恶的专业！春节后一直在杭州旺旺集团实习，工作轻松无聊，所以在拿到毕业证正式回到旺旺的时候，非常坚定：离开旺旺！做什么都比这里好，在杭州跑了半个月的招聘会，没有什么合适，后来听同事说，义乌是个好地方，加上之前义乌的传闻，我就开始关注了义乌，7月17日义乌大型的招聘会，就来应聘，来义乌的初衷是：先随便找个什么工作，只要是有空余时间的，我可以有时间转转商贸城，找点灵感与想法，然后就可以自己做点事情了。

当时被一个做塑料包装的老板看中了，就要了我一个。老板人很不错，做国内业务，主要是在阿里巴巴上找客人，试用期3个月管吃住后1 500＋提成，正式了是1 700＋提成。我当时看到业务部的其他3个人业绩都还可以，我工作后，信心百倍，以为也可以像他们一样工作1—2年后拿到月薪1万左右了。做了3个月，却发现不是想象的那么简单的。网上找客人，我很迷茫和无助。本来我以为业务的样子就应该是：拉关系，请吃饭，喝酒唱歌然后签单。我一直以为我在这方面很有天赋的，我能喝酒，白酒在1斤这个样子，大学还专门学会抽烟，还做了2年的商演主持人，说话唱歌都挺好的，还专门考了驾照。一直以为我跑业务会非常适合，可是现在这一切似乎都用不上，做了3个月我只做了2万的单子。老板就找我谈话，说要用心，对自己、对企业负责，现在业务量这么差要好好想想。谈话2周后，又找我谈话，当时加我一共4个业务员有3个都去了广交会和香港参加展会,就我还在公司,老板说,如果是其他的老板,我现在3个月没业务量都要走人了,我现在愿意再给你机会,但是要降工资,我当时都不知道怎么办,我说,那我再做2个月吧,不行了就走,我回去第一件事先算自己有多少钱,从那时起,我想要么认真工作,要么想办法创业,我试着去努力工作,可是我的心根本静不下来,我现在就是想着创业了。号召朋友从深圳过来,一共才大概7 000元钱,本计划搞点保暖内衣到杭州下沙(那里有五六所大学)卖,可是又听说这边很少人穿,搁浅了,现在,我同学在这里2周了,我呢想着辞职,可是真不知道做些什么,去下沙学校那里摆地摊,我感觉这个模式很没有办法突破的。现在主要是创业走哪个模式的问题,这是我最头疼的,工作还是立马辞职,我脑子里在不停地挣扎。我也知道快过年了,先干着工作是个理智的选择,可是现在我这样很不开心,现在我和同学该怎么办?

创业导师点评:打工都做不好的人,未必创业就能成功。

这个道理就像"做过士兵的元帅,比没有做过士兵的元帅,更能带兵打仗"。为什么这样说?做过士兵的元帅会很了解当初做士兵时的情况,会真实地知道士兵的想法和难处,因为他经历过,而不是只是听来的这么简单。

打工和创业也是同样关系。打工会了解到做生意的不易,会了解到作为基层员工的无聊、纷杂的事物、对工作的态度等,如果因为打不好工而选择创业,结果只有一条:高不成低不就。

你现在还没有到必须放弃的时候,你的老板没有辞退你,什么原因?要知道一个只有4个业务员的团队,每一个人都要承担公司25%的客源。他没有辞退你,而只是说要降低你的薪水,可见他并没有完全否定你。

这也可以证明你的能力还是很强的,做过主持、有驾照、能喝酒……这些或许算不上什么优势,你所想象的销售太简单了。如果销售真的只是喝酒、吃饭、唱歌这么简单,那我相信老板都不会找销售员了,把自己的亲戚朋友拉过来一起happy,又能出单,又能大家笑开怀。谁不想做?

我的建议是你应该把自己逼上绝路,而不是考虑"创业"这条退路。即使你要创业,也应该是自愿离职,而不是因为业绩太差离职。创业要的是信心,如果你是被辞退的,而且原因是业绩差,你知道这个精神枷锁会有多重吗?

所以你要考虑,如何有效地开展业务,如何加大客户开发力度,如何做更多的努力,而不是想着怎么退路。我认为你的性格还是很适合做销售的,如果你因为做不好而选择放弃,相信你自主创业的路也会很坎坷。

我们要的是肯定,别人的肯定,更是自我的肯定。对于销售员来说,这是最基本的任务和目标。挺起胸,埋下头,分析好做不好的原因,并找出问题,解决掉!记住:即使离开,也要选择自己离开,而不是被人辞退,这是销售的耻辱!

2. 技术型创业和传统型创业

按照创业产品的技术含量的不同可以将创业分为技术型创业和传统型创业。技术类创业一般是指在涉及IT、通讯、生物、制药、软件等有一定技术含量的产业内创业。这类创业对技术要求较高,所以创业门槛相对较高,进入这些行业的企业也较少,行业竞争不是那么激烈。传统型创业主要涉及建筑、餐饮、零售、服装、装饰等传统行业,这些行业对技术要求较低,一般人比较容易掌握,所以创业的技术门槛较低,但同时行业内的企业也较多,市场竞争十分激烈。大学生通过系统的大学专业学习,有的专业技术含量较高,有的较低,所以可根据自己所学专业的特点和自身所具有的资源状况,对一些创业机会进行评估,确定创业项目。

技术PK非技术,谁能在这个时代更好地生存?

徐磊:我先简单介绍一下自己,我1992年进清华,2002年毕业,本硕博都读完,2001年跟几个师兄弟创业,我任CTO,九年之后我退出。我想说一下我的观点,其实我觉得刚才小平老师说了,现在是创业最佳的时候,资本环境非常好,另外今天的互联网和移动互联网已经进入可以全民创业的时代。移动互联网在过去三四年的发展速度已经印证了这一点。而这个环境下,谁能创业?我个人的观点是,如果你有技术、有专业,相对来说你的执行力会更强,你会更容易快速切入。我做过很多比赛的评委,我都会问他们你们怎么来实现这个想法,他说我不知道,我可能需要找个人来做。这时候如果你的团队、你本身可以写代码,可以把一部分产品实现出来,你就会发现非常容易。像车库这种文化为什么在美国能够造就那么多公司,就是因为他们有动手能力。而在中国我们现在确实动手能力这部分还不够,我希望各位创业的时候,首先想到你的专业技能是什么,你如何把你的专业技能、你的资源充分发挥出来。

邬财浩:我是光华2004级管理科学信息系统的研究生。去年互联网金融特别热的时候,我作为一个没有技术背景的人去看这个事情,发现了一些机会,然后我开始找我的团队,去建我的班子,开始做"靠谱鸟"这个项目。讲到互联网,我觉得创业有很多种项目,卖烧饼也是创业,各种各样的项目都是创业。创业首先有个前提,要生存。举一个例子,我们各选100个做技术的,100个非技术的人,看谁能更好地生存下去,能够在这个市场更好地发现机会,能走得更远,能更有领导力。因为我们知道创业不是一个月两个月的事情,也不是一年两年的事情。既然你把创业当成自己的一个人生选择,一个事业来做,内心的强大是非常需要去锻炼的。另外对团队的建设和感召力也是非常重要的,这个过程中要涉及一些很科学的管理方法和一些很严谨的思路去做这个事情,不是技术就可以解决所有的问题。而且在一个大范围内,很多江浙老板起家都不是技术出身,王石也不是,马云也不是……技术很重要,但是创业如何走得更扎实,更好地生存发展,我觉得非技术背景有点商业正规训练的一些同学们出来会更加合适。

3. 自主创业和加盟创业

根据创业的方式不同,可分为自主创业型和加盟创业。自主创业就是自己出资、生产产品、创立品牌、自己管理,完全都是自己说了算,一切从头开始。

加盟创业就是自己出资加盟一个已经运作得较成熟的项目,如肯德基、麦当劳、小天鹅火锅等。这些项目有一定的品牌知名度和完善的管理体制,可以帮助毫无经验的新创业者进行管理,产品也是现成的。

加盟创业具有风险较小、成功率较高的优势,但也存在经常受制于总公司、不利于自己创新和自我决策、不利于以后做大做强的劣势。而自主创业风险较高,产品研发、经营管理、品牌打造都要靠自己,对创业者要求较高。但一旦成功创业,被市场接受,以后做大做强的前景非常广阔。

三、大学生创业受哪些因素影响?

面对"不尽如人意"的就业形势,自主创业日益成为当代大学生步入社会的敲门砖,为自己寻找出路,又为社会减轻就业压力。创业成功与否是大学生至关重要的人生转折点。越来越多的大学生将创业作为自己的职业选择。然而大学生创业成功率并不乐观,据不完全统计数据显示,我国大学生创业成功率只有2%—3%,这在一定程度上对大学生的创业热情产生了负面影响,造成大学生创业行为动力不足。那么是哪些因素影响了大学生创业呢?

1. 性格因素

创业跟做人一样,耐心、亲和力、沟通能力、细心等性格因素,都有可能影响到创业路上的每一个环节,甚至是人生。因而立志于创业的大学生一定要看清楚自己性格优劣势,这样才能最大限度地扬长避短发挥自己的性格优势,让其为理想插上腾飞的翅膀。那么哪些好的性格有助于创业的成功呢?充满激情;极富个人魅力;具有远大理想和抱负。这三项性格和人格特性,往往有助于创业者取得初步的成功,但好事还刚刚开头,往往成就你的力量,也是毁灭你的力量,是你最容易受到攻击的地方。一个成功的创业者,经常会面临以下三对矛盾。

(1) 激情和坚持。没有激情很难有勇气改变现状,启动创业旅程;激情是创造力的催化剂,它能够调动创业者的所有能力和潜质,包括全身心地投入和付出。但是,艳丽的花朵,谢得也快。激情很难持久,激情过后呢?大多数日子里,还是平平淡淡的,没有太多的惊喜和激动。再有,就是在创业公司遭遇挫折的时候,当激情碰到冰冷地面的时候,我们是否能够具备足够的弹性和坚韧呢?

(2) 个人能力和团队合作。在中国目前环境下,各种中介机构不发达,专业、优质的中介机构成本非常高,创业初期的企业请不起。这样就要求创业者几乎要是一个全能型的人,不仅要懂技术和研发,还要负责销售和市场;要自己面对风险投资和银行进行融资,还要同时协调和政府的关系;企业大了,还要亲自参与管理。创业者不仅仅需要投入自己所有的财产,还要搭上自己全部的时间和精力,所有的事情都要过问和决策。不管是时势造英雄,还是创业者通过这个过程,充分展现了自身的魅力,创业者很容易变成英雄式的人物,无所不能,无所不知。但自己变得光芒四射,反而"灯下黑"了,看不清身边伙伴的价值,难以和优秀的人合作,也就很难打造出一支优秀的团队。

(3) 得和失。创业能够得到,或者期望能够得到东西很多,否则,辛辛苦苦创业的动力就会不足。比如通过创业赚"大钱"。过去的10年已经有大量的创业者实践了这样的梦想。创业也是为了能够做"大事"。人的成就感是非常重要的,也是人类需求层次里的最高追求。更重要的是,通过创业做"大人"。除了金钱和事业上的成功,个人的价值观、思想境界、胸怀等得到提高和升华,这也是创业者通过创业,能够得到的最重要、最宝贵的东西。

2. 环境因素

目前,我国存在影响大学生创业成功率低的不利环境因素主要有以下三个方面。

(1) 创业教育相对滞后。虽然早在1999年国家就在颁发的《面向21世纪教育振兴行动计划》中指出:"加强对教师和学生的创业教育,鼓励他们自主创办高新技术企业"。但目前大部分高校并没有相应地调整教学,仍停留在就业教育上面,创业教育的开展发展缓慢,导致学生对我国创业环境的不了解,创业知识和技能的缺乏,也没有带动学生的创业激情。

(2) 我国创业环境的不完善。据了解,我国的创业环境在参与GEM对全球37个国家和地区所做的调查中仅排在23位,属于中下水平。创业环境存在的问题很多,包括资金支持、创业教育与培训、商务环境等各个方面。整个社会的创业环境的不完善对大学生创业来说更是难上加难。

(3) 大学生创业的社会认可度不够。我国传统的社会观念认为,大学毕业之后理所应当的去政府部门或者去大公司作"白领"。而大学生在毕业之后自己开办一个小的企业,尤其是在创办传统行业时,就会流言四起,认为是大学生个人的能力有问题,找不到工作才进行创业的;而一旦失败,常受到来自各方的舆论压力。

除了以上这些不利的因素之外,还有一些有利的环境因素,最主要的就是政策条件。现在国家鼓励大学生创业,并出台一系列金融、税收、工商等政策和措施予以支持。

3. 家庭影响

据调查,大学毕业生创业受其家庭的文化影响较大。大学毕业生中来自"私营企业主""企业经理人员""个体工商户"等家庭的毕业生的自主创业比例最高。

来自家庭的意见是影响大学生创业选择的重要因素,父母的价值观会对大学生的创业选择产生影响;父母让孩子不要担心失败、大胆尝试、勇于探索,那么大学生在选择创业时就会持更积极、乐观的态度;父母担心孩子吃苦受累,希望他们找一个安稳的工作,一步一步发展,那么,大学生在选择创业时就会更为谨慎。家庭的现实状况对大学生的创业选择也会产生影响:家庭的经济条件较好,父母有着较好、较稳定的收入,不需要大学生在眼前给予照顾,甚至可以给大学生的创业提供某些支持,那么,大学生在选择创业时,就会更自主,敢于冒更大的风险;反之,如果家庭条件不太好,父母需要给予及时的照顾,那么大学生就会更在乎创业的成败。听取父母的意见,考虑家庭的情况,是大学生选择创业时必经的一环。事实上,家庭、父母的意见对大学生选择的影响并不小,虽然已经成人,但是我国大多数大学生即使已经进入硕士、博士学习阶段,仍然没有在经济上乃至心理上摆脱对父母的依赖。

第二节 创业需要具备的素质及各方面的准备

一、创业需要具备的素质

创业是极具挑战性的社会活动,是对创业者自身智慧、能力、气魄、胆识的全方位考验。一个人要想获得创业的成功,必须具备基本的创业素质,包括创业意识、创业心理品质、创业能力、创业精神和竞争意识。

1. 强烈的创业意识

要想取得创业的成功,创业者必须具备自我实现、追求成功的强烈的创业意识。强烈的创业意识,帮助创业者克服创业道路上的各种艰难险阻,将创业目标作为自己的人生奋斗目标。创业的成功是思想上长期准备的结果,事业的成功总是属于有思想准备的人,也属于有创业意识的人。

2. 良好的创业心理品质

创业之路是充满艰险与曲折的,自主创业就等于是一个人去面对变化莫测的激烈竞争以及随时出现的需要迅速正确解决的问题和矛盾,这需要创业者具有非常强的心理调控能力,能够持续保持一种积极、沉稳的心态,即有良好的创业心理品质。创业的成功在很大程度上取决于创业者的创业心理品质。如果不具备良好的心理素质、坚忍的意志,一遇挫折就垂头丧气、一蹶不振,那么,在创业的道路上是走不远的。

3. 全面的创业能力

创业能力是一种特殊的能力,这种特殊能力往往影响创业活动的效率和创业的成功。创业能力包括决策能力、经营管理能力、专业技术能力与交往协调能力组成。

决策能力。决策能力是创业者根据主客观条件,因地制宜,正确地确定创业的发展方向、目标、战略以及具体选择实施方案的能力。创业者的决策能力通常包括:分析、判断能力和创新能力。创业者要创业,首先要从众多的创业目标以及方向中进行分析比较,选择最适合发挥自己特长与优势的创业方向和途径、方法。创业实际就是一个充满创新的事业,所以创业者必须具备创新能力,有创新思维、无思维定式,不墨守成规,能根据客观情况的变化,及时提出新目标、新方案,不断开拓新局面,创出新路子,可以说,不断创新是创业者不断前进的关键环节。

经营管理能力。经营管理能力是指对人员、资金的管理能力。它涉及人员的选择、使用、组合和优化;也涉及资金聚集、核算、分配、使用、流动。经营管理能力是一种较高层次的综合能力,是运筹能力。经营管理能力的形成要从学会经营、学会管理、学会用人、学会理财几个方面去努力。

专业技术能力。专业技术能力是创业者掌握和运用专业知识进行专业生产的能力。专业技术能力的形成具有很强的实践性。许多专业知识和专业技巧要在实践中摸索,逐步提高发展、完善。

交往协调能力。创业者应该做到妥当的处理与外界的关系,要善于团结一切可以团结的人,团结一切可以团结的力量,求同存异共同协调地发展,做到不失原则、灵活有度,善于巧妙地将原则性和灵活性结合起来。总之,创业者搞好内外团结,处理好人际关系,才能建立一个有利于自己创业的和谐环境,为成功创业打好基础。

4. 自信、自强、自主、自立的创业精神

自信就是对自己充满信心。自强就是在自信的基础上,不贪图眼前的利益,不依恋平淡的生活,勇于使自己成为生活与事业的强者。自主就是具有独立的人格,具有独立性思维能力,不受传统和世俗偏见的束缚,不受舆论和环境的影响,能自己选择自己的道路,善于设计和规划自己的未来,并采取相应的行动。自主还要有远见、有敢为人先的胆略和实事求是的科学态度,能把握住自己的航向,直至达到成功的彼岸。自立就是凭自己的头脑和双手,凭借自己的智慧和才能,凭借自己的努力和奋斗,建立起自己生活和事业的基础。

5. 强烈的竞争意识

竞争是市场经济最重要的特征之一,是企业赖以生存和发展的基础,也是一个立足社会不可缺少的一种精神。创业者如果缺乏竞争意识,实际上就等于放弃了自己的生存权利。创业者只有敢于竞争,善于竞争,才能取得成功。创业者创业之初面临的是一个充满压力的市场,如果创业者缺乏竞争的心理准备,甚至害怕竞争,就只能是一事无成。

上述五个方面的基本素质中,每一项基本素质均有其独特的地位与功能,任何一个要素都会影响其他要素的形成和发展,影响其他要素的功能和作用的发挥,乃至影响创业的成功。因此,一个未来的创业者不仅要注意在环境和教育的双重影响下培养自己的创业素质,而且要重视其整体结构的优化,在创业实践中不断提高自我的创业素质。让我们来看看下面这则案例。

淘宝开店以来感觉我的每一天时间都是那么的短暂,不够用。因为我晚上还要到公司上夜班。第二天8点下班回到家里,一回家就坐在电脑前,一坐就到下午一两点钟!这个月下来 我真的好累,从来就没有那么累过。20天消瘦了9斤,再瘦下去,风都吹得倒了。

我是个开店新手,每天都要在各大论坛发帖、看帖、回帖、做宣传,看淘宝大学讲师们的讲课,总结老手的经验。时间太快了,有了店之**后的**我,每天的生活规律是彻底地改变了!吃饭都是坐在电脑面前,但多数是没怎么**吃饭**,只是喝点水,吃点零食之类的。因为我要争取每一分钟,尽管这对店铺可能只**是一丝丝的希望**!

2010年7月9号中午,我的第一笔生意来了!她向我咨询了下关于网店方面的问题!我好开心,有人来问我了。可上了夜班的我在这个中午**时间**,已经是疲惫不堪的了,我总觉得女孩子的问题总是比男的多,也许是她们想得比**较周到些**、细心些吧!但我还是很有耐心的,我和她聊到了下午3点左右,问了很多关于**网店的细节**,她说明天再联系我。我开始失落了,想不会是敷衍我的吧?这时,也不能想这些了!该睡觉了,再不睡晚上上班可就惨了!果然上班时眼力直线下降,连半夜的夜宵**都没**时间去吃,就直接找个地方睡觉了。12个小时的时间我都以水充饥,累啊,这日子。还让我过不?

后来终于有了小小成就,我很欣慰,很高兴!自开店,13天的努力终于有所收获了,虽然和别人比起来只是人家的一个零头,但我终于感觉到了成功之路的边角上有我站在那里了,努力总算没有白费啊。我做的是虚拟的易赛代理商,要提高信誉,我只能选择这条路!

今天算下来做兼职代理工作已经有了1个多月了,收入虽不高,但有了个好的开始,我已经很满意了。继续努力!说了这么多,我想告诉新手开店一句话:不是每一次努力都会有收获,但是,每一次收获都必须努力。

资料整理自小生意网,http://bbs.31jmw.com/thread.html。

这是一位淘宝创业新手发在小生意网上的帖子,讲述了自己在淘宝上新开网店的辛酸。年轻人多些磨难不是坏事!人的一生都是守恒的,要么先苦后甜,要么先甜后苦!过早地成功对年轻人而言是灾难,特别是志愿一生来创业的人!好好享受社会对你的考验吧!能最终站得稳的才是胜利者!

二、创业前的准备

创业是一个复杂的、系统的工作,因此创业者在创业前一定要做好缜密的计划和各方面的准备工作。只有在创业前做好各方面的准备工作,创业成功的可能性才会更大,才能更好地应对创业过程中各种突如其来的应急事件。那么,创业者在创业前需要做好哪些准备工作呢?

1. 关注时代机遇

我们生活在一个快速变化的时代中,新技术在一夜之间就可能改变我们的命运。随着全球一体化的演进,世界经济的联系将会越来越紧密,世界也将会越来越成为地球村。这个快速变化的经济结构将会给创业者提供好多的创业机会,尤其是对那些高科技创业者来说,更是如此。

2. 学习创业知识

随着社会的快速发展和瞬息万变,一个人所受的教育和经验很快就会过时,所以,创业者需要不断地学习以适应快速变化的社会。由于创业者在创业过程中需要接触各个行业,因此,创业者只有去了解各方面的知识才能在创业过程中游刃有余。

3. 关注创业政策

一个有利于创业者的创业政策可能会帮助创业者节省很多时间和金钱,所以,创业者必须时常关注创业的政策变化。但政策总是在不断变化,这就要求创业者必须去留心捕捉这些政策的变化。创业者可以到工商、税务、科技管理部门等咨询,也可以通过政府部门的亲戚、朋友打听,还有一个最方便、可行的办法就是读报纸、杂志以及时事通讯。

4. 研发产品或服务

可能一些创业者会认为,研发是大企业要做的事情,小企业没有必要做,其实不然,致力于产品和服务的研究和发展对于小企业,特别是对于处在技术领域或者竞争激烈领域的小企业来说,是同样的重要。不断研发新的产品和服务不但使企业走在市场的前头,也会使你先于竞争对手一步。

创业前的准备工作是创业的基础性工作,其在很大程度上决定着创业的成败。为了增大创业的成功率,创业者在创业前一定要完成好以上几个方面的准备工作。

三、把握创业机会

创业机会即商业机会或市场机会,是指有吸引力的、较为持久和适时的一种商务活动的空间,并最终体现在能够为顾客创造价值或增加价值的产品或服务中。好的创业机会,必然具有特定的市场定位,专注于满足顾客需求,同时能为顾客带来增值的效果。创业需要机会,机会要靠发现。

1. 机会识别＝知识＋警觉性

在现代都市化进程加快的环境下,创业因机会而存在。机会具有很强的时效性,甚至转瞬即逝,一旦被别人把握住也就不存在了。而机会又总是存在的,一种需求被得到满足,另一种需求又会产生;一类机会消失了,另一类机会又会产生。大多数机会都不是显而易见的,需要去发现和挖掘。而把握创业机会的一个重要前提就是知识的积累。没有足够的知识储备,一个人难以在工作和事业中取得突破性进展。对于大学生来说要想更好地把握创业机会,知识的积累和保持对环境的警觉性、把握住机会就显得更弥足珍贵。

一个刚跨入社会的年轻人,随着自己地位的逐步升迁,一定有很多学习的机会,假如他能抓住这些机会,成功就是早晚的事。一个初出茅庐的青年,要随时随地注意本行业的门道,而且一定要研究得十分透彻。在这一方面,千万不能疏忽大意、不求甚解。有些事情看来微不足道,但也要仔细观察,有些事情虽然有困难险阻,但也要努力去探究清楚。如能做到这一点,就能清除事业发展道路中的一切障碍。无论目前职位多么低微,汲取新的、有价值的知识,将对你的事业大有裨益。

2. 如何把握创业机会

很多创业期公司在实际运作中空有创业的激情却无法把握创业管理的精髓,以致搞不清楚为什么别人的公司能赚钱自己却不能,为什么别人的公司在同样的困境中总能突围自己却不能。创业管理的关键在于是否能应万变,不断寻求创业机会,突破管理的偶然性而去把握管理的必然性。公司的业务要从机会中产生,那么机会在哪儿?哪些情况又代表着机会呢?可以说机会无时不在,无处不在。创业者不仅要善于发现机会,更需要正确把握并果敢行动,将机会变成现实的结果。

(1) 着眼于问题把握机会。机会并不意味着无须代价就能获得,许多成功的企业都是从解决问题起步的。所谓问题,就是现实与理想的差距。比如,顾客需求在没有满足之前就是问题,而设法满足这一需求,就抓住了市场机会。

(2) 变化就是机会。环境的变化,会给各行各业带来良机,人们透过这些变化,就会发现新的前景。变化可以包括:① 产业结构的变化;② 科技进步;③ 通信革新;④ 政府放松管制;⑤ 经济信息化、服务化;⑥ 价值观与生活形态变化;⑦ 人口结构变化。

(3) 跟踪技术创新把握机会,并从"低技术"中把握机会。世界产业发展的历史告诉我们,几乎每一个新兴产业的形成和发展,都是技术创新的结果。产业的变更或产品的替代,既满足了顾客需求,同时也带来了前所未有的创业机会。比如,电脑诞生后,软件开发、电脑维修、图文制作、信息服务和网上开店等创业机会随之而来。任何产品的市场都有其生命周期,产品会不断趋于饱和达到成熟直至走向衰退,最终被新产品所替代,创业者如果能够跟踪产业发展和产品替代的步伐,通过技术创新则能够不断寻求新的发展机会。但是另外一个方面,公司机会并不只属于"高科技领域"。在运输、金融、保健、饮食、流通这些所谓的"低科技领域"也有机会,关键在于开发。

(4) 在市场夹缝中把握机会。创业机会存在于为顾客创造价值的产品或服务中,而顾客的需求是有差异的。创业者要善于找出顾客的特殊需要,盯住顾客的个性需要并认真研究其需求特征,这样就可能发现和把握商机。随着打火机的普及,火柴慢慢退出了人们的视线,而创业者沈子凯却在这个逐渐被人淡忘的老物件里找到了新商机,他创造的"纯真年代"艺术火柴红遍大江南北。所以,创业者要克服从众心理和传统习惯思维的束缚,寻找市场空白点或市场缝隙,从行业或市场在矛盾发展中形成的空白地带把握机会。每个人的需求都是有差异的,如果我们时常关注某些人的日常生活和工作,就会从中发现某些机会。因此,在寻找机会时,应习惯把顾客分类,如政府职员、菜农、大学讲师、杂志编辑、小学生、单身女性、退休职工等,认真研究各类人员的需求特点,机会自见。

(5) 捕捉政策变化把握机会。中国市场受政策影响很大,新政策出台往往引发新商机,如果创业者善于研究和利用政策,就能抓住商机站在潮头。2006 年国家出台了新的汽车产业政策,鼓励个人、集体和外资投资建设停车场。停车场日益增多的同时,对停车场建设中的智能门禁考勤系统、停车场系统、通道管理系统等的需求也随之增多,专门供应停车场所需的软硬件设备就成为一个重要商机。事实上,从政策中寻找商机并不仅仅表现在政策条文所规定的表面,随着社会分工的不断细化和专业化,政策变化所提供的商机还可以延伸,创业者可以从产业链在上下游的延伸中寻找商机。

(6) 弥补对手缺陷把握机会。很多创业机会是缘于竞争对手的失误而"意外"获得的,如果能及时抓住竞争对手策略中的漏洞而大做文章,或者能比竞争对手更快、更可靠、更便宜地提供产品或服务,也许就找到了机会。为此,创业者应追踪、分析和评价竞争对手的产品和服务,找出现有产品存在的缺陷,有针对性地提出改进方法,形成创意,并开发具有潜力的新产品或新功能,就能够出其不意,成功创业。

(7) 追求"负面"就会找到机会。所谓追求"负面",就是着眼于那些大家"苦恼的事"和"困扰的事"。因为是苦恼,是困扰,人们总是迫切希望解决,如果能提供解决的办法,实际上就是找到了机会。例如双职工家庭,没有时间照顾小孩,于是有了家庭托儿所,没有时间买菜,就产生了送菜公司。这些都是从"负面"寻找机会的例子。

能不能以积极的心态灵活机动进行应变,不断在尝试之中寻觅更多的创业机会,成功获得突破是关键。而"把握机会"的前提,首先是要明确"变"的方向,要跳出现状的困境,清晰未来的发展线路。这样,我们才能稳抓创业机会,成功创就一番事业。

第三节 个人创业 or 合伙创业

一、案例集锦与导师点评

创业伊始,困难重重,到底是个人创业还是合伙创业呢?个人创业势单力薄,缺技术、缺资金、缺人才,合伙创业可以合智合力,共同分担,弥补个人创业的不足。但合伙创业会产生很多矛盾,如权力分配、利润分成、意见相左等。所以,合伙创业多是在美好憧憬中开始,在伤痕累累中结束。看看下面这几个案例,或许对你会有所启发。

和兄弟合伙创业刚开始就被抛弃,我如何独立从二手商贩做成小企业?

我大学刚毕业 1 年,我哥有 10 年的皮具生产加工经验,现在他刚刚自己接订单生产,目前有一个加工厂,5 个员工。2010 年 3 月我加入阿里巴巴小额批发,我和我哥谈好了我从网上接订单,他生产。在刚刚起步的时候,经常占用我哥的时间帮我的店铺做事,也是因为最近他生意比较不错,嫂子就不乐意了。在我的店铺刚刚成型的时候我哥放弃了我,不再与我合作。我现在已经把所有的家当投了进去,目前我有一个实体店、一个淘宝店铺、一个阿里巴巴诚信通会员店铺。几个月来不断有客户要下单,要来厂子里看看,而我一单都不敢接下来。因为我就连5人的小加工作坊都没有了。我该怎么办?我对皮具这行懂得太少,我所有的信心全放在我哥哥的身上,可他却放弃了我。

创业导师点评:早点分手吧,到了这个地步,分手比较好。兄弟一起做企业,成功率非常低,建议尽量不要一起做。因为如果关系不好,很难产生信任,如果关系太好互相太谦让、太客气,也难做成生意。

网友点评:兄弟企业谁说不能做大了。最重要是你们能不能坦诚相待。其实问题不在两兄弟身上,而在于你嫂子身上。要想把生意做大,一定要把眼光放远,不要把精力消耗在内斗上面。要把利益看得淡一些,这样才能朝着伟大的目标前进。

 创业开始,我是选择合伙呢还是独自创业?

高中毕业后,在深圳摸爬滚打5年了,去年在亲戚的帮助下,花了12万开了一家小百货店,目前经营了1年,收入还算稳定。我们老乡在深圳开的这些百货店不下千家,很多货源却全部来自广州,每次拿货都要租车去广州,很不划算。我想成立一家批发部,为这些小百货店批发一部分商品。因为刚刚开始创业,手中资金也比较紧张,就想和我叔合伙。我叔在深圳经营百货已经有8年,人际关系也比较广,自我觉得是一个可以信赖的伙伴。但是看到很多合伙的亲戚都不欢而散,心中也有些许忐忑,不知道如何是好?

创业导师点评:创业者主要应做好以下三点。

第一,事前做好具体调查。首先是这个行业经营规则,如何铺货,如何发展,如何联合?务必对每一个环节了如指掌!然后是对亲戚朋友的考察,人好很适合做亲戚,但适不适合一起做做生意就是另一回话说了!人格,能力,心胸,眼界,个人素养——最好全部都考虑一下!具体合作与否,根据实际情况定,而不要依据亲戚关系定!生意面前,除了金钱关系,其余关系都是苍白的!但高素养的人可以超越金钱,为数极少!审慎!

第二,处理事情时尽量看到后面的分歧,健全处理措施和细节。如果是合作,股东协议是必要的,是涉及后期可能出问题的地方,尽早说清楚!合作,最主要的是法制,尽量避免人治!更多地想想后面出了问题怎么办,该如何解决!即使不能详尽,也需要提出大的框架或者流程!而不是一开始就草草了事!所有白纸黑字,只是在最后散伙时依据!天下无不散之筵席,所以这些文件绝对有必要!合作后严格按制度办事!单独干就另当别论!

第三,慎重处理亲戚和合伙。为什么很多好朋友或者兄弟不主张合作——就是因为后期会失去这种关系!人,有贪念!与生俱来!有些人觉得经受不住考验就干脆不实施!生意,最终就是一种金钱关系了;但亲情,是超越金钱以外的!我们经常需要做的是归零!慢慢淡化金钱和资本!金钱没了可以再赚,亲戚失去了就可能永远没机会了!希望我们多一些企业家,少一些守财奴!

我与合伙人一起开公司,怎样处理一边倒的业务?

我与合伙人一起开公司,我们的股份是5∶5,我们做的业务却是7∶3,我该怎样去看待这个现象呢?我担心也知道过分的计较会伤害两个人的合作,毕竟团结与信任是我们小公司最需要的。

创业导师点评:你们的股份是5∶5,这是你自己设定的。团结与信任是任何大小公司都需要的,坚守第一天的承诺,是任何企业的游戏规则。如果说好了5∶5,那就坚持5∶5,如果说好了7∶3,那就坚持7∶3。你不满意,可以和合伙人交流,合伙人还是坚持原则,你也只能坚持原则。这就是做生意的基本逻辑,别订了婚又后悔了,那么就只能离婚了。

网友点评:人的心都是自私的,不管合作的是朋友还是兄弟,时间一久总是有自己的想法,总以为自己比别人付出的更多。所以很多人合作时间总是不长,不管合作股份多和少,怎么承诺都是没用,时间能改变一切。我建议还是:能者多劳也要能者多得这样才公平,才能永恒。

从这三个案例和点评我们可以体会到到底是个人创业还是合伙创业确实是很纠结。其实个人创业和合伙创业都在现实中大量存在,各有优、劣势,都可以,关键是要正确处理好合伙人之间的关系,精诚团结,扬长避短。

二、合伙创业的注意事项

第一,建立共识,取得信任。信任对于合伙创业是至关重要的,如果大家都不能始终信任对方,那么是很难合作成功的。

第二,建立一套合作规则。合伙创业,一切按合作的规则办事,不能只凭感情处理问题。比如说:虽然大家股份各占50%,但说好人事权是我管的,你就不能干涉。不能说你有一个朋友想进来,你就可以让他进来,一定最终要我同意才行,因为事先大家说好这个权力是我为最终的决定权的。或者有些人会心软,觉得大家都是朋友,一下子难以拒绝,但这个人其实你是觉得不适合的,但最终还是碍于面子同意了。这样其实是错误的。是的,合作做生意,大家不要斤斤计较,但指的是非原则的问题,如果是原则的问题,一定要"斤斤计较"。如果原则问题都可以放弃,那么合作最终是会失败的。

第三,不要让自己的亲属在公司指手画脚。并不是说不能请自己的亲人加入公司,这里指的是那些并没有在公司有正式职位的亲属,如彼此的父母、妻子、弟妹等,他们在外面有自己的工作,没在公司有正式职务,但他们是合伙人的亲人,在一旁指手画脚,中伤对方。不要让这种现象出现,这是非常伤害大家感情的问题。这种问题合伙人事先也要商量好,达成共识,并且自己约束自己的亲人。当然,这并不是说不可以让自己的亲属给你意见,但给意见应在背后,不能让他们当着你的合伙人的面说,特别是不能让他们直接去说你的合伙人,就算合伙人真的有错。

第四,保持经常交流和沟通。经常交流和沟通可以不断加深双方信任,能更好地协调工作,及时化解双方的矛盾,不让其发展壮大。

第五,财务要透明,彼此要一清二楚。要一个人请会计,一个人请出纳,或者过一段时间大家交换。合伙做生意就是为了赚钱,如果财务都不清不楚,大家都不知谁贪污了谁,那么最终也一定是失败的。对于这一点,有些朋友说,刚开始时公司规模比较小,还请不起会计出纳,如何办?那就两个人自己做账,比如两人去银行开一本存折,把两人合伙做生意的钱全部放入这本存折,然后做一本银行日结账。总之,钱一定要明明白白,不能有任何的疏忽。因为钱是最易伤感情的问题,也是最重要的问题。

第六,合伙人彼此都要有一颗宽容的心。凡事都不要太斤斤计较,出现问题先查找问题所在,不能动不动就发火。大家都是老板,向对方发火会让你的合伙人觉得很没面子。面子有时比任何东西都大,面子都不留给别人,那么你们的合作就会出现大问题了。

有人认为,按上述方法,实在太烦琐,这样就根本等于不信任自己的合作伙伴。这种想法是错误的。信任是建立在实实在在的合作基础上,而并非单凭感觉就可以信任别人。这样做,也正是最大限度地维护了彼此的信任和友谊。

总结性述评
留给拟创业者的话

在广泛的意义上而言,摆在每个人面前的职业选择,要么是为人打工,要么是自主创业。创业人人都想,而且都想立即执行。但结果往往会事与愿违——总是以大多数人的失败而告终。这不禁让我们深思,究竟是什么原因造成的呢?本章没有侧重于创业基本知识的讲解,而是希望通过大量的案例来让读者自己去体会创业的艰辛、曲折、失败和成功。

创业的前景是美好的,能够创造自己的未来,但成功创业的道路是艰辛的、曲折的。这个世界上,很多事情都不可急功近利,而是要历经辛苦之后才水到渠成。我们在头脑中一定清楚：我们打工也是锻炼能力的过程，它并不意味着被压迫、被剥削，正相反，人生中很多宝贵的经验和财富都是在打工的过程中积累起来的。我们日后的创业的大门往往也都是在这个时候推开的。如果在打工时总是不耐烦地对待手里的工作，敷衍了事，最后不仅本职工作没有做好，而且创业的计划也会落空，一生最终将以一事无成画上了句号。所以，你可以理解阿里巴巴集团主席和首席执行官马云为何会说"能够当一个好员工的人未必是好老板，但要想当一个好老板，首先应是一个好员工。"

那么，你应该明白，创业之前一定要保持冷静。当看到别人都创起业了，你不要觉得自己要是不创业就跟不上潮流，更不要觉得自己好像没出息似的。如果你果真这么想，那就真的大错特错了！可能的或者也算是最理智的做法应该是：创业之前先打工。在打工的过程中历练自己，每任职一家公司，都要先学习如何全力以赴地工作、吸取广泛的商海知识，提升自己各方面的能力。这比一味盲目地创业更重要，而且有效得多。在这一过程中，你逐渐知道自己能干什么，该干什么和怎么干了。于是，创业中的盲目感和遇到的种种困难自然就会迎刃而解。这个时候，你一旦出手创业，将犹如刚刚下山的猛虎，那种威力是十分强大的，可谓无往而不胜！

正如《真心英雄》一曲中所唱，"把握生命中的每一分钟，全力以赴我们心中的梦。不经历风雨，怎么见彩虹，没有人能随随便便成功。"创业首先要有充分的准备，包括心理的、生理的准备，知识、能力的准备，各类资源的准备等；其次要善于把握机会，选择好创业的项目及合作伙伴。

记住，一个人事业发展的核心是能力，如果没有能力，就是空谈。没有任何事情可以一蹴而就，创业能力的培养也是如此，它是在失误中不断地学习和总结而渐渐提升的。在工作和学习中只要你能够始终坚持心脑并用，就可以逐渐提升自己多方面的能力。而当你具备了一定实力的时候，创业对你来说，也将不再是一件很困难的事情了。到那时，如果你立志创业，以你的能力足以轻松迅速地开辟一片新天地。

复习思考题

1. 你觉得是为他人打工好还是自主创业好？为什么？
2. 如果让你创业，你是选择个人创业还是合伙创业？为什么？
3. 如何识别并把握创业的机会呢？
4. 76岁的褚时健二次创业，种起了橙子……你对此怎么看？

参 考 文 献

1. [以] 本-沙哈尔：《幸福的方法》，汪冰、刘骏杰译，北京：当代中国出版社 2009 年版。
2. [美] 彼得·德鲁克：《变革中的管理——社会生态学视角话管理》，张旭东译，北京：华夏出版社 2011 年版。
3. [美] 彼得·德鲁克：《管理的实践》，齐若兰译，北京：机械工业出版社 2009 年版。
4. 边玉芳：《心理健康》，上海：华东师范大学出版社 2006 年版。
5. [美] 大卫·W·约翰逊、罗格·T·约翰逊、卡尔·A·史密斯：《合作性学习的原理与技巧——在教与学中组建有效的团队》，刘春红、孙海涛编译，北京：机械工业出版社 2004 年版。
6. [美] 大卫·W·约翰逊、罗杰·T·约翰逊、爱迪斯·J·贺路伯：《合作性学习 ABC》，栗芳译，上海：科学普及出版社 2006 年版。
7. [美] 戴维·迈尔斯：《社会心理学（第 8 版）》，程智勇、乐国安译，北京：人民邮电出版社 2006 年版。
8. 胡飞雪：《创新思维训练与方法》，北京：机械工业出版社 2009 年版。
9. 花芳：《文献检索与利用》，北京：清华大学出版社 2009 年版。
10. [美] 杰弗里·蒂蒙斯、小斯蒂芬·斯皮内利：《创业学》，周伟民、吕长春译，北京：人民邮电出版社 2005 年版。
11. [美] 杰克·奈特：《制度与社会冲突》，周伟林译，上海：上海人民出版社 2009 年版。
12. [美] 卡尔·丁·施拉姆：《创业力》，王莉、李英译，上海：上海交通大学出版社 2007 年版。
13. 李慧波：《团队精神：企业真正的核心竞争力》，北京：中国城市出版社 2007 年版。
14. [英] 理查德·泰普勒：《职业规则》，王正斌、张春明译，北京：中央编译出版社 2006 年版。

15. [美]M·希尔伯曼：《积极学习：101种有效教学策略》，陆怡如译，上海：华东师范大学出版社2005年版。

16. [美]马丁·塞利格曼：《真实的幸福》，洪兰译，沈阳：万卷出版公司2010年版。

17. [英]史蒂夫·布鲁斯：《社会学的意识》，蒋虹译，南京：译林出版社2010年版。

18. [英]斯蒂芬·缪哈尔、亚当·斯威夫特：《自由主义者与社群主义者》，孙晓春译，长春：吉林人民出版社2011年版。

19. 汪涛：《竞争的演进：从对抗的竞争到合作的竞争》，武汉：武汉大学出版社2002年版。

20. 维之：《人类的自我意识》，北京：现代出版社2009年版。

21. 吴翠丽：《社会制度伦理分析》，南京：东南大学出版社2006年版。

22. [美]亚伯拉罕·马斯洛：《动机与人格》，许金声译，北京：中国人民大学出版社2007年版。

23. [澳]约翰·C·埃克尔斯：《脑的进化：自我意识的创生》，潘泓译，上海：上海科技教育出版社2007年版。

24. [美]约翰·宾：《研究性学习：科学的学习方法及教学方法》，张仁铎译，南京：江苏教育出版社2004年版。

24. [英]约翰·穆勒：《论自由》，严复译，上海：上海三联书店2009年版。

26. [美]约瑟芬·J·卢西安尼：《改变自己：心理健康自我训练》，迟梦筠、孙燕译，重庆：重庆大学出版社2008年版。

27. [美]詹姆斯·库泽斯、巴里·波斯纳：《领导力》，李丽林、张震、杨振东译，北京：电子工业出版社2009年版。

图书在版编目(CIP)数据

新视域下综合素质教育/吴海东主编. —2版. —上海：复旦大学出版社，2015.7(2023.4重印)
(复旦卓越·育兴系列教材)
ISBN 978-7-309-11545-1

Ⅰ.新… Ⅱ.吴… Ⅲ.素质教育-高等职业教育-教材 Ⅳ.G40-012

中国版本图书馆 CIP 数据核字(2015)第 141392 号

新视域下综合素质教育(第二版)
XIN SHIYU XIA ZONGHE SUZHI JIAOYU
吴海东　主编
责任编辑/孙程姣

复旦大学出版社有限公司出版发行
上海市国权路 579 号　邮编：200433
网址：fupnet@fudanpress.com　http://www.fudanpress.com
门市零售：86-21-65102580　团体订购：86-21-65104505
出版部电话：86-21-65642845
浙江临安曙光印务有限公司

开本 787×1092　1/16　印张 13　字数 263 千
2015 年 7 月第 2 版
2023 年 4 月第 2 版第 16 次印刷

ISBN 978-7-309-11545-1/G·1484
定价：33.00 元

如有印装质量问题,请向复旦大学出版社有限公司出版部调换。
版权所有　　侵权必究